高等职业教育公共基础课创新系列教材

职业发展与就业指导

主　编 ◎ 张建军
副主编 ◎ 吴向东　孔　震　张慧芳
编　委 ◎ 杨克林　张子睿　侯远滨　施桂梅
　　　　徐　冰　宋晓宁　闫　军　张　萌

北京理工大学出版社
BEIJING INSTITUTE OF TECHNOLOGY PRESS

版权专有　侵权必究

图书在版编目（CIP）数据

职业发展与就业指导/张建军主编．—北京：北京理工大学出版社，2019.11（2022.8 重印）

ISBN 978 – 7 – 5682 – 5041 – 2

Ⅰ．①职⋯　Ⅱ．①张⋯　Ⅲ．①大学生 – 职业选择 – 高等职业教育 – 教材　Ⅳ．①G717.38

中国版本图书馆 CIP 数据核字（2019）第 254202 号

出版发行 / 北京理工大学出版社有限责任公司
社　　址 / 北京市海淀区中关村南大街 5 号
邮　　编 / 100081
电　　话 / (010) 68914775（总编室）
　　　　　(010) 82562903（教材售后服务热线）
　　　　　(010) 68944723（其他图书服务热线）
网　　址 / http://www.bitpress.com.cn
经　　销 / 全国各地新华书店
印　　刷 / 河北盛世彩捷印刷有限公司
开　　本 / 787 毫米 × 1092 毫米　1/16
印　　张 / 19.5　　　　　　　　　　　　　责任编辑 / 江　立
字　　数 / 405 千字　　　　　　　　　　　文案编辑 / 李慧智
版　　次 / 2019 年 11 月第 1 版　2022 年 8 月第 2 次印刷　责任校对 / 周瑞红
定　　价 / 49.50 元　　　　　　　　　　　责任印制 / 施胜娟

图书出现印装质量问题，请拨打售后服务热线，本社负责调换

前 言

就业创业是每一个即将进入社会工作状态的人要面对的问题。国家对大学生就业创业问题给予了高度关注。"促进就业创业特别是高校毕业生就业创业,是实现经济持续健康发展、民生改善和社会大局稳定的重要保障"[①],也关乎每年数百万青年的健康成长及自身价值的实现,牵动着亿万家庭的幸福与和谐。

根据教育部统计数据,2021年全国普通高校毕业生人数达到1 076万。如此庞大的毕业生就业数字,给高职毕业生带来了相当大的就业压力。国务院印发的《"十四五"就业促进规划》指出,"聚焦高校毕业生等重点群体,坚持市场化社会化就业与政府帮扶相结合,促进多渠道就业创业",该《规划》要求持续做好高校毕业生就业工作。拓宽高校毕业生市场化社会化就业渠道。结合国家重大战略布局、现代产业体系建设、中小企业创新发展,创造更多有利于发挥高校毕业生专长和智力优势的知识技术型就业岗位。健全激励保障机制,畅通成长发展通道,引导高校毕业生到中西部、东北、艰苦边远地区和城乡基层就业。围绕乡村振兴战略,服务乡村建设行动和基层治理,扩大基层教育、医疗卫生、社区服务、农业技术等领域就业空间。为有意愿、有能力的高校毕业生创新创业提供资金、场地和技术等多层次支持。该《规划》提出强化高校毕业生就业服务。健全校内校外资源协同共享的高校毕业生就业服务体系,完善多元化服务机制,将留学回国毕业生及时纳入公共就业人才服务范围。加强职业生涯教育和就业创业指导,加大就业实习见习实践组织力度,开展大规模、高质量高校毕业生职业技能培训,提高高校毕业生就业能力。实施常态化高校毕业生就业信息服务,精准组织线上线下就业服务活动,举办行业性、区域性、专业性专场招聘,加强户籍地、求职地、学籍地政策服务协同,提高供需匹配效率。对离校未就业高校毕业生开展实名制帮扶,健全困难高校毕业生就业援助机制。强化择业就业观念引导,推动高校毕业生积极理性就业。开展"最美基层高

---

① 李克强对2019年5月13日在京召开全国就业创业工作暨普通高等学校毕业生就业创业工作电视电话会议的批示。

校毕业生"学习宣传活动。

2022年最新印发的《国务院办公厅关于进一步做好高校毕业生等青年就业创业工作的通知》（国办发〔2022〕13号）提出，高校毕业生等青年就业关系民生福祉、经济发展和国家未来，要以习近平新时代中国特色社会主义思想为指导，认真贯彻落实党中央、国务院决策部署，把高校毕业生等青年就业作为就业工作重中之重，将帮扶困难高校毕业生就业作为重点。《通知》对做好当前和今后一段时期高校毕业生等青年就业创业工作做了以下部署：

一是多渠道开发就业岗位。扩大企业就业规模，对招用毕业年度高校毕业生并签订1年以上劳动合同的中小微企业，给予一次性吸纳就业补贴。挖掘基层就业社保、医疗卫生、养老服务、社会工作、司法辅助等就业机会，社区专职工作岗位出现空缺要优先招用或拿出一定数量专门招用高校毕业生。支持自主创业和灵活就业，按规定给予一次性创业补贴、创业担保贷款及贴息、税费减免、社会保险补贴等政策。受疫情影响严重地区可实施中小学、幼儿园、中等职业学校教师资格"先上岗、再考证"阶段性措施。

二是强化不断线就业服务。把脱贫家庭、低保家庭、零就业家庭高校毕业生，以及残疾高校毕业生和长期失业高校毕业生作为就业援助的重点对象，提供"一人一档""一人一策"精准服务。实施国家助学贷款延期还款、减免利息等支持举措。推进公共就业服务进校园，建立高校毕业生就业岗位归集机制，构建权威公信的高校毕业生就业服务平台。打造一批大学生就业指导名师、优秀职业指导师、优秀就业指导课程和教材。深入实施离校未就业高校毕业生就业创业促进计划，持续跟进落实实名服务。

三是简化优化求职就业手续。稳妥有序推动取消就业报到证。取消高校毕业生离校前公共就业人才服务机构在就业协议书上签章环节，取消高校毕业生离校后到公共就业人才服务机构办理报到手续。档案管理部门要及时向社会公布服务机构名录和联系方式。建立高校毕业生毕业去向登记制度，作为离校手续的必要环节。推进体检结果互认，对基本健康体检项目，高校毕业生近6个月内已在合规医疗机构进行体检的，用人单位原则上不得要求重复体检。

四是着力加强青年就业帮扶。强化户籍地、常住地就业失业管理服务责任，允许到本地就业创业的往届高校毕业生、留学回国毕业生及失业青年进行求职登记、失业登记。鼓励高校毕业生等青年在获得学历证书的同时获得相关职业资格证书或职业技能等级证书。实施百万就业见习岗位募集计划，离校未就业高校毕业生到基层实习见习基地参加见习或者到企事业单位参加项目研究的，视同基层工作经历。

因此，各地各高校要切实加强对职业院校毕业生的就业服务，组织开展更多针对性的技能培训，强化对未就业毕业生的实名帮扶，帮助往届未就业毕业生尽快融入就业市场；要拓宽市场化就业渠道，加强有针对性的就业指导服务，提升人才培养与经济社会发展需求的契合度；要细化实化有利于扩大就业的政策举措，推动高校毕业生更加充分更高质量就业。

为了更好地帮助和指导高职学生顺利就业，根据《国家职业教育改革实施方案》《关于推动现代职业教育高质量发展》等国家政策和《教育部关于职业院校专业人才培养方案制订与实施工作的指导意见》部门文件的具体部署，服务于新时代职业教育的改革发展，我们组织编写了《职业发展与就业指导》一书。该书包括职业生涯规划、就业创业指导两个模块，涵盖了学业与职业生涯、感知环境变化、认识自我、解读职业、设计职业生涯、树立正确就业观念、求职指导、就业法规与流程、职场适应与发展、把握创业机会，共10个模块内容。每个模块都有明确的学习目标和学习指南，每一单元包括学习目标、知识与技能、活动与拓展、思考与评价四部分。各单元内容的编排尽量体现职业教育的特色，突出案例教学和实践能力的培养，理论知识的讲解尽可能深入浅出，体现出较强的针对性和可操作性。

本书紧密结合高职院校学生实际，以应用型人才培养为目标，吸收了近年来国内外就业与创业指导的最新研究成果，是一本帮助高职学生科学系统地进行就业与创业的启迪用书。同时，本书也可以为从事大学生就业与创业辅导的专业人员、高校教师提供一些借鉴和指导。本书有以下几个亮点：

1. 编写理念新颖。本书充分体现了职业教育培养学生职业能力的基本特点，突出了职业生涯发展与就业创业过程中的核心能力培养，把引导和帮助学生顺利就业或创业作为编写目标。在编排上力求内容简洁、形式新颖、可读性强。

2. 教材呈现形式新颖。打破传统的教材编排形式，探寻职业教育教学认识规律，设计并重构教材。首先，提出学习目标和学习指南，以增强教学的目标性和学习的有效性；其次，以案例导入方式进入相关知识的学习，知识讲解过程中穿插案例、知识卡片等进行解释说明。本书还配备了相关的课件，帮助学生更好地理解教材中的知识和技巧。

3. 突出实践实训环节。就业与创业都需要学生有较强的实践能力和关键技巧，本书不是单纯的理论说教，而是通过提供大量的求职与就业的实际案例以及案例分析，把学生从枯燥的理论学习中解脱出来，走向鲜活的现实情景中。本书还提供了丰富的活动与拓展训练，紧密结合单元的知识点，通过巧妙的设计，保证活动的可操作性和效果，从而激发学生的学习兴趣并体会到就业与创业的技巧。

本书的编写团队由从事就业与创业指导工作多年的一线教师组成，同时，本书在编写过程中还得到了各个方面的大力支持和帮助，特别是借鉴了国内外学者的一些先进理论研究成果，为本教材提供了重要的理论支撑。但由于时间紧迫以及编者能力所限，教材还存在不少疏漏和不足之处，恳请广大读者批评指正，促使本书更加完善，从而为推进我国就业和创业教育高质量发展做出更大贡献。

编　者

2021年7月

目 录

第一部分 职业生涯规划

模块一 了解学业与生涯 / 2
 1.1 学业导航 / 3
 1.2 生涯导航 / 11

模块二 探索工作环境 / 19
 2.1 感知宏观环境变化 / 20
 2.2 感知微观环境变化 / 31

模块三 正确认知自我 / 40
 3.1 自我探索 / 41
 3.2 探索职业兴趣 / 48
 3.3 探索职业性格 / 62
 3.4 探索职业能力 / 76
 3.5 职业价值观澄清 / 85

模块四 探索职业和岗位 / 93
 4.1 职业和专业 / 94
 4.2 组织和岗位 / 111

· I ·

模块五　职业生涯决策 / 123

5.1　职业决策 / 124

5.2　职业生涯规划的制订和实施 / 139

第二部分　就业创业指导

模块六　了解就业形势与政策 / 158

6.1　就业形势和就业观念 / 159

6.2　就业政策和就业服务 / 171

6.3　毕业去向和就业渠道 / 176

模块七　就业准备与求职指导 / 183

7.1　获取和利用就业信息 / 184

7.2　调适就业心理 / 189

7.3　准备求职材料 / 199

7.4　准备笔试与面试 / 211

模块八　就业程序与就业权益 / 226

8.1　就业协议与就业程序 / 227

8.2　劳动合同与就业权益保护 / 243

模块九　职场适应与职业发展 / 252

9.1　角色转变和职业适应 / 253

9.2　职业素养提升 / 265

模块十　把握创业机会 / 277

10.1　创业意识与创业潜质 / 278

10.2　创业模式和创业机会 / 288

主要参考文献 / 299

数字资源索引

生涯的意义 / 2

生涯规划有必要吗 / 2

职业生涯规划是什么 / 2

环境探索表 / 19

中国 GDP 历年数据变化 / 19

职业星空 / 40

慕课——我会做什么——我的职业能力探索 / 40

慕课——自我认知——能力定义与分类 / 40

慕课——自我认知——我学过什么？ / 40

能力探索之 STAR 成就事件回顾 / 40

21 世纪的职业世界 / 93

国家职业资格目录（2021 年版） / 93

8.2 万个社区专职岗位面向高校毕业生开放 / 93

生涯规划表（职教版） / 123

同学，你的新年 FLAG 扶稳了吗？ / 123

职业生涯规划拓展训练营 / 123

就业信息收集与整理 / 158

教育部 2022 年最新高校毕业生就业政策 / 158

中国历届应届生人数 / 158

简历制作 / 183

毕业生面试技巧 / 183

职场礼仪 / 183

个人形象设计 / 183

心理调适 / 183

就业权益保护 / 226

这 20 个证书，人社部网站能查了 / 226

职业素养提升 / 252

从学生到职业人的过渡 / 252
工作中应注意的因素 / 252
创业与创业精神 / 277
知识经济发展与创业 / 277
创业机会识别与评价 / 277

第一部分

职业生涯规划

模块一　了解学业与生涯

🌸 模块导读

莎士比亚曾说过:"人生就是一部作品。谁有生活理想和实现的计划,谁就有好的情节和结尾,谁便能写得十分精彩和引人注目。"

同学们,当你们带着行囊从祖国的四面八方走进陌生的大学校门时,便开始了人生新的历程;当你们满怀热情去探索未知世界时,是否觉得新鲜感在渐渐消失?面对竞争激烈的就业环境,你们是迷茫、困惑、无奈,还是认真设计三年的大学生活,规划好学业,找到新的努力方向,利用新的发展平台,培养技能,提升素质,以期顺利就业呢?或许你们正在思考:在大学里应该怎样学习、生活?怎样处理好学习与社团活动的关系?怎样进行职业生涯规划,实现自己的人生目标?……

在今天这个人才竞争的时代,职业生涯规划已经成为人才争夺战中的另一重要利器。对企业而言,如何体现公司"以人为本"的人才理念,关注员工的持续成长,职业生涯规划是一种有效的手段;而对每个人而言,职业生命是有限的,如果不进行合理的规划,势必会造成生命和时间的浪费。作为当代大学生,我们要对自己的职业生涯进行规划,给自己的梦想插上翅膀。青春短暂,从现在起就力争主动,好好规划一下未来的路,去描绘这张生命的白纸吧!

这些都将是本模块要与同学们探讨的问题。通过本模块的学习,同学们可以了解到高等职业教育的特点和作用,了解到什么是学业、什么是学业规划、什么是职业生涯规划,通过学习,同学们应该能充分理解学业规划和职业生涯规划对人生发展的重要意义。

生涯的意义

生涯规划有必要吗

职业生涯规划是什么

1.1 学业导航

名人名言

志不立，如无舵之舟，无衔之马，飘荡奔逸，终亦何所底乎？

——《王阳明全集》卷二六

学习目标

1. 认识高等职业教育的特点和作用。
2. 了解学业的内涵和高职学业规划的制订步骤。

失败的大学生活——一位高职毕业生的反思

2021 年我毕业于广州某高职院校国际商务专业，可以说大学期间我根本没考虑学业规划，更谈不上努力进取了。大一的时候，我激情满怀，什么都不懂，却对未来充满了信心和渴望。大二的时候经历了一些失败和挫折，逐渐对学习和社会活动失去兴趣，并且沾染了沉迷游戏的恶习。大三上学期我继续沉沦，彻底对学习失去兴趣，除了应付实习任务，就是疯狂地玩游戏，甚至到了旷课被点名批评的地步。大三下学期虽然有所收敛，但依然找不到努力的方向，根本不知道毕业后要做什么工作。别人都在制作个人简历、争取应聘机会、参加面试，而我则选择了逃避。这就是我的大学生活，这就是我 19 岁到 21 岁的青春，这段青春某一点也曾有过闪光，但总体的旋律却是迷茫和放纵。

对于就业，我认为是大学生活的结束。企业招聘员工看重的是工作经验，而这是每个应届大学毕业生最缺乏的，也是最明显的一块短板，能否补齐这块短板体现了一个应届大学毕业生的竞争实力。我也一直想通过参加社团活动或者暑期的社会实践来弥补短板。但每次要么因为懒惰而没有迈出第一步，要么是受了点挫折就退缩。大三时，学校为我们提供了较好的实习场所和岗位，可我没有好好利用，在浑

浑噩噩中错失了提升专业技能、培养就业能力、获取就业信息的好机会。直到现在，我还只能在一家物流公司打杂工，而与专业性岗位无缘。

分析： 这位同学之所以到现在还没有找到满意的工作，有3个方面的原因：一是没有明确的奋斗目标和努力方向。二是没有进行学业规划。学业规划对大学生来说至关重要，大学生通过解决学什么、怎么学、什么时候学等问题，才能顺利完成学业，为成功就业及开辟事业打好基础。三是没有认识到大学生活的重要性。大学阶段是一个人求知的关键时期，在良好的学习环境熏陶下，不但要实现知识技能的提升，更重要的是学会为人处世，学会参与，为将来走向工作岗位打下坚实的基础。

一、高等职业教育

中国高等教育发展迅速，已经从精英教育进入了大众教育阶段。高等职业教育具有高等教育和职业教育双重属性，其主要任务是培养生产、服务、管理第一线的高端技能型专门人才。从人才层次结构上看，高等职业教育处于技能型人才培养的高端，对职业教育的人才培养和教育教学具有引领和导向性的作用。

（一）高等职业教育的内涵与特点

高等职业教育，简称高职教育，是指以就业为导向，面向经济社会发展需要，以培养生产、建设、管理、服务一线的高等技术应用性人才为根本任务的高等教育。2022年5月1日，新修订的《中华人民共和国职业教育法》正式实施，允许设立本科层次的职业学校，在普通高等学校设置本科职业教育专业，在专科层次的职业学校设置本科职业教育专业。高职教育在发展中正在形成"专科教育—本科教育—专业学位研究生教育"的人才培养体系。

（二）高等职业教育的作用

高等职业教育的发展为我国的政治经济建设、社会发展做出了重要贡献，既满足了人民群众接受高等教育的强烈需求，又丰富了我国高等教育的类型，完善了职业教育的层次结构，为我国在21世纪初实现高等教育大众化的历史性跨越发挥了重要作用。

以培养技术技能型人才为目标、与区域经济社会紧密联系的高职教育，是打造"中国教育升级版"的重要推动力量，在区域转型和产业提升的历史契机面前，"以服务为宗旨，以就业为导向"的高职教育正被赋予新的使命和要求。

二、学业与学业规划

大学是青年人成才的新起点，又是人生发展历程的一大转折点。如何尽快适应大学生活对于新同学来说尤为重要，因此十分有必要了解"学业"的内涵并做好学业规划。

（一）学业的内涵

在《现代汉语词典（第7版）》中，"学业"一词被解释为学习的功课和作业。对于高职学生来讲，学业是指在高等职业教育阶段进行的以学习为主的相关活动，它既包括专业知识的学习，又包括政治思想、职业道德、综合素质、职业能力、创新精神的全面培养。

（二）学业规划的概念和意义

学业规划是指学生依据自身的特点、兴趣及学业前景确定自己的学业目标，按照一定的原则、方法、步骤，制订在校学习阶段的目标和实施方法的过程。大学生进行学业规划具有很强的实践和理论意义，具体如下：

1. 正确认识自我、明确奋斗目标

制订学业规划有利于大学生正确认识自我，明确奋斗目标，增强生活与学习的主动性。一份有效的学业规划，能够引导学生认识自身的个性特质、现有的及潜在的资源优势，评估个人目标与现状之间的距离，树立明确的学业发展目标与未来职业理想，学会运用科学有效的方法，采取切实可行的措施，由"要我学"变为"我要学"，不断增强自己的学业竞争力。

2. 更好完成学业提升能力素质

制订学业规划有利于大学生更好地完成学业，提升自己的能力和综合素质，提高就业竞争力，顺利实现就业。大学生大多都有较高的就业期望值，独立意识强，但一些学生自律能力较弱，学习主动性和自觉性欠佳。因此，科学制订学业规划，能有效约束和激励自己，清楚将来要达到什么样的目标以及现在应该做什么。

3. 缩短适应时间、顺利适应大学生活

制订学业规划有利于帮助新生度过适应期。进入大学后，学校的管理模式发生改变，教学方式灵活自由，大学生自主学习的时间增多，需要通过一段时间来适应新的生活与学习模式。此时制订学业规划，有助于大学生缩短适应时间，避免进入松懈状态，尽早开始有目标、有计划的大学生活，最终实现学业目标与职业理想。

(三) 学业规划的考虑因素

对于高职大学生来讲，制订学业规划时应正确处理好以下 4 种关系：

1. 正确处理学业与专业的关系

重视学业，努力培养专业兴趣，把自己的爱好和国家的需要及社会发展的要求有机地统一起来，掌握专业知识、专业技能和相关能力，培养专业素质。

2. 正确处理学业与职业的关系

注重学以致用，自觉地学好专业知识，培养职业素质，锻炼职业能力，收集职业信息，以期在将来的职业竞争中立于不败之地。

3. 正确处理学业与事业的关系

将自己当前学业与未来理想事业联系起来，在学习过程中充分认识所学专业在国家建设和社会发展中的意义、作用和发展前景，立志献身其中，在工作中充分实现自己的人生价值。

4. 正确处理学业与就业的关系

以就业为学业的导向，有利于高职生的专业选择、学业目标的调整、学习方式的改变、学习外延的拓展以及综合素质的提高。就业是衡量学业成就的重要标准之一。想要成功就业，就必须具备强烈的事业心、广博精深的专业知识、较强的沟通协调能力、良好的心理素质和强健的体魄以及创新精神，这些都应当在完成学业的过程中培养。

(四) 高职生学业规划的三个阶段

1. 第一阶段——大学一年级

适应新环境，正确评估自己，为后续阶段打下坚实的基础。学校在这个阶段一般开展大学生活认知教育、入学素养教育、心理健康教育、专业思想教育、国防教育等。学生在这个阶段要尽快熟悉环境，建立新的人际关系，积极参加各种社团活动，提高人际沟通能力，提高文明素养。同时要尽快完成学习观念和学习方法的转变，摆脱中学阶段形成的对家长、教师的依赖心理，培养自主学习能力，养成以创造型学习为主导、接受型学习与创造型学习相结合的学习习惯。

2. 第二阶段——大学二年级

认真学习专业知识，培养实践能力和创新能力。根据高职教育的特点，学校在这个阶段会开设主要的专业技能课,加强学生实践能力的培养,通过校内外各种实践活动全面提高学生综合素质。参加实践活动有利于学生融入社会,发现自己的优势与劣势,分析成功的原因,保持优势;或者找出失败的原因,不断改进。

在这个阶段,同学们应注重培养创新能力、组织管理与社会活动能力、沟通能力及团队协作精神,尽可能全方位地展示自己的才能。对于基础知识的掌握,应继续向深度和广度两个方向拓展,并注意随时了解本专业发展的前沿和方向。

3. 第三阶段——大学三年级

积极完成实习任务与毕业设计,培养就业能力和创业能力。同学们在大学三年级要到企业生产岗位进行体验性的实习和顶岗锻炼,接受学校指导教师的辅导和实习单位技术人员与工人师傅的现场指导,完成实习计划。

在这个时期,同学们要重视培养就业能力与技巧,从宏观上了解企业的运作模式、工作流程;从微观上明确个人的岗位职责与规范。同时,还要注重拓宽求职信息渠道,积极搜集工作信息,掌握个人简历、求职信的写法及其写作技巧,掌握面试要点和面试技巧,积极参加招聘活动,提高求职技能。

案例1.1

某高职生的学业规划

一、前言

"明其志,方能知所赴!"与其浑浑噩噩地虚度3年的光阴,不如抓紧时间为自己充电。为了更有效地完成大学3年的学习,把握好自己的未来,现制订如下学业规划,以便时时鞭策自己,奋发前行。

二、自我分析

1. 基本情况

兴趣爱好:喜欢阅读军事、人文历史类图书,积极参加户外活动,经常看新闻类电视节目等。

性格:偏外向。

人生格言:强者制造机会,弱者等待机会。

2. 主要优点

(1) 有理想、有激情、有自信、有原则。

(2) 遵纪守法、尊敬师长、热爱学习;团结同学、乐于助人;严于律己、坚持原则;做事认真、态度端正、有责任感;热爱生活、乐观向上。

(3) 重视"变"有常新,注重"量"的积累,重视"度"的衡量,有自知之明,喜欢别人给自己提意见……

(4) 有善于学习借鉴、自我优化的能力；对他人有真诚的友爱之心，豁达开朗；喜欢动手实践，兴趣广泛，敢于探索。

3. 主要缺点

(1) 体型显得太单薄。

(2) 口才一般，交际能力有限，无演讲经验。

(3) 英语、计算机应用能力一般。

在大学三年中，要扬长避短，进一步发展自己的长处与优势，加强与他人的沟通交流，积极参加学校各项活动，增加自信。努力学好各门课程，不偏科。

4. 其他

经常做事冲动，常后悔不已，但事后能够积极反省、对症下药，迅速找到解决办法，避免再次发生类似情况。

三、大学3年的规划

1. 大一阶段

(1) 尽快适应大学生活，培养自主学习能力，学会利用图书馆和网络资源。

(2) 初步了解自己所学的专业以及社会对本专业高职人才的需求情况。

(3) 锻炼身体。每天坚持晨练，积极参加阳光体育活动，参加羽毛球俱乐部。

(4) 努力学习计算机相关知识，提高英语水平。大一第二学期通过高等学校英语应用能力考试、××省高校计算机等级考试（大学信息技术基础）。

(5) 继续培养广泛的兴趣爱好，扩大知识面。

(6) 竞选班干部和学生会干部，积极参加学生会和各种社团活动及学校组织的集体活动，增强人际交往能力。

2. 大二阶段

(1) 大二第一学期参加全国大学英语四级考试。

(2) 培养对专业的学习兴趣，努力学好专业必修课和选修课。

(3) 根据职业岗位要求，学习相关拓展知识。

(4) 积极参加社会实践活动，不轻易放弃任何一个锻炼自己的机会。

3. 大三阶段

(1) 搜集各种相关职业信息，积极寻找与发现机会，为就业或创业做好准备。

(2) 认真参加企业顶岗实习，锻炼自己的实际工作能力。

(3) 深入思考，理论联系实际，完成毕业设计或毕业论文。

(4) 学会制作个人简历与撰写求职信，进行面试训练，锻炼求职与应聘能力。

晓燕的学业规划实践

晓燕，2008年毕业于河南某高职院校计算机专业，毕业后被推荐到深圳一家全国500强企业工作。晓燕多次被评为先进个人、优秀共产党员、质量服务标兵，现为该公司的人事主管。

晓燕在工作单位为何能进步得这样快，原因在于入校之时，她就着手规划自己的学业：努力学习，潜心钻研，苦练技能，热爱集体，遵章守纪，积极参与各种活动，培养自己的组织能力和处事能力，尤其注意良好的行为习惯养成，每个学期的平均成绩都在专业前三名，在校期间先后担任班长、团委组织部部长、学生会副主席。

晓燕刚进公司之时，本来要被安排到车间第一线，但由于她填写的个人推荐表字体娟秀，学的又是计算机专业，就被暂时留在了人事部。她工作时总是兢兢业业，满脸笑容，主动做事。人事部的计算机全由她主动维护，深受领导和同事的好评。公司领导暗示人事主管考察她，人事主管便找了晓燕一个所谓的"问题"后，将其派到了后勤部门，让她搞卫生。晓燕承受住了"挫折"，每天仍然兢兢业业、笑意盈盈，三个月后就被调回人事部，担任人事主管助理。

晓燕并没有安于现状，她正朝着更高的职业目标挺进……

分析：进入大学校园后，同学们就应该及时分析自己的实际情况，结合专业确定学业目标，制订学业规划，解决学什么、怎么学、什么时候学等问题。只有这样，我们才会更加珍惜校园生活，有序进行我们的学习，满足自身发展的内在需要。

"撕"思人生

一、目标

通过这个游戏感受人生是一个能动的过程，每个人都是自己人生的主人。

二、规则与程序

在撕纸的过程中感受生命的有限，思考自己的理想和人生规划（总活动时间：20分钟）。主要活动过程如下：

1. 在白纸上画一个长线段。在起点上写上自己的出生日期和年龄岁数，在终点上标注出自己预测的死亡年龄。

2. 在线段的适当位置上标注出现在的年龄，并将这之前的线段撕下来。

3. 然后在剩下的线段上写出你认为今后的人生中最迫切想要实现的三件事。

4. 在线段的适当位置上标注你预想自己取得成功的年龄，然后将这以后的线段撕下来。

5. 思考剩下的部分有多少？手中拿的这段时间是什么，有多少可以用来努力学习和工作的时间？

三、讨论

1. 面对这张纸，你有何感受？

2. 仅有的可以用来学习和工作的时间，我们应该怎样利用？

3. 应该怎样规划自己的人生？

四、总结

在这个游戏中，我们可以感受到生命都是有限的，每个人都要珍惜时间，做好自己的人生规划，朝着目标的方向努力，争取早日实现自己的理想。

（资料来源：温丽萍，顾献权．职业生涯规划与就业创业辅导教程［M］．南京：南京大学出版社，2014）

 探索与思考

> 你认为"一个人只要努力奋斗、前进不止，不一定非要进行学业规划"这个观点正确吗？请结合你的亲身经历或案例进行说明。

1.2　生涯导航

名人名言

谁若游戏人生，他就一事无成；谁不主宰自己，就永远是一个奴隶。

——歌德

学习目标

1. 理解生涯的含义及其与工作的区别。
2. 了解职业生涯的含义及职业生涯教育。
3. 了解几种典型人群的职业生活方式。

导入案例

频繁跳槽的无奈

工作5年从事了6份工作，体现了高职毕业生小王的无奈与迷惘。小王学习的是工商管理专业，初出茅庐没有工作经验要从助理开始做起。他先后做过欧洲某机械类公司市场助理、世界500强的客服助理、欧洲航空公司客服、美国外贸公司采购助理、北欧公司行政兼人事、某四大会计师事务所之一的人事助理。说来小王的运气真是不错，每次想找工作的时候，总能急吼吼地能找到救命稻草。行政助理的工作内容很清闲，且大多都是行政事务，薪水还可以，但天天做着数据输入的工作，难免会感到枯燥。频繁跳槽让小王感觉缺乏稳定的职业发展方向，而且职场的升迁也变得更加困难。"横看成岭侧成峰，远近高低各不同。不识庐山真面目，只缘身在此山中。"他走进了母校职业生涯规划咨询室，得到了专业的分析和指导，终于找到方向，有了明确的奋斗目标，开始逐渐聚焦人力资源的职业发展方向，并且陆续收到了面试通知。

分析： 要避免走错路，职业规划很重要。有的工作适合刚毕业的大学生做，就是含金量比较低些，可替代性比较强。但工作5年多的人还在做这个事情，职业生涯会有问题。青年人频繁地跳槽，在职场上很难有发展，因为在同一职位上没有工作经验的累积，难以形成自己的核心价值，很有可能一辈子只能做助理。而公司的助理大多招工作年资浅的，如果没有职业定位，一直做助理工作到最后可能工作都不好找。

一、关于生涯

（一）生涯的含义与特点

"生涯"的英文单词是"career"。在西方，"生涯"强调从事职业的过程。同时，它强调的不是一般的职业，而是一个人终生孜孜追求的事业，并在这个过程中获得的人生意义。早年，生涯曾被解释为"工作、职业或者角色"。

国际上对"生涯"的定义有多种，目前，"个人通过从事工作所创造出的一个有目的的、延续一定时间的生活模式"是生涯领域中被广泛接受的一个定义。一般具有以下三个特点：

（1）独特性。每个人都有自己独特的个性和独立的价值观，有自己特有的行为方式，因此，在同样的职业中，我们做出的努力不同，获得的感受也各异。这正如同一棵树上不会有完全相同的两片叶子。世界千姿百态，每个人都有独特的生涯。

（2）终身性。生涯发展是人一生当中连续不断的过程。从毕业离开校园成为职业人到退休，职业在我们一生中占据的时间很长，但它并不是我们生活的全部。而生涯则包含了一个终身发展的概念。

（3）综合性。生涯是人生扮演的各种角色的整合。职业不能占据我们整个生命的长度，而即使在我们的"职业人"阶段，职业也不能占据我们生活的全部。我们除了从事职业，还要担当家庭和社会角色。我们的生活经验会影响职业选择和职业发展，而我们的职业选择又往往决定了一定的生活状态和方式。

（二）生涯规划及作用

生涯规划就是对影响人们生涯发展的经济、社会、心理、教育、生理等各种因素的选择和创造。它通常建立在个体对自我全面深刻认识的基础之上，需要结合职业发展的一般性特点来看待。生涯规划的主要作用如下：

（1）以既有的成就为基础，确立人生的方向，提供奋斗的策略。

（2）突破生活的束缚，塑造清新充实的自我。

（3）准确评价个人的特点和强项。

(4) 评估个人目标和现状的差距。
(5) 准确定位职业方向。
(6) 重新认识自身的价值并使其增值。
(7) 发现新的职业机遇。
(8) 增强职业竞争力。
(9) 将个人、事业与家庭联系起来。
(10) 扬长避短，发挥职业竞争力。
(11) 了解就业市场，科学合理地选择行业和职业。
(12) 提升个人实力，获得长期职业发展优势。
(13) 尽快适应工作，提高工作满意度，实现事业的成功。

二、关于职业生涯

（一）职业生涯的含义

职业生涯是个人与他人、环境、组织和社会之间互动的结果。个体的职业生涯发展具有独特性、动态性、阶段性、互动性、整合性的特点，无法脱离客观环境的影响和制约，涵盖人生整体发展的各个层面，而非仅仅局限于工作或职位。

（二）职业生涯阶段划分

1. 生涯认知阶段

这一阶段的任务是培养日常生活中必需的基础能力素养和对工作世界的认知。生涯认知主要是在小学阶段完成的。

2. 生涯探索阶段

这一阶段的任务是培养一个有素养的人所必需的能力，通过更加具体实际的经验探索符合自己个性、兴趣、性格、价值观、能力、身体特征的职业。职业探索主要是在初中阶段完成的。

3. 生涯规划及准备阶段

这一阶段的任务是从探索的职业中选出最适合自己的职业，开发从事该职业的能力，规划并准备与就业相关的事务。生涯规划及准备主要是在高中、大学、各种职业培训机构中完成的。

4. 生涯维持与改善阶段

这一阶段的任务是在工作岗位上提高业务能力，有的人会做好换工作和离职的

准备,以及为了充实老年的业余生活接受相关教育。也就是说,不仅包含职场生活、家庭生活、社会生活,还包含终身学习的成人期及老年期教育。

人们通常是按照上述职业生涯的发展阶段开发自身能力的。按照职业生涯发展的不同阶段,职业生涯教育的目标体系见表1-1。

表1-1 职业生涯教育的目标体系

相应时期		小学	初中	高中	大学	工作后
职业生涯教育阶段		生涯认知	生涯探索	生涯规划	生涯准备	生涯维持与改善
阶段性生涯教育目标		认识工作,初步确定职业态度	探索自我,收集职业信息	决定个性化生涯,树立职业目标	决定职业生涯,并开始职业准备	维持职业生涯或改善、转换职业
自我理解	通过自我理解,形成自我概念	认识自身,珍惜自己的存在	努力了解自我,形成正向自我概念	客观理解自己,形成正面自我概念	深化自我了解,积极接受他人	不断反省自我,培养包容心态
探索并理解职业世界	了解工作,探索职业	努力形成职业态度	重视工作,理解社会环境与自身的关系	理解环境的变化对工作和职业产生的影响	关注环境,提升能力,适应变化	应对环境的急剧变化,对职业进行深入探索
	形成职业价值观	形成积极的人生态度	准备应对职业生涯的积极态度	培养职业所要求的积极态度与习惯	培养组织文化,初步形成良好的职业态度	具有职业人应有的社会责任感,能驾驭职业生活
	探索、解读、评估、应用职业信息	认识并探索身边的职业	探索多层面的职业信息	解读职业评估信息并应用于职业世界的多个层面	深入探索、评估、应用职业准备所需的信息	生成职业生涯所需的职业信息并进行管理
职业生涯规划和管理	生涯决定	认知生涯决定的重要性,拥有梦想	探索生涯方案	以合理的生涯决定为基础,初步制定生涯方案	生涯目标具体化,并确定实施策略	树立生涯维持或转换的目标,制订计划及应对策略
	进行有效的求职、生涯维持或转换	初步了解工作的含义	了解职业、行业的相关知识,端正态度	培养就业意识,知识与技能并重	为准备求职、生涯转换而强化职业基础能力	深化并发展职业选择、维持或转换所要求的能力

(三)职业生涯规划的含义

建造高楼大厦需要设计图纸,人生也是如此。为了实现目标,要考虑到自己的个性、潜力、兴趣、环境等因素,规划出可以付诸实践的人生蓝图,这就是职业生涯规划。

在设计个人的职业生涯规划时,需要注意三点:第一,要尊重自己的潜质及个性;第二,比起外在价值,应更注重内在价值;第三,在设计职业生活时,要在社会需求的范围内进行设计。

如图1-1所示,在职业生涯规划中,自我剖析与环境分析是基础。自我剖析侧重于内因分析:分析自己的专业知识和技能以及职业素养水平;审视自己的性格、兴趣与人格特征。环境分析侧重于外因分析,包括宏观环境分析和微观环境分析,以及竞争者的挑战和威胁。通过自我剖析和环境分析,逐渐确立职业目标。

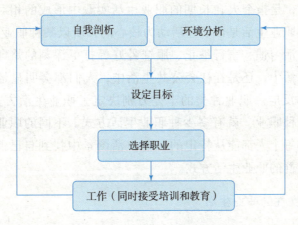

图1-1 职业生涯规划过程示意

三、关于职业生活

职业生活既属于人类公共生活的范畴,也是个人生活的一部分,是人们从事职业活动的总和。

(一)职业生活与其他生活的关系

1. 职业生活与家庭生活

首先,职业生活制约着家庭生活。在时间支配上,工作时间是优先考虑的因素,"先工作、后生活"是时间管理的一般原则。职业工作时间的长短,与家庭生活密切相关。例如,一些人的工作时间固定,下班以后常常能分担家务;另一些人的工作时间很长,经常加班,就很少做家务。在空间支配上,一般个人的职业工作地点也是家庭生活和公共生活的核心区域,两地分居和上下班通勤距离过长等对家庭的影响是负面的。因此,人们评价生活方便不方便,主要看职业生活是否与家庭生活和公共生活在同一活动空间。

2. 职业生活与社会公共生活

社会公共生活对个人职业生活有着很大的影响。比如，社会政治变革、经济结构调整、社区文化繁荣等现象，都可能对个人的职业生活产生重大影响。现代社会中，虽然个人的职业生活更加自由了，但从本质上说，个人的职业生活永远都无法摆脱社会生活的影响，而这种影响有的是正面的，也有的是负面的。

（二）职业生活方式

职业生活方式，是指个人在长期的职业生活实践中形成的相对稳定的思维方式和行为方式。因为职业生活是以职业活动为核心的，所以某种职业活动的循环往复，必然给劳动者的生活习惯、言行举止、服饰爱好等打下深刻的烙印。所谓习惯成自然，无论在家庭生活中，还是在社会公共生活中，人们都会明显地感受到一个人职业生活习惯的延伸反应。职业种类的千差万别决定了职业生活方式也有很大差异，甚至可以说有多少种职业，就有多少种职业生活方式。不同的职业群体呈现出不同的职业生活图景，每个人都能从特定的职业生活图景中找到自己的身影。这里，重点介绍几种典型人群的职业生活方式。

1. 男性与女性的职业生活

（1）男性的职业生活方式。一般来说，男性有健壮的体格、活跃的思维，有较强的自尊心和责任感，由此形成了男性特殊的社会心理，他们希望建功立业、事业有成，把职业生活的意义看得很重。据抽样调查，男性最喜欢的职业依次为公务员、职业经理人、企业管理人员、工程师、程序员、记者、医生、警察、教授、建筑师、自由职业者等。当然，男性还从事工农业生产、生产运输及建筑等职业，这些脏、险、累、苦的职业，虽然不一定是他们内心喜欢的，却是他们有能力从事的，也可以得到某种需求的满足。男性勇于冒险的性格，使得他们的职业生活充满变数和转折。在独立创业和职业变换者中，男性的比例要远远高于女性。

（2）女性的职业生活方式。我国政府规定，男女就业权利平等，同工同酬，并给予女性职业保健方面的特别照顾，这为女性职业生活提供了很多便利条件。一般而言，女性骨骼较小、肌肉力量较弱，但耐力较强、心细手巧，具有亲和力好、记忆力好的心理特点。据调查，女性最喜欢的职业依次为公务员、企业文员、会计、教师、设计师、编辑、演员、计算机操作员、服务员等。相对男性而言，女性的职业生活比较稳定，而且努力兼顾工作与家庭。加拿大一项调查研究发现，职业女性随着体力、脑力支出的增加，责任的加重，她们的健康状况会更好。跟单纯的家庭主妇相比较，职业女性健康程度较佳，幸福感和成就感更大。

2. 农村人与城市人的职业生活

农村与城市是相对应的概念，农村以农业生产为主，而城市则是工商业发达的地方。

（1）农村人的职业生活方式。农民是我国最大的职业群体，也是最古老的职业类型之一。现在，农民对于社会经济而言仍然是一个十分重要的职业。一般来说，农村人的职业生涯呈直线型，职业生活具有相对的稳定性。随着市场经济的发展，农民职业生活方式呈现出多元化局面。

（2）城市人的职业生活方式。由于城市是社会政治、经济、科技、文化发达的区域，劳动生产力水平较高，个人的职业生活有更大的选择余地和更多的发展机会。

3. 军人的职业生活

军人的职业生活规律性强，行为方式整齐划一，基本的职业活动是各种军事技能的训练，很少有个人选择的余地，职业生活单纯而稳定，多数人会在兵役期满后复员转业。在和平时期，军人的职业生活还包括一些个人兴趣的培养训练以及军地两用人才培训等，这些活动使军人的职业生活变得丰富，也为军人退役后的职业转换创造了条件。

充实的大学生活

小磊同学，北京某高职院校软件技术专业2019级学生。入学之初，他参加了学校的职业生涯规划大赛，比赛后王同学对自己的未来有了更明确的目标，同时也对自己在校期间的生活做了认真详细的规划和计划。规划和计划的制订提醒他要着眼于现实，踏踏实实地过好大学的每一天，完成好大学期间的每一门课程和每一次活动，提升自己各方面的素质，为将来就业打下坚实的基础。因此，他的大学生活非常丰富。他不但学习成绩优秀，而且还担任班长，协助辅导员管理班级，同时积极参加社团活动，在兴趣的基础上积极提升与拓展。大三的时候，他积极报名了专升本考试，经过努力顺利考上了北京联合大学，成为一名本科生，同时也为自己三年的高职生涯画上了完美的句号。

分析： 王磊同学从踏进大学校门后就对自己的未来生活做了明确的规划，并且按照规划的目标去一步一步实现，最终获得了成功。人生在世，谁都想成就一番事业，实现人生的价值。然而，成功的背后是实力与机遇的共同作用，而机遇往往只青睐有准备的人。想要有一个美好的明天，我们需要一个科学的规划来指导，职业生涯规划就可以为你提供走向成功的技术与方法。

活动与训练

畅想20年——新闻发布会

一、目标

通过畅想20年后的你,初步思考你的职业生涯,了解职业生涯的内涵。

二、规则与程序

1. 你对20年之后的自己有憧憬吗?是否仔细想过20年后的你是怎样的?

2. 4~6人一组,选择一个共同关心的主题,想想20年后的自己处于人生的什么位置?你是怎样达到这个程度的?假如你畅想的是成为某集团的人力资源总监,需要具备什么素质、什么能力?小组成员共同搜集信息,保证畅想内容的合理性。

3. 同一小组的同学不但要搜集自己所畅想的内容信息,还要集思广益,设想记者团可能会提出的问题,以便做好准备,接受记者团的提问。

4. 每一小组成员针对其他各组的主题设想出3~5个问题,并选出3个问题作为对其他组发言的提问。

5. 每一小组中,选出1名同学作为新闻发言人,2名同学作为记者,新闻发言人根据本小组的畅想情况进行发言,记者负责收集小组成员对其他小组发言提出的问题。

新闻发言人的职责:用5分钟来讲述你"20年的畅想"的内容,然后用5分钟的时间接受记者的采访,回答记者的提问。

记者的职责:根据新闻发言人的主题进行提问,可以由你们小组成员共同提出,也可以根据新闻发言人的内容现场提出你认为重要的问题。

三、讨论

1. 在畅想活动中,你看到的20年后的景象是什么?
2. 你的理想与现实之间主要的差距是哪些?
3. 怎样才能实现你的理想?

四、总结

通过对自己的理想职业生涯状态的畅想,能了解自己期待的职业生涯愿景,初步觉察自己的职业生涯状态,树立职业生涯规划的意识。

探索与思考

1. 什么是生涯和生涯规划?
2. 职业生涯规划的含义是什么?

模块二　探索工作环境

🌸 模块导读

每个人都生活在一定的环境中，成长与发展都与环境息息相关。当今世界环境风云变幻，世界正在发生着惊人的变化。地球是圆的，但世界是平的。世界正在被快速地摊平或铲平，全球化也正在进入继国家全球化、公司全球化之后的全球化3.0时代，即个人全球化时代。全球化浪潮已经深刻地影响了中国的经济、政治、文化、社会生活的各个方面，改变了每个人的工作方式、生活方式，乃至生存方式。大学生作为未来技能人才的主力军，应当放眼全球、立足国情、扎根乡土、超越自我，这样才能实现个人职业生涯的顺利发展，成就国家富强和个人理想的"双赢"。

所以，在制订个人职业生涯规划时，需要分析环境的特点、环境的发展变化、环境对自己提出的要求或挑战以及环境对自己的有利条件与不利条件等。只有充分了解这些环境因素，才能做出与环境相适应的职业生涯规划，才能做到在复杂的环境中避害趋利，使自己的职业生涯得以发展。本章把职业生涯探索的视角转向对工作环境的分析，帮助同学们在认识形势的同时，认识到工作环境是实现职业生涯目标的外部平台，关注用人单位人才标准，因此要以积极的心态面对工作环境，利用好这个外部平台，学会多角度、多途径、多种方法与策略获取与工作相关的信息并有效管理好这些信息，促使学生用外界的职业需求与职业要求指导自己的学习生活，提升自身的职业品质。环境分析是进行成功职业生涯决策的关键一步。

环境探索表

中国 GDP 历年数据变化

2.1 感知宏观环境变化

 **名人名言**

重要的不是环境,而是对环境做出的反应。

——鲍勃·康克林

 学习目标

1. 掌握社会环境探索的含义及意义。
2. 了解社会环境中影响职业生涯发展的因素。
3. 认识社会环境探索中的关键问题,初步养成分析社会环境的思维模式。
4. 学会在社会环境中找到定位、积极应对社会环境的变化。

 导入案例

农村创业卖韭菜

在贵州省黎平县永从镇三龙侗寨,"90后"女大学生金道敏选择"互联网+农业"的创业模式,回乡做起了韭菜"西施"。她把当地绿色、有机的韭菜分享到了全国各地,深受广大消费者的喜欢,不仅带火了藏在深山里的韭菜,还带富了村民。金道敏说,这段时间,线上销售十分火爆,每天都有全国各地下单的消费者,多的时候有上百单。由于下单人数多,为了给消费者尽快发货,每天都有4到5人专职分拣产品、打包。谈起返乡创业,金道敏说因为自己读的是国际贸易专业,加上在杭州上的大学,接触电商较早,对电商环境有一定的了解。当时村里通了快递,淘宝又进到了农村,并且黎平县被列入国家级电子商务进农村综合示范县,乘上这股东风,金道敏便利用自己所学,开启了她自己的"黎货出山"销售新模式。她一边示范种植,一边探索市场。目前金道敏与乡亲们在三龙种植韭菜已有100余亩,2019年还成立了黎平四季青种养殖农民专业合作社。2021年2月,她丈夫吴文杰也辞掉公职,加入了她的创业中。现在,夫妻俩自己打造韭菜基地,带动农户种植,每年线上线下销售额达60万元。

分析：学习贸易专业的毕业生发挥了商业特长，组织村民开展农产品电商业务，不仅实现了创业成功，也引领了村民走上致富之路。职业生涯规划要因地制宜。韭菜合作社的创始人就是依据家乡的独特物产资源，逐步摸索到独特的事业发展路线，值得广大高职生效仿。

物竞天择，适者生存。人的一生都身处环境之中，环境是个人职业生涯发展的约束条件，也是推进动力，对个人的职业生涯，乃至人生发展都有重大影响。

一般来说，环境分析包括宏观环境分析和微观环境分析两方面的内容。社会宏观环境即社会大环境，通常是指社会的经济、政治、法律、文化、教育、生态、自然、人口、行业、企业等形势，涉及人们职业权利的管理体制、社会文化与习俗、职业的社会评价及社会时尚等宏观因素。这些环境因素决定着社会职业岗位的数量、结构，决定着新兴职业岗位出现的随机性与波动性，决定着人们对不同职业的认定和步入职场世界、调整职业生涯的决策。

一、经济发展环境

经济发展环境包括国家宏观经济和区域经济两个层面。高职院校大学生要了解经济环境对职业生涯规划两个方面的影响。

（一）经济发展周期

经济发展具有周期性，有繁荣时期，也有衰退时期。一般来说在经济繁荣期，个人职业选择的机会就比较多，因而有利于个人职业的发展；相反，在经济萧条期，个人职业选择的机会就比较少，个人职业生涯也会受到限制。经济环境的变化还可以使不同的行业此消彼长，产生不平衡的发展，这些都会对大学生职业方向的选择产生重大的影响。当前，我国经济发展已经步入新常态。所谓经济新常态有三个特点：一是从高速增长转为中高速增长；二是经济结构不断优化升级；三是从要素驱动、投资驱动转向创新驱动。经济新常态对就业状况将产生广泛而深刻的影响。目前，我国就业问题主要不在总量，而在结构。

（二）地域经济发展水平的差异

一般来说，经济发达地区的企业数量多，人才需求量大，个体选择职业的机会比较多，有利于个人职业的职业发展；反之，在经济发展水平较低的地区，无论是企业的数量和优秀企业的数量都比较少，对人才的需求和吸引力都比较弱。因此，在我国东部沿海地区工业经济基础良好，对人才的吸引力更大，相比较而言，中、西部及内陆地区经济发展水平较低,对人才的吸引力较弱。大部分高校大学生的第一择业选择都是经济较发达的地区,而这些一、二线城市早已人员饱和,不可能在短期内提供更多数量的就业职位,对于那些真正急需大量高素质人才的广大欠发达地区,则有着广阔的大学生就业空间。

"一带一路"倡议

"一带一路"分别指的是丝绸之路经济带和21世纪海上丝绸之路。作为中国首倡,对我国现代化建设和屹立于世界领先地位具有深远的意义。"一带一路"贯穿亚欧非大陆,顺应世界多极化、经济全球化、文化多样化、社会信息化的潮流,契合沿线国家的共同需求,为沿线国家优势互补、开放发展开启了新的机遇之窗,是国际合作的新平台,体现的是和平、交流、理解、包容、合作、共赢的精神。

大学生要了解国家经济建设方针、任务和发展战略,要了解人力资源市场对大学生的需求结构信息,要了解全国各地经济形势,结合自己的实际情况有针对性地选择就业区域,从而使自己的才能得到最大限度的发挥。

未来人才就业趋势报告

近年来,职场人的就业竞争环境正变得更加激烈。与此同时,伴随国内外市场环境的变化,企业招聘需求也正在悄然发生变化。猎聘大数据研究院发布了《未来人才就业趋势报告》指出,从行业来看,人工智能、生产制造、大数据、能源环保等行业招聘需求持续爆发。其中,人工智能领域2019年新发职位同比增长13.96%,2020年同比增长28.12%,2021年则较2020年同比增长51.39%;大数据行业2019年新发职位同比增长16.66%,2021年较2020年同比增长32.57%。对此报告指出,人工智能、大数据、生产制造行业在宏观环境充满不确性的情况下招聘需求同比仍然保持高增长状态,主要与近年来产业升级浪潮和数字经济的蓬勃发展有关。此外,医疗健康和能源环保行业自2019年以来,招聘需求亦呈现上升趋势。报告分析认为,前者与人们对医疗健康的需求持续加大有关,医药器械、互联网医疗等领域均迎来发展机遇;后者则与新能源行业的高速发展正相关,大力发展新能源是我国社会的共同选择,也是我国经济社会可持续发展的战略举措,该行业未来仍将加速发展。相比之下,以教培、游戏、房地产、金融行业为代表的招聘需求则呈现放缓趋势。人工智能行业中高端人才平均年薪最高,为31.04万元;金融行业中高端人才以27.69万元的平均年薪位居第二;通信、大数据行业中高端人才平均年薪分别为

27.51万元、25.23万元，位列第三、第四；IT/互联网行业中高端人才平均年薪23.02万元，位列第七。

分析：行业对复合型人才的需求亦较为旺盛。新一线城市对中高端人才的吸引力持续增强。高职生在求职过程中可以适度考虑加入发展势头较快的行业，以便得到心仪的发展平台。

二、政治法律环境

政治法律环境包括一个国家的社会政治制度、政府的方针政策、法律法规体系等。政治法律环境中的政治体制框架、经济管理体制、人才流动的政策导向等内容对于职业选择和职业发展有重要的影响。

现行的高职毕业生就业模式实行的是在国家就业方针及政策指导下毕业生和用人单位双向选择的制度。大学生掌握了就业政策法律，在求职过程中能够减少盲目性和随意性，防止不必要的纠纷和违约现象。

案例2.3

教育部推出四项"不断线"就业服务

近年来，教育部持续要求各地各高校落实党中央、国务院决策部署，"提供不断线的就业服务"要求，通过精准的政策帮扶和不断线的就业服务，帮助离校未就业毕业生尽早实现就业。这些服务主要包括：一是岗位推送不断线。各地各高校要用足用好政策性岗位，持续开拓市场性岗位，继续开展校园网络招聘活动；要促进过渡性就业，向未就业毕业生积极推荐科研和行政助理、城乡社区工作者等岗位；各高校今年年底前持续向有就业意愿的未就业毕业生有针对性推送至少3个就业岗位信息。二是指导培训不断线。做好升学指导，用好专升本和第二学士学位招生政策，指导有升学意愿的未就业毕业生报考；优化职业技能培训，面向未就业毕业生开设一批市场急需、专业相关的免费职业技能培训课程；加大创新创业指导支持力度；用好见习岗位资源，主动向未就业毕业生推送实习见习信息。三是重点帮扶不断线。四是接续服务不断线。对离校时未就业毕业生按规定将户口、档案在学校保留两年，并为后续落实单位的毕业生按应届毕业生身份及时办理就业手续；做好未就业毕业生的信息衔接和服务接续工作，确保有就业意愿的毕业生全面纳入社会公共就业服务体系。

分析：各地各高校坚持以服务学生成长发展为中心的理念，加强组织领导，压实相关部门和院系责任，确保毕业生就业不断线服务工作落实到位。

三、科学技术环境

科学技术环境主要包括国家对科技开发的投资方向和支持重点、科技发展动态、科技转移速度和科技产业化程度等。科技的发展会带来职业发展的理论更新、观念转变、思维变革和技能的提升,这些影响深远的要素值得大学生给予特别关注。

科技的发展不仅会带来理论的更新、观念的转变、思维的变革、技能的补充,也会深刻影响人们的职业观念。工业自动化的普及与提高,在全方位提高劳动生产率的同时,给就业市场也带来了一定的冲击。机器取代人工制造产品,自然淘汰旧的工作岗位,影响到传统的用人计划和雇用观念。产业结构的调整从劳动密集型转化到资本密集型再转化到知识密集型,这给大学生职业生涯的发展提出新的挑战,也提供了新的机遇。这要求大学生根据环境的变化不断地更新自己的知识结构,适应产业结构的升级改造和社会的科技进步。

人工智能对未来职业的影响

2017年10月《纽约客》杂志的一张最新封面毫无征兆地在朋友圈里刷了屏。封面上,人类坐地行乞,机器人则扮演了施予者的角色,意指明显——在未来社会,人类的工作机会被不断进化的机器人剥夺,从而沦为流落街头的弱者。其实,"人类是否会被机器人取代?"——这是一个老生常谈的话题,自从机器人的概念在科幻小说里首次出现……甚至更早,自从工业革命爆发,机器大生产最开始为商家创造利润的那一天开始,人类便开始了无休无止的焦虑。未来的职场,做什么工作最有可能被机器人淘汰?干什么最不容易被淘汰?

BBC基于剑桥大学研究者Michael Osborne和Carl Frey的数据体系分析了365个职业在未来的"被淘汰概率",如图2-1所示。

在BBC所统计的30多个职业里,"电话推销员"被机器人取代的概率最大,为

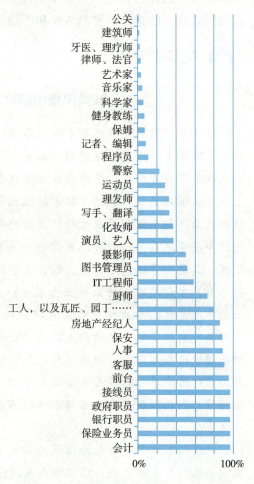

图2-1 各职业的被取代率

99.0%，接近百分之百。可以想象，即使没有机器人的出现，这样一个单调、重复、恼人，又毫无效率可言的工种也是迟早要消亡的。

绝大多数来自第一产业和第二产业的工作都被BBC的研究人员列为高危职业。例如：工人，以及瓦匠、园丁、清洁工、司机、木匠、水管工等，被取代概率为：80%～60%。而这些也是很多人在提到"机器人威胁论"时最先想到的威胁。

一个令我们稍感安慰的数据是，BBC研究人员预计程序员、记者、编辑的职业被人工智能取代的概率仅为8.4%。相比人工智能，人类的另一个无法被机器模仿的特质就是同情心和情感交流技能，因此，在保姆这类真正需要情感投入的职业中，机器人尽管能完成大部分工作要求，但终究很难代替，被取代率只有8%。

艺术家、音乐家、科学家，被取代概率分别为3.8%、4.5%、6.2%。因为无论技术如何进步，人工智能如何完善，对人类而言，创造力、思考能力和审美能力都是无法被模仿、被替代的最后堡垒。

律师、法官的被取代概率为3.5%；牙医、理疗师的被取代概率为2.1%；建筑师的被取代概率为1.8%；心理医生的被取代概率为0.7%。教师职业的被取代率是0.4%。我们在之前提到的那些人类独有的、被视为最后堡垒的能力，都恰恰是机器所无法学习、代替的。

随着人工智能的发展，未来很多技能操作型岗位都将被取代或改造，劳动力市场对技能人才的素质与能力提出了新的需求。我们必须提前规划未来职场中的人们需要哪些核心素养、核心能力和新的职业技能。

（资料来源：许远．未来的职场职业教育准备好了吗？——兼论职业核心素养对于未来职场的重要性［J］．中国培训，2017（12））

四、教育文化环境

教育文化环境是影响人们职业期望、职业态度和职业行为的基本因素，包括一个国家和地区的居民教育程度与文化水平、宗教信仰、风俗习惯、审美观念、价值观念等诸多内容。个人的成功只有符合社会主体价值观念的职业活动才会被社会接受。大学生进行职业生涯规划时需要认真分析教育文化环境，尤其是社会价值观。社会价值观会随着社会的不断发展和进步而发生不同的变化，导致人们对职业的认识和需求发生变化，大学生要与时俱进，做出调整以适应环境变化。

劳动者在未来就业市场上的竞争，其基础取决于在校期间个人学业上的竞争。能否获得竞争优势，关键看其能否在求学过程中比别人学得更快、更好、更扎实、更有效，知识、能力和素质水平的提高是否更适应社会就业的需求。因此，大学生应当自觉认识教育文化环境对自己择业意识和择业行为潜移默化的影响，并通过主观努力，改变不利因素，提高个人素质，为求职择业创造更加有利的条件。

案例2.5

高等职业教育人才培养质量年度报告

《2021中国职业教育质量年度报告》旨在突出职业教育"类型"特色，体现职业高等教育的主体地位，从服务贡献、学生发展、教育教学、政府责任和国际合作5个维度，向社会展示了中国职业教育的发展面貌。职业院校质量意识显著提高，质量内部保证体系逐步健全，社会影响力进一步扩大，职业教育发展的社会环境更加健康。社会在持续发展，每个人都需要努力提升技能和综合素质，以提高生产力来持续创造个人与社会价值。未来，职业教育将肩负起培养多样化人才、传承技术技能、促进就业创业的诸多重任，成为国民教育体系中不可或缺的一环。人才供需结构性矛盾凸显，职业教育是填补人才缺口的重要手段。伴随着产业结构的升级，我国对新一代信息技术、新材料等技术密集型领域的人才需求不断加大；而如批发零售业、制造业、建筑业等附加值低的劳动密集型行业增速放缓，劳动力供给过剩，行业从业者面临着失业的压力，急需提升职业技能。劳动力市场就业和招工的两难问题并存，职业教育面临着庞大的市场需求。

分析：发展高职教育，是国家基于国际竞争，将人口红利转化为工程师红利的重要举措。打通产教融合的最后一公里，需要高职院校、人力资源服务企业、用人单位、政府主管部门，乃至全社会的共同努力。高职生职业规划看准自身的优势，投身国家发展的大业之中，定能有所作为。

五、生态自然环境

生态自然环境是指与人类密切相关的、影响人类生活和生产活动的各种自然力量（物质和能量）或作用的总和。建设生态文明是关系人民福祉、关乎民族未来的大计，是实现中国梦的重要内容。大学生应当抓住环境保护的历史性机遇，顺应产业结构优化和经济转型升级趋势，积极关注和参与生态环境环保活动。结合自己的学识专长、兴趣爱好和体能状况，以适当超前的意识发掘环保产业的潜能和力量，践行绿色创业和绿色就业。这样做既可维护环境可持续发展，又能促进环保产业发展，实现"既要金山银山，又要青山绿水"的美好目标。

案例2.6

为职校生创造公平就业环境

近日，人社部发布《关于贯彻实施新修订的职业教育法的通知》（以下简称《通知》），要求做好新修订的职业教育法的学习宣传和贯彻实施工作。

《通知》强调，各级人力资源和社会保障部门要充分认识职业教育法修订的重大意义，认真做好职业教育法的学习和宣传工作。新修订的职业教育法进一步明确职业教育的目标是培养高素质技术技能人才，具体形式包括职业学校教育和职业培训。首次提出面向市场、促进就业基本原则，明确大力发展技工教育，全面提高产业工人素质。进一步明确职业学校学生在升学、就业、职业发展等方面与普通学校学生享有平等机会，设专章明确学生实习实训等关键环节各方的法律责任。

《通知》指出，各级人力资源和社会保障部门要结合职能职责，创造公平就业环境，加强学生权益保障，为职业教育发展营造良好社会环境。加强对各地公共就业服务机构指导，保障职业院校学生享有公平就业机会和平等权利。引导事业单位树立正确的选人用人理念，着力破除社会上存在的唯名校、唯学历的用人导向，指导事业单位根据不同行业、不同单位、不同类别岗位职责要求，科学合理设置学历、职业资格或职业技能水平等招聘岗位条件，打通职业院校毕业生参加事业单位公开招聘的通道。

分析： 良好的创业创新环境，能够更好地释放市场活力，从而创造更多的就业岗位。国家在支持就业导向、协同发力、不断优化有利于恢复和稳定就业的政策环境这方面做出了一系列安排。广大毕业生应该顺势而为充分利用就业环境带来的一些利好信息，抓紧时间更高更快更好地就业。

六、人口资源环境

人口资源环境包括人口规模、人口增长、人口结构、人口的地理环境分布密度等。一切职业活动、职业关系、职业现象和职业问题都同人口发展过程相关。我国人口多、底子薄、资源相对不足、环境容量有限、区域发展不平衡、适龄劳动人群规模庞大，解决就业问题仍将是长期而艰巨的任务。

案例2.7

《国家人口发展规划（2016—2030年）》

2016年由国务院印发的《国家人口发展规划（2016—2030年）》指出，进入21世纪后，我国人口发展的内在动力和外部条件发生了显著改变，出现重要转折性变化。我国全面推行计划生育40多年来，人口过快增长得到有效控制，人口再生产类型实现历史性转变，对资源环境的压力有效缓解，有力促进了经济发展、社会进步和民生改善，为现代化建设提供了重要保障和基础性支撑。

（一）我国人口现状。一是人口总量平稳增长。二是人口结构不断变化。家庭户均人口规模减小。三是人口素质稳步提升。四是劳动年龄人口平均受教育年限达到

10.23 年。五是人口城乡结构发生重大变化。六是重点人群保障水平不断提高。老年人、残疾人等群体社会保障体系和公共服务体系逐步健全。家庭发展能力得到增强。

（二）发展态势。联合国预测，今后较长时期内世界人口将保持上升趋势，人口总量将从 2015 年的 73 亿上升到 2030 年的 85 亿，2050 年接近 100 亿，发展中国家人口占比继续上升，中国人口占比持续下降。世界多数国家已经或正在步入老龄化社会，中国老龄化水平及增长速度将明显高于世界平均水平。我国人口发展既符合世界一般性规律，又具有自身特点，今后 15 年人口变动的主要趋势是：

——人口总规模增长惯性减弱，2030 年前后达到峰值。

——劳动年龄人口波动下降，劳动力老化程度加重。劳动年龄人口在"十三五"后期出现短暂小幅回升后，2021—2030 年间将以较快速度减少，并趋于老化。到 2030 年，45～59 岁大龄劳动力占比将达到 36% 左右。

——人口流动仍然活跃，人口集聚进一步增强。预计 2016—2030 年，农村向城镇累计转移人口约 2 亿人，转移势头有所减弱，城镇化水平持续提高。以"瑷珲—腾冲线"为界的全国人口分布基本格局保持不变，但人口将持续向沿江、沿海、铁路沿线地区聚集，城市群人口集聚度加大。

——出生人口性别比逐渐回归正常，家庭呈现多样化趋势。伴随经济社会发展以及生育政策调整完善等，出生人口性别比呈稳步下降态势。核心家庭（由已婚夫妇及其未婚子女组成的家庭）和直系家庭（由父母同一个已婚子女及其配偶、子女组成的家庭）是主要的家庭形式，单人家庭、单亲家庭以及"丁克家庭"的比例将逐步提高。

（三）问题和挑战。今后我国人口发展进入深度转型阶段，人口自身的安全以及人口与经济、社会等外部系统关系的平衡都将面临诸多问题和挑战。

——实现适度生育水平压力较大。我国生育率已较长时期处于更替水平以下，虽然实施全面两孩政策后生育率有望出现短期回升，但受生育行为选择变化等因素影响，从长期看生育水平存在走低的风险。

——老龄化加速的不利影响加大。人口老龄化加快会明显加大社会保障和公共服务压力，凸显劳动力有效供给约束，人口红利减弱，持续影响社会活力、创新动力和经济潜在增长率。

——人口与资源环境承载能力始终处于紧平衡状态。21 世纪中叶前我国人口总量将保持在 13 亿以上，人口对粮食供给的压力持续存在，人口与水资源短缺的矛盾始终突出，人口与能源消费的平衡关系十分紧张。

总的看，我国人口发展进入关键转折期，但人口众多的基本国情不会根本改变，人口对经济社会发展的压力不会根本改变，人口与资源环境的紧张关系不会根本改变。我国既面临诸多问题和潜在风险挑战，同时继续存在劳动力总量充裕、仍处于人口红利期等有利条件，统筹解决人口问题有较大的回旋空间。

七、行业环境分析

行业环境分析包括对目前从事或拟从事的目标行业的环境分析。其内容包括国际、国内外该行业的发展现状，行业的人才结构及需求分析、行业发展前景等。

在分析行业环境时，一定要结合社会大环境的发展趋势。由于科学技术的飞速发展，会使某些行业如同夕阳坠落，逐渐萎缩、消亡；更有许多极具发展前途的朝阳行业不断出现、发展起来。同时还要注意国家政策的影响，要了解国家对某一行业是支持、鼓励和引导，还是限制、控制和制约。要尽量选择那些有前景、发展空间较大的行业。

学业规划指引进取之路

晓萌是北京某学院2021级应用英语专业学生，在一次交流会上听到一位学姐说到这样的一句话："既然你们能考上这里，那证明你们都很优秀，但是以前的一切都已成为过去，现在，所有人又在同一起跑线上了！"这句话让她心中燃起了希望，去思考和定位自己。晓萌刚入学就加入英语沙龙社团并担任外联干事，认真完成部长交给的任务；大一下学期开始辅修校内雅思英语；大二上学期与同学一起申请科研项目；大二下学期当上英语爱好者协会会长，被同学们推选为系学生会副主席。三个暑假，她去做家教、应聘培训机构的助教、参加暑期实践活动等。

俗话说勤能补拙，正是这些尝试和坚持，使她越来越自信，在不停的行动与探索中逐渐找到了自己的兴趣点，开始倾向于今后当一名老师。求职季来临，在激烈的竞争中，她被一家知名英语培训机构聘为教师，月薪一万元。

分析： 职业生涯的设计和发展过程就像是画圆，首先要确定一个圆心，这个圆心就是我们的职业目标。校园生活既要丰富多彩，又要围绕职业目标组合资源。这极大地减少了盲目性，也提高了命中率。所以，尽自己最大的努力去把握学业，做好自己该做的事情，用最好的状态乐观地去面对下一个可能。

感知宏观环境变化

一、目标

了解宏观环境是什么，同时通过调整研究，感知宏观环境的变化。使学生能更

多地了解社会发展的特点和现实需求。

二、规则与程序

请按以下步骤进行活动（课下准备时间自定、课上用时30分钟，准备黑笔、A4纸、大卡纸若干）：

1. 确定3个理想的行业（最好与专业相关）。

2. 明确想了解的行业信息有哪些。

3. 进行有针对性的信息搜集和整理。

4. 小组活动。归纳整理信息，寻找各行业的特点、需求和发展趋势，对某一行业的各类信息进行分享。

5. 通过信息的整合和分析，瞄准目标行业，制订发展计划。

6. 课上交流，教师总结。

注意事项：

1. 带着问题去搜寻信息，更有针对性。

2. 计划要具有合理性，更重要的是要按照计划采取积极的行动。

三、总结

说明充分地了解行业信息，有利于学生更好地了解职场，有助于弥补在校学生经验方面的不足。

 探索与思考

分男生和女生两组讨论：在社会环境各因素中，哪些因素对你的职业生涯发展影响比较大？

模块二 探索工作环境

2.2 感知微观环境变化

名人名言

最聪明的人是最不愿浪费时间的人。

——但丁

学习目标

1. 能界定微观环境对职业的影响，解析终身学习与职业发展的关系。
2. 能运用观察周边环境的办法，创造有利于自我职业发展的外部条件。
3. 认识自己的职业发展目标，增强学习的信心和动力。

导入案例

跑不起来的千里马

小马2021年毕业于广东某高职院校汽车技术服务与营销专业，创业仅仅两年就鸣金收兵，败下阵来。回忆起那段创业经历，小马很是痛苦：付出太多，回报太少。

创业之前，小马事先做了充分的准备工作。他先在网上搜集了与汽车消费品相关的项目资料，然后根据实际情况在本地区做了市场调研，精挑细选可以投资的汽车消费项目，最后决定开办一家汽车饰品店。

小马从阿里巴巴网站上搜索了经营汽车饰品的代理商的信息，并对各家的产品质量和价位进行了比较，最后选定了温州的一家代理商。经过联系，他和代理商商定好了价格并签订了协议，交了两万元的加盟费后，自己的汽车饰品店就正式开业了。

考虑到租金问题，小马将店铺选址定在城乡结合地带，地理位置靠近省道。店前道路的车流虽然非常大，但绝大部分是货车，基本不会在这样一个地段停车，不可能成为汽车饰品的潜在买家。小马每天早出晚归，商品也物美价廉。开业第一年，他只能勉强维持，惨淡经营。第二年，房租上涨，成本提高，小马的汽车饰品店开始入不敷出，经营困难，于是他只能关门歇业。

分析：作为一个初出茅庐的大学生，社会阅历毕竟还少，交际面也不广，在创业道路上遇到挫折在所难免。"众人拾柴火焰高"，他不应该单枪匹马闯荡商场，独自承受心理压力。正确的做法是认真分析微观环境的有利和不利因素，汇聚同学、师长、家人、朋友等众人之力，调动一切可以调动的力量，借鉴他人的经验教训，积累一定的物质、经济、人际和心理基础，在条件成熟时逐步实施自己的创业计划。

除了宏观环境外，社会环境还包括微观环境。社会微观环境即社会小环境，是指个人所在的企业、组织、学校、社区、家族关系、交际圈子等较小的环境。这些微小的社会环境因素对个人的职业生涯有着直接或间接的影响，影响到个人具体的社会活动范围和内容，影响着个人职业岗位的选择和人生的发展轨迹，从而决定了个人职业生涯的具体际遇。

微观环境分析一般包括企业环境分析、学校环境分析、院系环境分析、家庭环境分析和人际关系分析5大类。

一、企业环境

企业组织环境对个人的职业生涯有直接的影响，所有的职场人士都处于企业的小环境之中，个体的成长与企业的发展息息相关。大学生对企业组织环境进行分析，可以及时了解企业的实际发展状况及前景，把个体的成长与企业的发展联系在一起，并融入企业组织之中，实现职业生涯目标。企业环境一般包括企业的性质、企业的发展阶段、企业文化、企业制度、企业实力和声誉等几方面。

案例2.8

华为企业文化

唯有文化才能生生不息。华为的企业文化很出名，出名是因为华为人的战斗力很强悍，因为华为的成就有目共睹，所以认可、学习华为的企业才这么多。作为最重要的团队精神之一，华为的"狼性文化"可以用这样的几个词语来概括：学习，创新，获益，团结。用狼性文化来说，学习和创新代表敏锐的嗅觉，获益代表进攻精神，而团结就代表群体奋斗精神。为了增强员工的生存意识和生存能力，华为不停灌输各种概念："活下去是硬道理""为了市场销售增长所做的一切都不是可耻的""胜则举杯相庆，败则拼死相救""狭路相逢勇者胜"等。这些鼓动性很强的概念，使一线年轻员工很容易进入大无畏的精神状态。

分析：由于战略和战术的卓有成效，因而华为文化得到反复强化和使用，逐渐被华为员工认同和接受。企业文化进一步影响到员工的观念、思想和精神层面。

通过企业环境分析，应理出一条清晰的线索，确定自己的职业生涯在这个企业中有没有足够的发展空间，衡量自己的目标能够在该企业得以实现的可能性。企业环境因素的探讨可以分为静态因素（管理型特征因素）和动态因素（发展型动态因素），具体可以参照表2-1企业探索因素表。

表2-1 企业探索因素表

企业全称		地理位置	
管理型特征因素	企业类型	国企、民企还是外企等	
	组织架构	企业的部门构成及相互关系	
	组织文化	企业在其发展过程中形成的共同价值观、行为准则等	
	人员结构	企业员工的性别结构、年龄结构、学历结构等	
	人员流动	企业人员流动率以及造成人员流动的主要原因等	
	新手状况	企业新进员工的发展现状等	
发展型动态因素	所属主管部门及行业	企业的上级部门或主管部门、企业所属行业的背景	
	业务范围	从事的业务或服务	
	发展阶段	企业前身、成立时间等	
	发展规模	企业的员工人数、有无分公司、经营状况等	
	业内排行	企业在同行业内的地位	

二、学校环境

学校环境是指个体所在学校的办学理念、教学特色、专业优势、课程设置、社会影响力等。它包括学校的办学宗旨、办学目标、办学策略，具体表现在校训、校风、校规、校歌、建校原则、育人取向、培养目标、育人途径、学风建设、教师形象、校园文化等方面。先进的办学理念对内是凝聚力、向心力，对外就是核心竞争力和品牌效应。高职院校面对严峻的就业形势和扩招压力，应当内外兼修，突出办学特色。

三、院系环境

高职院校一般采用院系二级管理模式，专业建设、教学活动、学生管理、就业指导、社会实践等具体项目主要通过院系开展实施。院系的培养目标是为社会提供具备职业素质、拥有专业技能、掌握操作能力的高职人才。院系建设必须紧跟时代发展，根据市场需求调整专业和课程设置，充分发挥高职教育的职业特色，提高人才培养的教育质量，加强对毕业生的就业指导。就业困境的解决之道是以培养学生的就业本领和创业能力为重点，真正做到"以能力为本位，以服务为宗旨，以就业为导向"，加快院系教育教学改革步伐，努力开创高职院校学生就业的新天地。

四、家庭环境

家庭是指在婚姻关系、血缘关系或收养关系基础上产生的亲属之间所构成的社会生活单位。家庭作为一个人生活成长的小环境，家庭状况同一个人的职业生涯有着紧密的联系，在很大程度上会影响一个人的职业生涯规划和未来职业选择。家庭对大学生选择职业支持态度的重要性是毋庸置疑的，但支持的力度有很大差别，这主要是由于家庭成员的社会地位、经济条件、社会关系等不同造成的。

案例2.9

周金东现象

周金东是一所技工学校高级技工班的学生，这所职业院校的数控专业比较强。3年前，由于家庭的变故，学习优异的他面对家庭的贫困状况选择了收费比较低的技工学校学习数控专业。周金东曾经对父母说："三百六十行，行行出状元，我会成为这一行里的状元的。"3年在校学习期间，他全心投入自己的专业学习，3年后，他兑现了自己的承诺。他参加了全国数控机床技能大赛。在参加这次大赛的700多名选手中，周金东获得学生组比赛的第一名。周金东在大赛上的表现，吸引了很多企业联络周金东，邀请他去工作，有的甚至给予主任工程师的待遇。为了能挖来一个具有熟练操作能力的好苗子，很多企业竞相给出优厚的条件吸引周金东到他们那里去工作。幸福来得有点突然，周金东之所以能有现在的幸福生活完全是自己努力的结果。

分析： 周金东的成功并非偶然。面对家庭经济水平较低的现实，他选择了一个专业特色突出的职业院校开始自己的学业生涯，最终通过自己的努力成功跨出了职业生涯的第一步。

五、人际关系

俗话说："在家靠父母，出门靠朋友。"人际交往是指社会中人与人之间传递信息、沟通思想与交流情感的活动过程。人际关系就是人们在各种人际交往过程中形成的彼此之间较为稳定的心理关系。大学生人际交往的特点是讲求平等、富于理想、注重精神、独立意识强、情感色彩浓、开放程度高。人际关系是重要的就业资源，对职业生涯的影响是多方面的，是发现机遇和把握机遇必须考虑的因素。丰富的人际关系和广泛的合作圈子，对大学生未来事业的发展有着极为重要的作用。

"人脉"从何而来

小李2021年毕业于山西某职业技术学院会计专业，之后在一家广告公司从事会计工作。由于感觉工作枯燥乏味，小李心中萌生了创业梦想，她打算开一家专门销售母婴用品的亲子店。但朋友的一些疑问让她清醒不少：创业的资金如何筹集？商品的货源如何组织？店面的营销如何开展？小李按捺住冲动，悄悄地开始准备了。

首先，处好同事关系。她在公司里总是积极参加团队活动和轮岗项目，短时间内在几个不同的部门里接受锻炼，在新的岗位上结识了新的同事，既提高了工作技能，又展示了自己的性格特质。

其次，整理搜集的信息。她从市场部和客服部搜集了公司客户的信息，并将其划分为3类：第一类是母婴用品行业；第二类是金融服务行业；第三类是媒体行业。小李根据创业思路设计出详细方案，将信息资源分配到创业流程的各个环节，与潜在的合作伙伴建立联系。

最后，进行情感投资。小李注重经营人脉关系，抽出时间和精力陪伴朋友，如约人吃饭、一同打球、郊外野营、组织旅游、听音乐会。朋友们都把她当成可以信任的伙伴，一起分享喜怒哀乐，也愿意提供力所能及的帮助。

小李在2022年正式辞职下海经商。她从一个金融界的朋友那里筹集了第一笔资金，通过一个从事房地产工作的同学在市区选定了店面，母婴用品行业的渠道保证了货源畅通，通过媒体方面的关系推出了版面广告。在众人的帮助下，小李的亲子店生意日渐红火，事业很快就走上了正轨。

分析： 俗话说："一个篱笆三个桩，一个好汉三个帮。"人脉越广，路子越宽，事情就越好办。"互惠"有助于自己建立正面的人脉，没有长期以来对朋友的坦诚相待和曾经的雪中送炭，也就没有日后朋友在自己最困难时伸出援手。

六、工作环境探索的途径

感知和了解宏观和微观的环境，对大学生的就业决策有非常重要的作用。认知工作环境的途径有很多，不同途径得到的信息有不同的特点，如图2-2所示，可由近至远地探索。所谓近和远是从信息的提供源与使用者的接收距离来区分的。通常近的信息比较丰富，也较易获得，远的信息需要更多的投入与努力才能得到，往往也更为深入。由近至远地探索是一个逐渐缩小信息范围、加深了解的过程。

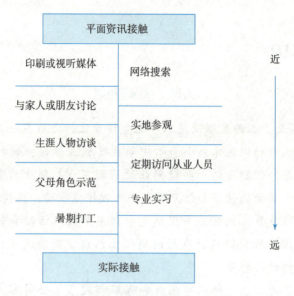

图 2-2 生涯信息来源与使用者接收距离之区分图

职业院校学生要以积极的心态面对现实环境，要以客观理性的态度面对不断变化的社会，根据实际情况调整并适应社会。不断地丰富和提升自己，要通过不停地学习，把握职业社会的发展趋势，提升自己适应环境的能力。同时，要善用社会资源。在社会发展过程中，每个人在适应社会环境变化的过程中可能有某种程度的失衡，例如人际关系、择业心理等，不管出现哪一方面的问题，都要努力寻求可利用的社会资源。

总结案例

深受榜样激励的小梅

小梅在幼儿园的时候就很想当老师，带着一点朦胧的理想一直对教师行业充满好感。高中的时候，有一次，老师让同学们上讲台去讲课，她发现原来自己讲得很好，得到班里学生和老师的一致好评。老师鼓励她高考的时候可以尝试报读师范学院，做一名老师。在老师的影响下，她努力学习，为自己的理想而奋斗。

她最终如愿考上了一所师范学院。在大学期间，她做过家教，也参加过学校组织的三下乡支教活动。她认真观察身边优秀教师的模样，暗暗朝着这个方向而努力。大三快毕业的时候，她进入了一家幼儿培训机构工作。从她的朋友圈和工作的日常来看,她深爱着教育事业,下班之后,经常写教案也从来不觉得累。她爱着她的孩子们,全身心地投入心爱的教育事业之中。

分析: 小梅受着身边教师的榜样激励,不断努力朝着自己的梦想前进。随着实践经验的增多,她从事教师行业的知识不断丰富,在这一过程中坚定和明确了自己将来的努力方向。

活动与训练

课程设置与未来职场能力连连看

一、目标

了解本专业的课程设置与未来职场能力之间的关系,明确学习目标。

二、规则与程序

组织本班同学分组讨论,对比大学期间需要修读课程的课程内容和培养能力要求,思考一下对自我未来求职发展的作用并将结果填在表2-2中(用时20分钟)。

表2-2 课程设置与未来职场能力分析表

课程名称	课程内容、培养能力	对未来求职的作用

三、讨论

你认为根据当前的职场信息,重点需要自学(或选修)哪方面的内容,而这些内容在目前专业方案中并无对应课程?

四、总结

大学生学习不限于课本和专业,许多课外培训和社会实践活动也是必需的。

盘点你的家庭职业族谱

一、目标

通过家庭了解你的职业世界。

二、规划与程序

画出你的家族职业树(如图2-3所示)并回答以下问题(活动时间15分钟,请准备彩笔,A4纸、大卡纸若干):

图2-3　家庭职业树

1. 我家族中最多人从事的职业是：_____

2. 我想要从事这种职业吗？为什么？_____

3. 爸爸如何形容他的职业？爸爸平时会提到哪些职业？他怎么说的？
_____

4. 爸爸的想法对我的影响是：_____

5. 妈妈如何形容她的职业？妈妈平时会提到哪些职业？她怎么说的？
_____

6. 妈妈的想法对我的影响是：_____

7. 家族中还有谁对职业的想法对我影响深刻？他们怎么说的？
_____

8. 家族中对彼此职业感到满意或羡慕的是什么？_____

9. 家族中彼此羡慕的职业是：_____

10. 对于他们的想法，我觉得：_____

11. 我觉得家人对我未来选择职业的影响是：_____

12. 我的家人最常提到有关职业的事是：_____

13. 对我的影响是：_____

14. 哪些职业是我绝不考虑的：_____

15. 哪些职业是我有考虑的：_____

16. 选择职业时，我还重视以下条件：_____

三、讨论
家庭成员的职业对本人的职业决策有什么重要影响？

四、总结
他人的间接经验对大学生进行职业探索和职业环境认知有着重要的影响。

探索与思考

> 1. 家庭环境中哪些因素对你的职业选择有影响？
> 2. 盘点自己校园内的资源，哪些资源可以用来帮助自己进行职业生涯规划？

模块三　正确认识自我

🌸 模块导读

谁的心中不曾有过诗和远方！我们每一个人都梦想着去拥抱一个更广阔也更精彩的世界，然而有时却身不由己地走上了另一条道路：热情开朗的人成天与一堆枯燥乏味的数字打交道；经商的天才反而被困在教室中每天重复着相同的内容；可能成为名律师的人整日蹲守在机关的办公桌前煎熬……其实，我们每一个人都是一个独立、鲜活、有差异的生命体。在我们中间，有的开朗活泼，有的文静稳重、有的待人温和友善、有的生性严谨认真……如果在职业选择中，我们能够遵循"人职匹配"原则，做到人适其事、事宜其人，选择"性之所近、力之所能"的岗位，相信每一种性格的人都能成功；相反，如果职业与个性南辕北辙、不加调适，就如同鸟游水、鱼上树，我们的生活则会黯然失色，工作也会失去乐趣。

职业规划是一个"从内而外"的过程。首先，要认识自己。然后，能够使用霍兰德模型来对自己的兴趣进行分类组织，确认自己的兴趣类型。接着，能够利用性格理论探索自己的性格，了解自己的性格特征，从而初步找到自己理想的工作方式。再接着，能正确理解能力与职业的关系，在职业规划中能重视对个人能力的认识和培养，着力提高自身的学习能力、实践能力、创新能力，学会知识技能，学会动手动脑，学会生存生活，学会做人做事。最后，认识到价值观对个人职业选择和发展的影响，在职业规划中能够澄清并真正"拥有"自己的价值观，尊重并合理评价别人的价值观，认识价值观与个人需要、人生不同阶段目标之间的关系，知道如何借助价值观分类卡等工具对自己的价值观进行澄清和排序。这样，职业规划的目标才能真正实现。

职业星空

慕课——我会做什么——我的职业能力探索

慕课——自我认知——能力定义与分类

慕课——自我认知——我学过什么？

能力探索之STAR成就事件回顾

模块三 正确认识自我

3.1 自我探索

名人名言

无论在什么时候，永远不要以为自己已经知道了一切。不管人们把你们评价得多么高，你们永远要有勇气对自己说："我是个毫无所知的人。"

——巴甫洛夫

学习目标

1. 能说明自我认知的概念。
2. 能感悟自我认知的重要性。
3. 能列举三种自我探索的方法。

导入案例

越来越"现实"的理想

某男21岁，在毕业生座谈会放出豪言壮语："我发誓要当李嘉诚第二！我要当中国首富！"

24岁，老同学团聚会上："我想创立自己的公司，30岁前拥有资产2 000万元。"

26岁，在工厂当技术员，第二职业是炒股："我正在为离开这家工厂而奋斗，因为在这里工作太没有前途了。我将全力炒股，3年内用5万元炒到300万元。"

28岁，炒股失意，开始准备结婚："我希望一年后能有10万元，让我风风光光地结婚。"

30岁，在不太风光的结婚典礼上："我想生一个胖小子，不久的将来当个车间主任就行。"

32岁，工厂效益下滑，偏偏正是妻子怀胎10月的时候："希望这次下岗名单里千万不要有我。"

35岁……

分析： 不少过来人都经历了"雄心壮志——怀才不遇——满腹牢骚——撞钟混日——担心下岗——走投无路"这样一个职业历程，问题就在于：不能正确地认识自己；分不清美好愿望与目标的区别；没有处理好自己与企业的关系；总是抱怨，不懂得适应、利用和改变环境；只有良好愿望，没有好的职业生涯路径；只有好的愿望，没有相应的知识、能力和态度的提升来做支撑。

一、自我认知的概念和内涵

（一）概念

自我认知（自我探索）是指个人关于自己的反省与识别，是关于自己是个怎样的人，自己应该有怎样的行为以及他人对自己如何评价的认识。自我认知是主观自我对客观自我的认知与评价，包括自我感觉、自我观察、自我印象、自我分析、自我评价等。自我认知回答的一般问题是"我是谁""我是个什么样的人"等。

大学时代的青年已经有能力承担诸多的社会责任和义务，而进入大学之后，青年可以合法地"延缓"自己所必须承担的社会责任和义务。在这个"延缓偿付期"内，同学们可以静下心来专心考虑认识自我、探究自我并确立自我这一人生课题。通过自我认知找到自己的潜在优势，洞察劣势，并进行有针对性的训练。

（二）内涵

自我探索的四个维度：

（1）兴趣：是解决问题的意愿与动机，不是测验的分数。

（2）性格：是基因与心智成长共同作用的产物，不是道德修养。

（3）技能：是合适的人生发展平台，不是他人的评价。

（4）价值观：是意义的创造与表达，不是社会地位。

这四个维度之间的关系如图3-1所示，它们整合成一个完整、独特的个体，即"自我"，在职业选择中共同起作用。其中价值观是核心，性

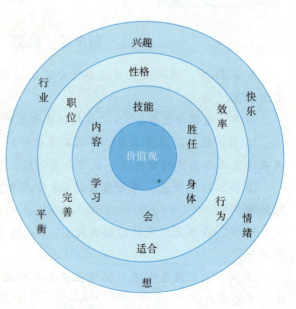

图3-1 自我认知的四个维度

格是关键，兴趣和能力是两个重要的辅助因素。

二、自我认知的重要性

"人贵有自知之明。"很多情况下，我们对自己的认识常常含糊不清，有时候甚至完全错误。因此，在进入大学伊始，积极主动地进行自我探索具有重要的意义。

（一）自我认知是自信的源泉和依据

个体在自己的生活经历和所处的社会境遇中，能否客观地认识自我、评价自我，从而正确地塑造自我形象，把握自我发展，培养积极的自我意识，将在很大程度上影响或决定着我们的前程。每个人都是独特的，都有自己的优势和不足，只有全面客观地认识自我，才能自主充分地接纳自我，进而树立自信。过于高估自己，就是自负；而过于看低自我，则是自卑。这些对于职业生涯来说都是不利的。

（二）自我认知是职业生涯规划的基础和起点

认识自我就是要弄清：我适合干什么——个人特质；我喜欢干什么——职业兴趣；我最看重什么——职业价值观；我能够干什么——职业技能。

选择适合自己的职业，自我认知是重要的第一步。它包括认识自己的优势与劣势、自己的独特性和发展潜力；认识自己的生理特点；认识自己的理想、价值观、兴趣爱好、能力、性格等心理特点。人不能超越实际空想自己的职业发展，也不能低估自己的实力，这都不能使人生的职业生涯得到正确的规划。

（三）自我认知有利于提升职业满意度

人生就是一连串选择的过程，每个人都应该选择一个比较适合自己的生活方式，选择职业更是如此。俗话说："男怕入错行，女怕嫁错郎。"现代社会众多男女都在经营着自己的职业，因此男女都怕入错行。

提升职业满意程度的因素包括有较多的锻炼机会、人际氛围好、有较大的成长空间、薪资待遇好等。这些因素涉及能力、兴趣、性格、经济报酬和人际关系，其中最重要的是与自我相关的因素。自我认知可以让我们在入职前认真考虑自身的各种因素，做出正确的选择，选择自己满意的职业。

三、自我探索的方法

自我探索的方法有很多，下面是一些经常用到的方法。

（一）内省法

内省法又称"自省法"。曾子曰："吾日三省吾身。"说的就是内省法。内省法是指个体通过对自己一些成长经历的回顾，发现自己的职业兴趣、能力特点。通过反省，还可以发现自己的成绩和进步，找出存在的不足，明确努力的方向。在使用内省法时，要尽量以客观评价为依据，避免因个人认识或动机而出现较大失误。

（二）与他人比较法

《旧唐书·魏徵传》中说："夫以铜为镜，可以正衣冠；以史为镜，可以知兴替；以人为镜，可以明得失。"一个人可以从自身与他人能力和条件的比较当中进行自我认识。经常思考自己与他人的差距，有利于深入认识自我。

（三）橱窗分析法

橱窗分析法是自我探索的一个重要方法，是一种借助直角坐标系不同象限来表示人的不同部分的分析方法。坐标的横轴正向表示别人知道，负向表示别人不知道；纵轴正向表示自己知道，负向表示自己不知道（见图3-2）。

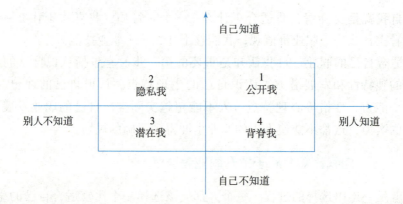

图3-2 橱窗分析法

纵横坐标把橱窗分成了四个部分，即四个橱窗，他们的含义如下：

橱窗1："公开我"，指的是自己知道、别人也知道的部分，属于个人展现出来、无所隐藏的信息。例如个人的外貌、身高、性别等。

橱窗2："隐私我"，指的是自己知道、别人不知道的部分，属于个人内在的隐私和秘密。例如，一些童年往事、痛苦辛酸的经历、身上的隐疾、心中的某些不快以及自身不愿意让人知道的信息。

橱窗3："潜在我"，指的是自己不知道、别人也不知道的部分，是潜能巨大、有待开发的部分。例如，从没有上过台讲话的人，可能一直不知道自己的演讲能力很棒。

橱窗4："背脊我"，指的是自己不知道、别人却知道的部分，就像自己的背部，自己看不到，别人却看得很清楚。例如，个体习惯的小动作、口头禅等，自己很难发现，除非别人告知。

橱窗分析法能帮助个体有意识地探索"潜在我"和"背脊我"的内容。对于"潜在我"，需要个体积极主动探索新的领域、尝试新的行动。对于"背脊我"，要能够虚心诚恳地征询他人的意见和看法，多与家人、朋友、同事等开展交流。

（四）360°评估法

360°评估法源自人力资源管理中的绩效考核方法，其特点是评价维度多元化（通常是4个或4个以上）。360°评估法是由熟悉自己、与自己关系密切的来自不同层面的人员作为评估者，例如家人、老师、朋友、同学等，对自我进行多角度的评估，这种方法可以减少盲目的自我评估。当别人对自己的印象都很一致时，这个反馈意见就非常值得去重视。要注意的是，在获得很多反馈时，要懂得分辨，尤其是那些反馈差异很大的信息，更需要花一些时间去了解和辨别。

可以通过表3-1测试一下自己，然后相互交流结论，看评价是否客观。

表3-1　360°评估法用表

评价人群	优点	缺点
自我评价		
家人评价		
朋友评价		
同学评价		
老师评价		
结论		

（五）成就回顾法

通过对自己在学习、生活、社会实践、人际交往、文娱、体育等各个方面所取得的成绩来探索自我，获知关于自己兴趣、能力、意志、价值观等方面的信息。

（六）职业测评法

这是进行自我探索时最常用到的方法。学校的就业指导中心和一些专业的人才机构、网站都会提供评估个人性格、兴趣、价值观和能力的标准化测试。这种方法的优点是能够在较短的时间内了解个人某方面的特点。缺点是职业测评种类繁多、良莠不齐，有些测试结果和实际差异甚大。当测评结果与自我认知差异较大的时候，建议寻求心理测量领域的专家或职业咨询顾问的帮助来解读测试结果，或者自己通过其他自我探索的方式来对测评结果进行求证和澄清。

从"高职学生"到"中国铸造大工匠"

江苏省常州工业职业技术学院毕业生马艳东被授予"中国铸造大工匠"荣誉，实现了从基层一线工人到大国工匠的人生蜕变。他现任制造强基企业江苏恒立液压股份有限公司常州铸造分公司制造总监。他扎根基层，钻研铸造技术，培养铸造新人，立志将铸造事业发扬光大。

"不怕吃苦"这四个字是马艳东进入职场的敲门砖，也是他事业发展的垫脚石。2012年，马艳东来恒立公司面试，当被问到"你有什么优点"时马艳东的回答让在座企业领导印象深刻——"不怕吃苦！"他被录用了。此后，他一年365天在岗工作362天，证明"不怕吃苦，用心做好每一件事"的"应聘誓言"不虚。渐渐地，他在设备部做管理员崭露头角，但他"一意孤行"，主动向领导请缨到其他人看不上的铸造清理车间任职，一干就是两年。他说想更贴近铸造一线，铸造是他的初心所在。到清理车间参观，大家无不为经过清理加工后呈现出的铸件啧啧称赞，一件件精细得如同艺术品。做这工作要求极高，不仅要不怕苦不怕脏，身体素质好，还要有十足的耐心，检查清理一件至少十几分钟。马艳东经常亲自指导工人操作，还主动参与铸件设计，因为他"不怕吃苦"。马艳东是恒立液压企业里晋升速度最快的员工，只用了十年时间就从基层一线工人晋升为江苏恒立液压股份有限公司常州铸造分公司制造总监，先后接手管理铸造二期公司、整个铸造分公司的生产。铸造分公司引进的是德国最先进的设备，价值17个亿。马艳东被常州工业职业技术学院聘请为产业教授，同年被评为"优秀兼职教师"。他每年亲自带"恒立订单班"和"恒立学院"的毕业生，发挥传帮带作用，培养高素质高技能应用型人才。在疫情期间，他始终坚持在防疫工作一线，带领"恒立学院"学生助力企业复工复产，服务于"中国天眼"球面射电望远镜（FAST）液压促动器升级项目，其先进事迹被《人民日报》《中国教育报》等媒体先后报道。

分析： 十年如一日，马艳东带领团队深耕一线，不断从事技术革新，持续提升高端液压铸件的生产创新能力。他用实际行动诠释了"技能成就精彩人生"的深刻内涵。立足高职专业技能，扎根企业不怕吃苦，是他给青年学生们指出的职业发展光明道路。

模块三 正确认识自我

活动与训练

写下我的成就事件

一、目标

通过对过去成就事件的回顾，更加准确地认识自己的优点和缺点。

二、规则与程序

建议时间：30分钟

1. 请同学们回忆过去曾取得的成就，或者是曾做过的自认为比较成功、感觉很好的事情，可以是兼职、学习成绩、商业活动、社会活动、课外活动、领导、人际关系、艺术、运动、协作、研究、社团、家庭、旅游、爱好等方面。

2. 请写出这些成功的经历，越详细越好。

(1) _____
(2) _____
(3) _____
(4) _____
(5) _____
(6) _____
(7) _____
(8) _____
(9) _____
(10) _____

3. 对自己的答案进行分析，团队分享。

4. 请个别同学发言，在班级内分享。

三、讨论

成就回顾法在职业生涯规划中可起到什么作用？

四、总结

成就回顾法可以让人获得自信和满足，也能让人更清楚自己喜欢的职业与工作，发现自己的优势。但对于无实际职场经验的人来说，可能会出现偏差。

探索与思考

1. 运用本节的方法，指出自己和别人在自我认识方面存在哪些差异。

2. 根据自我认知的结果，简单规划大学的生活。

3.2 探索职业兴趣

名人名言

虽然我们做了几十年的研究,但预测个人选择最有效的办法却是询问这个人自己想做什么。

——约翰·霍兰德

 学习目标

1. 了解兴趣的概念和分类。
2. 辨析兴趣类型与职业的关系。
3. 能运用霍兰德的职业兴趣理论探索个人职业兴趣。

 导入案例

一名高职生的筑基成才之路

河南工业职业技术学院优秀毕业生余军伟一直以"全国劳动模范"的称号为动力,奋战在精工制造一线,努力工作。余军伟入校学习机械设计与制造专业,学校创新开设"导师制"研修班,聘请机械制造经验丰富的优秀教师及企业高工担任"导师",培养学员解决生产实际中的典型技术问题。余军伟积极报名参加,在理实一体化的项目式教学中,从做中学、从学中悟,掌握了应用于生产实际的技术技能,锤炼了"忠、毅"的品性、"严、细"的作风,"精、优"的质量观念。毕业后,余军伟工作于河南航天精工制造有限公司,凭着扎实的基础和不服输的韧劲,不断用技术创新来实现自己的航天报国梦。在面对某发动机配套研制任务时,他成功解决了高温合金材料螺栓成型缺陷和模具寿命短的问题,为企业节约大量生产成本;在完成国家某重点工程研制任务中,他以"一次镦锻成形技术"为航天事业提供了高科技、高性能紧固件;在轨道交通领域,他研制的制动盘螺栓、螺母,成功替代了同类进口配件,打破了国外的技术垄断。工作十几年来,他获得了多项实用新型和

发明专利，荣获"航天技术能手""全国劳动模范"的荣誉称号，并获得"河南省五一劳动奖章""全国五一劳动奖章"。

分析： 余军伟言传身教，技能报国。他的成长之路成为同学们走向技能成才之路最生动、最亲切、最令人信服的教材。"人人皆可成才、人人尽展其才"是校企人才共育的显著成果。高职生要干一行爱一行、钻一行精一行，在平凡的岗位上干出不平凡业绩，用坚定的理想信念、不懈的进取精神，脚踏实地做好每一件事，在祖国阔步迈向"十四五"的新征程中，做中国制造、中国创造的生力军。

一、兴趣及其作用

（一）兴趣和职业兴趣

兴趣是人们力求认识某种事物或从事某项活动的心理倾向。这种倾向带有稳定、主动、持久等特征。它表现为人们对某件事物、某项活动给予优先注意，并带有积极的情绪色彩。

职业兴趣是人们追求某种职业或从事某种职业的个性取向。拥有职业兴趣能够增加一个人的职业满意度。职业兴趣大多不是与生俱来的，但是它可以在自发的兴趣上加以培养而成。一般说来，职业兴趣的形成与人们所处的生活和家庭环境、曾经参与的实践活动、自身的认识水平以及所处的社会环境等都有着密切的联系。

（二）兴趣的分类

1. 直接兴趣和间接兴趣

所谓直接兴趣，是指对认识事物或从事活动本身有兴趣；所谓间接兴趣，是指对事物或活动本身虽没有兴趣，但对认识事物或从事活动的结果有兴趣。例如，对做生意的兴趣，有人是指向做生意本身，对工作过程中需要与各色人物交往、周旋有兴趣，对需要面临新的挑战感兴趣；而有的人则指向做生意的结果，即对生意成功后带来的利润、报酬等物质刺激感兴趣。在工作过程中，两种兴趣都是必要的。如果缺乏直接兴趣，会使工作成为一种沉重的负担；如果没有间接兴趣，又会丧失工作的目标和恒心。

2. 具体兴趣和"深层结构兴趣"

（1）具体兴趣。具体兴趣是可以观察得到的，比如有人喜欢花草树木，有人喜欢宇宙天空；有的人对研究自然科学感兴趣，有的人对研究社会科学感兴趣；有的人兴趣倾向于情感世界，活跃于人际关系领域，有的人则倾向于理性世界，在数学、公式领域内自由翱翔；有的人对智力操作感兴趣，对读书、写作、演算、设计乐此不疲，有的人则对技能操作感兴趣，对修理汽车等工作津津有味。一般来说，人们谈及的都是具体兴趣，一种具体兴趣对应一种或几种职业。

（2）深层结构兴趣。与上述说法不同，它是指排除社会时尚、家人、朋友、功利等的影响之后，你对世界的兴趣点——你的兴趣点是人、事还是宇宙等，是善于创新还是善于总结归纳，是善于提出问题还是善于解决问题等。每个人都有自己的深层结构兴趣模式，而且在成年阶段初期，这个兴趣模式的雏形就已经形成，只是还没有找到能将其完全实现的具体工作模式。对我们来说，找一份合适的工作，其实就是找到了自我深层结构兴趣得以实现的途径。

案例3.1

莎士比亚的戏剧之路

莎士比亚小时候在家乡看过几场戏剧演出，激发了他对戏剧的浓厚兴趣，从而决心成为一名伟大的戏剧家。因为家境贫困，只上过五年学的他坚持刻苦自修，读了许多文学、哲学、历史学书籍，还学习了希腊文和拉丁文。为了走进戏剧界，22岁的他从家乡到伦敦的一家戏院当马夫，一有空就偷着看演出，细心琢磨演出角色。后来，他终于争取到了一个配角的角色，向着心中渴望的目标一步步靠近。从30岁开始，他坚持写剧本，一生写了包括《罗密欧与朱丽叶》《哈姆雷特》在内的大量的传世之作。

分析：通过对自己兴趣的认知，可以引导我们过滤掉无关紧要的需求，从而发现自己内在的真正需求。莎士比亚的成功在于他对自我兴趣的认知，他把自己感兴趣的事情作为职业成功的目标，从而激发了职业行动，并最终实现了职业目标。

（三）发挥兴趣的影响作用

兴趣是人认识某种事物或从事某项活动时的心理倾向。一般来说，兴趣对于人的一生具有三方面的作用。

1. 兴趣可以开发智力

兴趣是一种强大的精神力量，它可以使人集中精力去获得知识，并创造性地开展工作。当一个人对某种事物发生兴趣时，就能调动整个身心的积极性，积极地感知、观察事物，积极思考，大胆探索，情绪高涨，想象丰富，并具有克服困难的意志。反之，"牛不喝水强按头"是不能取得好的效果的，当然也就不能充分发挥一个人的聪明才智。

2. 兴趣可提高人的工作效率

兴趣可以调动身心的全部精力，以敏锐的观察力、高度集中的注意力、深刻的思维和丰富的想象投入工作，从而有助于工作效率的提高。据研究，如果一个人对某一工作有兴趣，就能发挥他全部才能的80%～90%，并且长时间保持工作高效而不感到疲倦。兴趣表现为做这件事情永远都不会累，而且会忘记时间，深深地投入这件事情之中。这种"聚精会神""忘我"的状态称之为"flow"（心流）。

3. 兴趣是行动的动力

为什么在学校里被人骂为"傻瓜""低能儿"而被勒令退学的爱迪生，在发明的王国里却显示了杰出的才华？为什么在课堂上"智力平平"的达尔文，在大自然的怀抱里却显得异常聪明和敏锐，成为进化论的创始人？是因为兴趣。谁找到了自己最感兴趣的工作，谁就等于踏上了通向成功的道路。诺贝尔物理学奖获得者丁肇中说过："兴趣比天才重要。"因为对一个人来说，对工作感兴趣，就有钻劲，有钻劲就会出成就。这就是兴趣的作用之所在。

二、兴趣类型及相适应的职业

兴趣本身不是为了从事什么职业而产生和形成的，但它可以根据职业的种类进行分类，这样就出现了职业兴趣类型。不同的职业需要不同的兴趣特征。《加拿大职业分类词典》分析了兴趣类型、特征与适宜从事的职业，见表3-2。

表3-2　10种兴趣类型的特点及相关的职业

序号	兴趣类型	特征分析	相关职业举例
1	喜欢与具体事务打交道	喜欢接触工具、器具和数字，而不喜欢与人打交道。希望能很快看到自己的劳动成果，并从完成的产品中得到满足	制图员、修理工、裁缝、木匠、建筑工、出纳员、会计员、勘测人员、工程技术人员、机器制造人员等
2	喜欢与人打交道	喜欢与人交往，一般对销售、采访、传递信息一类的工作感兴趣	记者、推销员、营业员、服务员、教师、行政管理人员、外交联络人员等
3	喜欢与文字打交道	喜欢有规律的活动，习惯在预先安排好的程序下工作，愿意干有规律的工作	邮件分类员、办公室职员、图书管理员、档案整理员、打字员、统计员
4	喜欢从事农业、生物、化学类工作	喜欢生物、化工方面的实验性活动	农业技术员、饲养员、化验员、制药工、菜农
5	喜欢从事社会福利和帮助人的工作	喜欢帮助别人解决困难，这类人乐于帮助人，试图改善他人状况，为他人排忧解难	律师、咨询人员、科技推广人员、教师、医生、护士

续表

序号	兴趣类型	特征分析	相关职业举例
6	喜欢做组织和管理工作	喜欢掌管一些事情,以发挥重要作用,希望受到众人尊敬和获得声望,愿做组织管理工作	各级各类组织管理者,如行政人员、企业管理干部、学校领导和辅导员等
7	喜欢研究人的行为和心理	喜欢涉及人的话题,对个人的行为举止和心理状态感兴趣	研究人、管理人的工作,如心理学、政治学、人类学、人事管理、思想政治教育等研究工作者,以及教育工作者、经济管理工作者、社会科学工作者、作家等
8	喜欢从事科学技术工作	喜欢通过逻辑推理、理论分析、独立思考和实验去发现和解决问题,对分析、推理、测试活动感兴趣,善于理论分析,喜欢独立地解决问题,也喜欢通过实验得出新发现	生物、化学、工程学、自然科学工作者和工程技术人员等
9	喜欢从事有想象力和创造力的工作	大都喜欢独立的工作,对自己的学识和才能非常自信。乐于解决抽象的问题,而且急于了解周围的世界	社会调查员、经济分析员、各类科学研究工作者、演员、画家等
10	喜欢从事操作机器的技术型工作	对运用一定技术操作各种机械、制造产品感兴趣	飞行员、驾驶员、机械制造人员、建筑工人、石油和煤炭开采人员

三、霍兰德的职业兴趣理论

霍兰德(John Henry Holland,1929—)是美国著名的职业指导专家,他于1959年提出了具有广泛社会影响的职业兴趣理论。该理论认为,职业选择是个人兴趣的延伸和表现;每一个特定兴趣类型的人,会对相应的职业类型中的工作或学习感兴趣;个人的兴趣与工作环境之间的适配与对应,是职业满意度、职业稳定性与职业成就的基础。职业兴趣包括六种基本类型,即现实型(R)、研究型(I)、艺术型(A)、社会型(S)、管理型(E)和常规型(C),并以六边形表示出来,如图3-3所示。6个角分别代

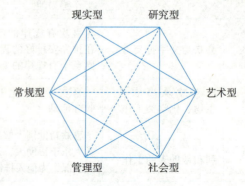

图3-3 霍兰德职业兴趣的6种基本类型

表6种职业兴趣类型；每种类型与其他5种类型之间有连线，连线距离越短，两种类型的相关系数越大；连线距离越长，两种类型的相关系数就越小。比如，现实型与研究型、常规型的相关程度最高，与艺术型、管理型的相关度较高，与社会型的相关度最低。

霍兰德职业兴趣的6种基本类型内容如下：

现实型（R）：这类人习惯于发现目标、创造目标。特点是遵守纪律、喜欢安定、感情较为贫乏、洞察力不够敏锐。他们喜欢操纵工具、机器，能适应客观自然和具有明确任务的环境，重视物质的实际收益。这类人比较适合从事有明确要求和需要一定技能技巧、能按一定程序进行的工作，如农业、机械、电子技术、采矿等行业。

社会型（S）：这类人乐于助人、惯于交际、容易合作、重视友谊、责任心强。他们适合要求理解、缓和他人行为的环境。他们对那些为他人直接服务、为别人谋福利、与他人建立和发展各种关系的职业一往情深，如教育、咨询、医疗等行业。

研究型（I）：这类人好奇心强、强调分析和反省。他们乐于选择观念革新、具有开拓性的生产环境。他们喜欢需要观察和科学分析的创造性活动与需要探索精神的工作项目，如科研、创作、计算机编程等行业。

艺术型（A）：这类人具有丰富的想象力，有理想、好激动、善于创新。他们精于利用情感、直觉与想象来开创艺术形式或创造艺术作品。他们习惯从事非系统的、自由的，要求利用感情和直觉来欣赏、领会或创造艺术形式的行业，如美工、作曲、影视、文学创作等。

管理型（E）：这类人具有高度热忱和冒险精神，他们自信、交友广泛、精力旺盛、善于表达自己的意见。管理、生产销售、政治、外交等方面的职业比较适合他们。

常规型（C）：这类人顺从，具有良好自我控制能力，但缺乏想象力。他们喜欢稳定、有秩序的工作环境。他们适合从事对众多信息进行加工和整理的工作，如办事员、仓库管理员、会计等。

然而，大多数人都并非只有一种性向（倾向性或适应性），比如，一个人的性向中很可能是同时包含着社会性向、现实性向和研究性向。霍兰德认为，这些性向越相似，相容性越强，则一个人在选择职业时所面临的内在冲突和犹豫就会越少。

四、挖掘个人职业兴趣

找到自己的兴趣点，也就回答了职业生涯规划的第一个基本问题，即"我到底想干什么？"常见的职业兴趣测验还有库德测验、霍兰德测验、ACT测验等。

以下给出一个包含90道题目的问卷，每道题目是一个陈述句，请你根据自己的真实情况对这些陈述进行评价，如果符合实际情况就在相应的题目前打"√"，否则打"×"，请不要漏答。

（　　）1. 强壮而敏捷的身体对我很重要。
（　　）2. 我必须彻底地了解事情的真相。

(   ) 3. 我的心情受音乐、色彩和美丽事物的影响极大。
(   ) 4. 和他人的关系丰富了我的生命，并使它有意义。
(   ) 5. 我相信自己会成功。
(   ) 6. 我做事必须有清楚的指引。
(   ) 7. 我擅长自己制作、修理东西。
(   ) 8. 我可以花很长的时间去想通事情的道理。
(   ) 9. 我重视美丽的环境。
(   ) 10. 我愿意花时间帮别人解决个人危机。
(   ) 11. 我喜欢竞争。
(   ) 12. 我在开始实施一个计划前会花很多时间去计划。
(   ) 13. 我喜欢使用双手做事。
(   ) 14. 探索新构思使我满意。
(   ) 15. 我希望寻求新方法来发挥我的创造力。
(   ) 16. 我认为能把自己的焦虑和别人分担是很重要的。
(   ) 17. 成为群体中的关键任务执行者，对我很重要。
(   ) 18. 我对于自己能重视工作中的所有细节而感到骄傲。
(   ) 19. 我不在乎工作把手弄脏。
(   ) 20. 我认为教育是个发展及磨炼脑力的终身学习过程。
(   ) 21. 我喜欢非正式的穿着，尝试新颜色和款式。
(   ) 22. 我常能体会到某人想要和他人沟通的需要。
(   ) 23. 我喜欢帮助别人不断改进。
(   ) 24. 我在决策时，通常不愿冒险。
(   ) 25. 我喜欢购买小零件，做成成品。
(   ) 26. 有时我长时间阅读，玩拼图游戏，冥想生命本质。
(   ) 27. 我有很强的想象力。
(   ) 28. 我喜欢帮助别人发挥天赋和才能。
(   ) 29. 我喜欢监督事情直至完工。
(   ) 30. 如果我面对一个新情境，会在事前做充分的准备。
(   ) 31. 我喜欢独立完成一项任务。
(   ) 32. 我渴望阅读或思考任何可以引发我好奇心的东西。
(   ) 33. 我喜欢尝试创新的概念。
(   ) 34. 如果我和别人有摩擦，我会不断尝试化干戈为玉帛。
(   ) 35. 要成功就必须定高目标。
(   ) 36. 我喜欢为重大决策负责。
(   ) 37. 我喜欢直言不讳，不喜欢拐弯抹角。
(   ) 38. 我在解决问题前，必须把问题进行彻底分析。
(   ) 39. 我喜欢重新布置我的环境，使它们与众不同。
(   ) 40. 我经常借着和别人交谈来解决自己的问题。
(   ) 41. 我常想起草一个计划，而由别人完成细节。

（　　）42. 准时对我来说非常重要。
（　　）43. 从事户外活动令我神清气爽。
（　　）44. 我不断地问：为什么？
（　　）45. 我喜欢自己的工作能够抒发我的情绪和感觉。
（　　）46. 我喜欢帮助别人找可以和他人相互关注的办法。
（　　）47. 能够参与重大决策是件令人兴奋的事情。
（　　）48. 我经常保持清洁，喜欢有条不紊。
（　　）49. 我喜欢周边环境简单而实际。
（　　）50. 我会不断地思索一个问题，直到找到答案为止。
（　　）51. 大自然的美会深深地触动我的灵魂。
（　　）52. 亲密的人际关系对我很重要。
（　　）53. 升迁和进步对我极重要。
（　　）54. 当我把每日工作计划好时，我会较有安全感。
（　　）55. 我不害怕过重的工作负担，且知道工作的重点。
（　　）56. 我喜欢能使我思考，给我新观念的书。
（　　）57. 我希望能看到艺术表演、戏剧及好的电影。
（　　）58. 我对别人的情绪低潮相当敏感。
（　　）59. 能影响别人使我感到兴奋。
（　　）60. 当我答应一件事情时，我会尽力监督所有细节。
（　　）61. 我希望粗重的肢体工作不会伤害任何人。
（　　）62. 我希望能学习所有使我感兴趣的科目。
（　　）63. 我希望能做些与众不同的事。
（　　）64. 我对别人的困难乐于伸出援手。
（　　）65. 我愿意冒一点险以求进步。
（　　）66. 当我遵循成规时，我感到安全。
（　　）67. 我选车时，最先注意的是好的引擎。
（　　）68. 我喜欢能刺激我思考的话。
（　　）69. 当我从事创造性的事情时，我会忘掉一切旧经验。
（　　）70. 我对社会上有许多人需要帮助感到关注。
（　　）71. 说服别人依计划行事是件有趣的事情。
（　　）72. 我擅长检查细节。
（　　）73. 我通常知道如何应对紧急事件。
（　　）74. 阅读新发现的书是件令人兴奋的事情。
（　　）75. 我喜欢美丽、不平凡的东西。
（　　）76. 我经常关心孤独、不友善的人。
（　　）77. 我喜欢讨价还价。
（　　）78. 我花钱时小心翼翼。
（　　）79. 我用运动来保持强壮的身体。
（　　）80. 我经常对大自然的奥秘感到好奇。

（　）81. 尝试不平凡的新事物是件相当有趣的事情。
（　）82. 当别人向我诉说他的困难时，我是一个好听众。
（　）83. 做事失败了，我会再接再厉。
（　）84. 我需要确切地知道别人对我的要求是什么。
（　）85. 我喜欢把东西拆开，看看能否修理它们。
（　）86. 我喜欢研读所有的事实，再有逻辑地做出决定。
（　）87. 没有美丽事物的生活，对我而言是不可思议的。
（　）88. 人们经常告诉我他们的问题。
（　）89. 我常能借着资讯网络和别人取得联系。
（　）90. 小心谨慎地完成一件事是件有成就感的事情。

评分办法：表3-3的数字代表上列兴趣测验中的题号。请算出每种类型打"√"的数目，并填在下面。

表3-3　评分办法

职业兴趣	对应题号												
现实型（R）	1	7	13	19	25	31	37	43	49	55	61	67	73	79	85
研究型（I）	2	8	14	20	26	32	38	44	50	56	62	68	74	80	86
艺术型（A）	3	9	15	21	27	33	39	45	51	57	63	69	75	81	87
社会型（S）	4	10	16	22	28	34	40	46	52	58	64	70	76	82	88
企业型（E）	5	11	17	23	29	35	41	47	53	59	65	71	77	83	89
传统型（C）	6	12	18	24	30	36	42	48	54	60	66	72	78	84	90

现实型____研究型____艺术型____社会型____企业型____传统型____。

将上述分数从高到低依次排好，并填在下面：

第一位_____第二位_____第三位_____第四位_____第五位_____第六位_____。

根据以上的探索和测试结果，对照下面霍兰德职业代码，就可以找出与自己职业兴趣类型相符的职业（见表3-4）。

表3-4　霍兰德职业代码

职业代码		对应的职业
现实型 R	RIA	牙科技术员、陶工、建筑设计员、模型工、细木工、制作链条人员
	RIS	厨师、林务员、跳水员、潜水员、染色员、电器修理工、眼镜制作人员、电工、纺织机器装配工、服务员、装玻璃工人、发电厂工人、焊接工
	RIE	建筑和桥梁工程、环境工程、航空工程、公路工程、电力工程、信号工程、电话工程、一般机械工程、自动工程、矿业工程、海洋工程、交通工程技术人员、制图员、家政经济人员、计量员、农民、农场工人、农业机械操作、清洁工、无线电修理工、汽车修理工、手表修理工、管工、线路装配工、工具仓库管理员

续表

职业代码		对应的职业
现实型 R	RIC	船上工作人员、接待员、杂志保管员、牙医助手、制帽工、磨坊工、石匠、机器制造工、机车（火车头）制造工、农业机器装配工、汽车装配工、缝纫机装配工、钟表装配和检验、电动器具装配、鞋匠、锁匠、货物检验员、电梯机修工、托儿所所长、钢琴调音员、装配工、印刷工、建筑钢铁工作、卡车司机
	RAI	手工雕刻人员、玻璃雕刻人员、制作模型人员、家具木工、皮革品制作人员、手工绣花人员、手工钩针纺织人员、排字工作、印刷工作、图画雕刻工、装订工
	RSE	消防员、交通巡警、警察、门卫、理发师、房间清洁工、屠夫、锻工、开凿工人、管道安装工、出租汽车驾驶员、货物搬运工、送报员、勘探员、娱乐场所的服务员、起卸机操作工、灭害虫者、电梯操作工、厨房助手
	RSI	纺织工、编织工、农业学校教师、某些职业课程教师（诸如艺术、商业、技术、工艺课程）、雨衣上胶工
	REC	抄水表员、保姆、实验室动物饲养员、动物管理员
	REI	轮船船长、航海领航员、大副、试管实验员
	RES	旅馆服务员、家畜饲养员、渔民、渔网修补工、水手长、收割机操作工、搬运行李工人、公园服务员、救生员、登山导游、火车工程技术员、建筑工作、铺轨工人
	RCI	测量员、勘测员、仪表操作者、农业工程技术、化学工程技师、民用工程技师、石油工程技师、资料室管理员、探矿工、煅烧工、烧窑工、矿工、保养工、磨床工、取样工、样品检验员、纺纱工、炮手、漂洗工、电焊工、锯木工、刨床工、制帽工、手工缝纫工、油漆工、染色工、按摩工、木匠、农民建筑工作、电影放映员、勘测员助手
	RCS	公共汽车驾驶员、一等水手、游泳池服务员、裁缝、建筑工作、石匠、烟囱修建工、混凝土工、电话修理工、爆炸手、邮递员、矿工、裱糊工人、纺纱工
	RCE	打井工、吊车驾驶员、农场工人、邮件分类员、铲车司机、拖拉机司机
研究型 I	IAS	普通经济学家、农场经济学家、财政经济学家、国际贸易经济学家、实验心理学家、工程心理学家、心理学家、哲学家、内科医生、数学家
	IAR	人类学家、天文学家、化学家、物理学家、医学病理、动物标本剥制者、化石修复者、艺术品管理者
	ISE	营养学家、饮食顾问、火灾检查员、邮政服务检查员
	ISC	侦察员、电视播音室修理员、电视修理服务员、验尸室人员、编目录者、医学实验室技师、调查研究者
	ISR	水生生物学者、昆虫学者、微生物学家、配镜师、矫正视力者、细菌学家、牙科医生、骨科医生
	ISA	实验心理学家、普通心理学家、发展心理学家、教育心理学家、社会心理学家、临床心理学家、目标学家、皮肤病学家、精神病学家、妇产科医师、眼科医生、五官科医生、医学实验室技术专家、民航医务人员、护士
	IES	细菌学家、生理学家、化学专家、地质专家、地理物理学专家、纺织技术专家、医院药剂师、工业药剂师、药房营业员

续表

职业代码		对应的职业
研究型 I	IEC	档案保管员、保险统计员
	ICR	质量检验技术员、地质学技师、工程师、法官、图书馆技术辅导员、计算机操作员、医院听诊员、家禽检查员
	IRA	地理学家、地质学家、声学物理学家、矿物学家、古生物学家、石油学家、地震学家、声学物理学家、原子和分子物理学家、电学和磁学物理学家、气象学家、设计审核员、人口统计学家、数学统计学家、外科医生、城市规划家、气象员
	IRS	流体物理学家、物理海洋学家、等离子体物理学家、农业科学家、动物学家、食品科学家、园艺学家、植物学家、细菌学家、解剖学家、动物病理学家、作物病理学家、药物学家、生物化学家、生物物理学家、细胞生物学家、临床化学家、遗传学家、分子生物学家、质量控制工程师、地理学家、兽医、放射性治疗技师
	IRE	化验员、化学工程师、纺织工程师、食品技师、渔业技术专家、材料和测试工程师、电气工程师、土木工程师、航空工程师、行政官员、冶金专家、原子核工程师、陶瓷工程师、地质工程师、电力工程师、口腔科医生、牙科医生
	IRC	飞机领航员、飞行员、物理实验室技师、文献检查员、农业技术专家、动植物技术专家、生物技师、油管检查员、工商业规划者、矿藏安全检查员、纺织品检验员、照相机修理者、工程技术员、编计算程序者、工具设计者、仪器维修工
传统型 C	CRI	簿记员、会计、记时员、铸造机操作工、打字员、按键操作工、复印机操作工
	CRS	仓库保管员、档案管理员、缝纫工、讲述员、收款人
	CRE	标价员、实验室工作者、广告管理员、自动打字机操作员、电动机装配工、缝纫机操作工
	CIS	记账员、顾客服务员、报刊发行员、土地测量员、保险公司职员、会计师、估价员、邮政检查员、外贸检查员
	CIE	打字员、统计员、支票记录员、订货员、校对员、办公室工作人员
	CIR	校对员、工程职员、海底电报员、检修计划员、发报员
	CSE	接待员、通信员、电话接线员、卖票员、旅馆服务员、私人职员、商学教师、旅游办事员
	CSR	运货代理商、铁路职员、交通检查员、办公室通信员、簿记员、出纳员、银行财务职员
	CSA	秘书、图书管理员、办公室办事员
	CER	邮递员、数据处理员、办公室办事员
	CEI	推销员、经济分析家
	CES	银行会计、记账员、法人秘书、速记员、法院报告人

续表

职业代码		对应的职业
企业型 E	ECI	银行行长、审计员、信用管理员、地产管理员、商业管理员
	ECS	信用办事员、保险人员、各类进货员、海关服务经理、售货员、购买员、会计
	ERI	建筑物管理员、工业工程师、农场管理员、护士长、农业经营管理人员
	ERS	仓库管理员、房屋管理员、货栈监督管理员
	ERC	邮政局长、渔船船长、机械操作领班、木工领班、瓦工领班、驾驶员领班
	EIR	科学、技术和有关周期出版物的管理员
	EIC	专利代理人、鉴定人、运输服务检查员、安全检查员、废品收购人员
	EIS	警官、侦察员、交通检验员、安全咨询员、合同管理者、商人
	EAS	法官、律师、公证人
	EAR	展览室管理员、舞台管理员、播音员、驯兽员
	ESC	理发师、裁判员、政府行政管理员、财政管理员、工程管理员、职业病防治人员、售货员、商业经理、办公室主任、人事负责人、调度员
	ESR	家具售货员、书店售货员、公共汽车的驾驶员、日用品售货员、护士长、自然科学和工程的行政领导
	ESI	博物馆管理员、图书馆管理员、古迹管理员、饮食业经理、地区安全服务管理员、技术服务咨询者、超级市场管理员、零售商品店店员、批发商、出租汽车服务站调度
	ESA	博物馆馆长、报刊管理员、音乐器材售货员、广告商售画营业员、导游、（轮船或班机上的）事务长、飞机上的服务员、船长、法官、律师
艺术型 A	ASE	戏剧导演，舞蹈教师，广告撰稿人，报刊、专栏作者，记者，演员，英语翻译
	ASI	音乐教师、乐器教师、美术教师、管弦乐指挥、合唱队指挥、歌星、演奏家、哲学家、作家、广告经理、时装模特
	AER	新闻摄影师、电视摄影师、艺术指导、录音指导、丑角演员、魔术师、木偶戏演员、骑士、跳水员
	AEI	音乐指挥、舞台指导、电影导演
	AES	流行歌手、舞蹈演员、电影导演、广播节目主持人、舞蹈教师、口技表演者、喜剧演员、模特
	AIS	画家、剧作家、编辑、评论家、时装艺术大师、新闻摄影师、男演员、文学作者

续表

职业代码		对应的职业
艺术型 A	AIE	花匠、皮衣设计师、工业产品设计师、剪影艺术家、复制雕刻品大师
	AIR	建筑师、画家、摄影师、绘图员、环境美化工、雕刻家、包装设计师、陶器设计师、绣花工、漫画工
社会型 S	SEC	社会活动家、退伍军人服务官员、工商会事务代表、教育咨询者、宿舍管理员、旅馆经理、饮食服务管理员
	SER	体育教练、游泳指导
	SEI	大学校长、学院院长、医院行政管理员、历史学家、家政经济学家、职业学校教师、资料员
	SEA	娱乐活动管理员、国外服务办事员、社会服务助理、一般咨询者、宗教教育工作者
	SCE	部长助理、福利机构职员、生产协调人、环境卫生管理人员、戏院经理、餐馆经理、售票员
	SRI	外科医师助手、医院服务员
	SRE	体育教师、职业病治疗者、体育教练、专业运动员、房管员、儿童家庭教师、警察、引座员、传达员、保姆
	SRC	护理员、护理助理、医院勤杂工、理发师、学校儿童服务人员
	SIA	社会学家、心理咨询者、学校心理学家、政治科学家、大学或学院的系主任、大学或学院的教育学教师、大学农业教师、大学工程和建筑课程的教师、大学法律教师、大学数学、医学、物理、社会科学和生命科学的教师、研究生助教、成人教育教师
	SIE	营养学家、饮食学家、海关检查员、安全检查员、税务稽查员、校长
	SIC	描图员、兽医助手、诊所助理、体检检查员、监督缓刑犯的工作者、娱乐指导者、咨询人员、社会科学教师
	SIR	理疗员、救护队工作人员、手足病医生、职业病治疗助手

 活动与训练

岛屿度假计划

一、目标

分析自己的职业兴趣。

二、规则和程序

建议时间：40分钟。

假如你获得了一次免费度假旅游的机会，可以去表3-5所列6个岛屿中的一个。

唯一的要求是你必须在这个岛上待满半年的时间。请不要考虑其他因素，按照自己的喜欢程度选出你最想前往的3个岛屿。

表3-5 兴趣岛描述

岛屿名称	描述
A岛： 美丽浪漫的岛屿	岛上遍布着美术馆、音乐厅，弥漫着浓厚的艺术文化气息。同时，当地的原住民还保留了传统的舞蹈、音乐与绘画，许多文艺界的朋友都喜欢来这里寻找灵感
I岛： 深思冥想的岛屿	岛上人迹较少，建筑物多僻处一隅，平畴绿野，适合夜观星象。岛上有多处天文馆、科博馆以及科学图书馆等。岛上居民喜好沉思、追求真知，喜欢和来自各地的哲学家、科学家、心理学家等交换心得
C岛： 现代、井然的岛屿	岛上建筑物十分现代化，是进步的都市形态，以完善的户政管理、地政管理、金融管理见长。岛民个性冷静保守，处事有条不紊，善于组织规划，细心高效
R岛： 自然原始的岛屿	岛上保留有热带的原始植物，自然生态保持得很好，也有相当规模的动物园、植物园、水族馆。岛上居民以手工见长，自己种植花果蔬菜、修缮房屋、打造器物、制作工具，喜欢户外运动
S岛： 温暖友善的岛屿	岛上居民个性温和、十分友善、乐于助人，社区均自成一个密切互动的服务网络，人们多互助合作，重视教育，关怀他人，充满人文气息
E岛： 显赫富庶的岛屿	岛上的居民热情豪爽，善于企业经营和贸易。岛上的经济高度发展，处处是高级饭店、俱乐部、高尔夫球场。来往者多是企业家、经理人、政治家、律师等，财富论坛和其他行业峰会曾多次在这里召开

活动步骤：

1. 按自己第一选择的岛屿分组就座。

2. 同一岛屿的人交流一下：自己为什么选择这个岛屿，看看大家有什么共同的兴趣爱好，归纳为关键词。

3. 根据大家的交流给自己的小组命名并选取一个标志物和LOGO标识，在白纸上制作一张本小组的宣传海报。

4. 每个小组请一位同学用2分钟时间展示自己小组的宣传海报并在全班介绍一下本小组成员的共同特点。

三、总结

6个岛屿代表着六种典型的职业生涯兴趣类型（其中，第一个是主要兴趣，第二、三个是辅助兴趣）。

探索与思考

1. 请简要叙述兴趣对于职业选择和发展的重要意义。

2. 如何看待"爱一行、干一行"与"干一行、爱一行"这两种观点？

3.3 探索职业性格

名人名言

每个人都有他隐藏的精华,和任何人的精华不同,他使人具有自己的气味。

——罗曼·罗兰

 学习目标

1. 了解性格与职业发展的关系。
2. 能分析不同性格与职业之间的关系。
3. 运用 MBTI 测试探索个人职业性格。

郑丹的进取心哪里去了?

郑丹是福建某高职学院毕业生,在校期间勤奋进取,成绩优秀,担任班团干部工作出色,老师和同学们都说她前途无量,她自己也信心满满,打算毕业后凭自身本事到大城市闯出一片新天地……但事与愿违,父母舍不得她远离家乡独自在外打拼,苦口婆心劝说她留在身边,亲朋好友也都随声附和。郑丹本来从小就是一个听话的乖乖女,经不住全家的一番好意,就听从安排报考了家乡县城的公务员,而且顺利被录用上岗。接下来的半年多时间里,性格活泼开朗、生性好强、缺乏耐心的郑丹,每天上班 8 小时简直就是"煎熬",工作毫无滋味,少了过去的进取心,一个人发呆的时候想的全都是北上广深的都市繁华……

分析: 一天一共只有 24 小时,工作就占据了 8 小时,快乐的工作能丰富人生的内涵。江山易移,本性难改。性格与职场相匹配能够让人在职业选择中少走很多的弯路,也能提高工作的效率和职场的幸福感。郑丹丢失进取心的原因主要在于不知道自己的性格能够从事什么类型的工作,在寻找职业的时候丢掉了自己的初心选择,忘记了自己要的是什么,从而产生了烦恼。要解决这些困惑,必须更清晰了解自己的性格,知道自己性格和职业的内在联系是什么。

一、职业性格与求职择业

人们常说"性格决定命运"。这句话更深的意义是,什么样性格的人适合从事什么样的职业。在职业的选择上,性格和职业相匹配,能够提高人在职业上的幸福感。这也是近年来许多用人单位在招聘选人时加入了性格测试项目的原因。

(一)性格及其相关概念

性格是一个人在对现实的稳定态度和习惯化了的行为方式中所表现出来的个性心理特征。人的性格特点主要表现在态度、意志、情绪、理智四个方面。

(1)态度。主要是指处理各种社会关系方面的性格特征,如善于交际或行为孤僻、正直或虚伪、细致或粗心。

(2)意志。主要是指人在对自己行为的自觉调节方面的性格特征,如主动或被动、勇敢或怯懦。

(3)情绪。主要是指人产生情绪活动时在强度、稳定性、持续性和主导心境等方面表现出来的性格特征,如情绪起伏波动的大或小。人的基本情绪有愉快、惊奇、悲伤、厌恶、愤怒、恐惧、轻蔑、羞愧等。愉快是正面的,惊奇是中性的,悲伤、厌恶、愤怒、恐惧、轻蔑、羞愧都是负面的。在这些基本情绪中,人的负面情绪占多数,因此人很容易不知不觉进入不良情绪状态。对于大学生来讲,应塑造阳光心态,把正面情绪调动出来,使自己经常处于积极的情绪当中。

(4)理智。主要是指人在认知过程中的性格特征,如幻想型和现实型。

性格的特征并不是孤立的,而是互相联系的,在个体身上结合为一体,形成一个人不同于他人的"标签"。大学生了解自己的性格特征,有利于今后的职业发展,从而形成自己的职业性格。

(二)职业性格

职业性格是指人们从事某种职业后,因为职业需求或者对该职业从业普遍要求所形成的较为固定的性格要素之集合。如果一个人的性格能和职业性格匹配,那无疑是一件幸福的事情,如果一个人的性格与职业性格相差甚远,那可以说是一种折磨。每一种职业都对性格特征有特定的要求,如驾驶员要具备注意力稳定、动作敏捷的职业性格特征;护士要具备耐心细致、热情待人的职业性格特征;艺术家要有想象力、创造性等职业性格特征。

二、性格类型与职业偏好

迄今为止,在各个领域的应用中最常见的性格评价工具是MBTI。性格类型的概念是由瑞士的精神分析家卡尔·G. 荣格于1920年在他的《心理学类型》中提出来的。根据大量的观察，荣格推断不同的行为是源于个人在运用心智方面具有不同的倾向。人们习惯按照各自的倾向行事，就逐渐形成了各自的行为模式。荣格提出，世界上有3个维度和8种性格类型。到了20世纪50年代，美国的一对母女迈尔斯和布瑞格斯在此基础上发展出多一个维度，并逐渐形成了MBTI性格类型理论。

MBTI性格类型理论是目前国际上权威的、广泛使用的理论。它系统地把握了人的性格，也解释为什么不同的人对不同的事物感兴趣、擅长不同的工作，并且有时不能互相理解。

MBTI性格类型理论中把人的性格分为4个维度，每个维度有2个方面，共计8个方面，分别是：

精神关注的方向：外向（E）—内向（I）

收集信息的方式：感觉（S）—直觉（N）

决策的方式：思维（T）—情感（F）

行事方式：判断（J）—知觉（P）

这8个方面分别回答我们行事的不同风格。

外向（E）和内向（I）：我们与世界的相互作用是怎样的？

感觉（S）和直觉（N）：我们自然留意的信息类型是什么？

思考（T）和情感（F）：我们如何做决定？

判断（J）和知觉（P）：我们的做事方式是什么？

每个人的性格都落足于每个维度两端的中点的这一边或那一边，我们把每个维度的两端称作"偏好"。例如，如果落在外向的那一边，那么就可以说你具有外向的偏好；如果落在内向的那一边，那么就可以说你具有内向的偏好。

在现实生活中，每个维度的两个方面人们都会用到，只是其中的一个方面用得更自然、更容易、更快捷、更舒适，就好像每个人都会用到左手和右手，有的习惯用左手，有的习惯用右手。同样，性格类型就是一个人用得更自然舒适、更便利快捷的那个方面。

由MBTI的4个维度和每个维度的2个方向，一共可以组成16种性格类型（见表3-6）。

表3-6　MBTI人格理论的16种人格类型的职业偏好、可能适应的职业环境类型对照

性格类型	可能的职业偏好	可能适应的职业环境类型
ISTJ 内倾/感觉/思维/判断	会计/办公室管理人员 工程师 警察/法律工作 生产、建设、保健	注重事实和结果； 提供安全结构和顺序； 能保持稳定的情绪

续表

性格类型	可能的职业偏好	可能适应的职业环境类型
ISTP 内倾/感觉/思维/知觉	科研、机械、修理 农业 工程师和科学技术人员	注重迅速解决问题； 目标和行动取向； 不受规律限制； 着眼于眼前的经历
ESTP 外倾/感觉/思维/知觉	市场销售、工程和技术人员 信用调查、健康技术 建筑、生产、娱乐	注重第一手经验； 工作具有灵活性； 及时满足需要、技术取向
ESTJ 外倾/感觉/情感/判断	商业管理、银行、金融 建筑生产、教育、技术、服务	注重正确高效地做事； 任务取向、注重组织结构； 提供稳定性和可预知性； 实现可行的目标
ISFJ 内倾/感觉/情感/判断	保健专业、教学/图书馆工作、办公室管理、个人服务、文书管理	看重有条理的任务； 注重安全与隐私； 结构清晰、有效率、安静、服务取向
ISFP 内倾/感觉/情感/知觉	机械和维修、工厂操作、饮食服务、办公室工作、家务工作	善于合作、喜爱自己的工作； 允许有自己的私人空间； 灵活、具有审美能力、谦恭
ESFP 外倾/感觉/情感/知觉	保健服务、销售工作/设计交通工作、管理工作、机械操作、办公室工作	注重现实、行动取向； 活泼、精力充沛、适应性强、和谐； 以人为本、舒适的工作环境
ESFJ 外倾/感觉/情感/判断	保健服务、接待员、销售 看护孩子、家务工作	喜欢帮助他人； 目标明确的人和组织； 气氛友好的、善于欣赏的； 有良心的、喜欢按实际条件办事
INFJ 内倾/直觉/情感/判断	宗教工作、教学/图书馆工作 媒体专家、社会服务、研究和发展	关注人类的思想和心理健康； 协调、安静、有组织的； 有情感、喜欢有反省的时间和空间
INFP 内倾/直觉/情感/知觉	咨询、教学、文学、艺术 戏剧、科学、心理学 写作、新闻工作	关注他人的价值； 合作的氛围； 允许有思考的时间和空间； 灵活、安静、不官僚
ENFP 外向/直觉/情感/判断	教学、咨询、宗教工作 广告、销售、艺术、戏剧 音乐	关注潜能、丰富多彩、积极参与的氛围； 活泼的、不受限制的； 提供变化和挑战、思想进取
ENFJ 外向/直觉/情感/判断	销售、艺术家、演艺人员 宗教工作、咨询 教学、保健	愿意为帮助他人而改变； 社会化的、和谐的； 有秩序、以人为本、鼓励自我表达

续表

性格类型	可能的职业偏好	可能适应的职业环境类型
INTJ 内向/直觉/思维/判断	科学、工程师、政治/法律 哲学、计算机专家	注重长远规划的实现； 有效率的、以任务为重； 允许独自一人和思考； 支持创造性和独立、多产、有效率
INTP 内向/直觉/思维/知觉	科学、研究、工程师 社会服务、计算机程序 心理学、法律	喜欢解决复杂的问题； 鼓励独立、隐私； 灵活的、不受限制的、安静的； 喜欢自我决定
ENTP 外向/直觉/思维/知觉	管理 操作和系统分析 销售经理、市场营销 人事关系	结果取向的、独立的； 喜欢解决复杂的问题； 目标取向、果断； 有效率的系统和人； 挑战性的、结构性的顽强的人员

转行成功的刘湘玉

刘湘玉毕业于某高职教育专业，曾希望能在幼教领域闯出一番事业。毕业后，她在一所小学担任主课教师。但是，工作了一段时间后，她发现自己越来越不开心，活泼开朗的性格忍受不了一成不变的模式，而且学校对老师的教学方式都有严格的要求，难以体现自己的风格。她觉得自己不太适合教师这个职业，于是她跳槽到教育发展投资公司做市场专员，开始天天跑业务。刘湘玉只用了短短一年的时间就成为公司的业务标兵，升职做了主管。后来，她又担任市场部经理助理。在这个岗位上，刘湘玉充分发挥了自己的性格优势，特别是在市场策划方面显示出她过人的能力，3年后，刘湘玉晋升为市场部经理。

分析：刘湘玉成功的秘密其实是找到适合自己性格的工作，然后果断转行。人生的目标和计划需要在充分认识自我的基础上不断调整，江山易改、本性难移，适合自己性格的工作会使人充满干劲，在职业生涯上更容易获得成功。

 活动与训练

探索职业性格

一、目标

运用MBTI方法探索职业性格。

二、规则与程序

MBTI 测试前须知

1. 参加测试的人员请务必诚实、独立地回答问题，只有如此，才能得到有效的结果。

2. 《性格分析报告》展示的是你的性格倾向，而不是你的知识、技能、经验。

3. MBTI 提供的性格类型描述仅供测试者确定自己的性格类型之用，性格类型没有好坏，只有不同。每一种性格特征都有其价值和优点，也有缺点和需要注意的地方。清楚地了解自己的性格优劣势，有利于更好地发挥自己的特长，尽可能地在为人处世中避免自己性格中的劣势，更好地和他人相处，更好地做重要的决策。

4. 本测试分为四部分，共 93 题；需时约 18 分钟。所有题目没有对错之分，请根据自己的实际情况选择。将你选择的 A 或 B 所在的"○"涂黑成"●"。

只要你是认真、真实地填写了测试问卷，那么通常情况下你都能得到一个确实和你的性格相匹配的类型。希望你能从中或多或少地获得一些有益的信息。

建议时间：30 分钟

准备材料：A4 白纸、签字笔

（一）哪一个答案最能贴切地描绘你一般的感受或行为（见表 3-7）？

表 3-7 MBTI 第一部分测试表

序号	问题描述	选项	E	I	S	N	T	F	J	P
1	当你要外出一整天，你会 A. 计划你要做什么和在什么时候做 B. 说去就去	A							○	
		B								○
2	你认为自己是一个 A. 较为随兴所至的人 B. 较为有条理的人	A								○
		B							○	
3	假如你是一位老师，你会选教 A. 以事实为主的课程 B. 涉及理论的课程	A			○					
		B				○				
4	你通常 A. 与人容易混熟 B. 比较沉静或矜持	A	○							
		B		○						
5	一般来说，你和哪些人比较合得来? A. 富于想象力的人 B. 现实的人	A				○				
		B			○					
6	你经常让 A. 你的情感支配你的理智 B. 你的理智主宰你的情感	A						○		
		B					○			

续表

序号	问题描述	选项	E	I	S	N	T	F	J	P
7	处理许多事情上，你会喜欢 A. 凭兴所至行事 B. 按照计划行事	A B							○	○
8	你属于 A. 容易让人了解 B. 难于让人了解	A B	○	○						
9	按照程序表做事 A. 合你心意 B. 令你感到束缚	A B							○	○
10	当你有一份特别的任务，你会喜欢 A. 开始前小心组织计划 B. 边做边找须做什么	A B							○	○
11	在大多数情况下，你会选择 A. 顺其自然 B. 按程序表做事	A B							○	○
12	大多数人会说你是一个 A. 重视自我隐私的人 B. 非常坦率开放的人	A B	○	○						
13	你宁愿被人认为是一个 A. 实事求是的人 B. 机灵的人	A B			○	○				
14	在一大群人当中，通常是 A. 你介绍大家认识 B. 别人介绍你	A B	○	○						
15	你会跟哪些人做朋友？ A. 常提出新主意的 B. 脚踏实地的	A B			○	○				
16	你倾向 A. 重视感情多于逻辑 B. 重视逻辑多于感情	A B					○	○		
17	你比较喜欢 A. 坐观事情发展才做计划 B. 很早就做计划	A B							○	○
18	你喜欢花很多的时间 A. 一个人独处 B. 和别人在一起	A B	○	○						

续表

序号	问题描述	选项	E	I	S	N	T	F	J	P
19	与很多人一起会 A. 令你活力倍增 B. 常常令你心力交瘁	A B	○	○						
20	你比较喜欢 A. 很早便把约会、社交聚集等事情安排妥当 B. 无拘无束，看当时有什么好玩就做什么	A B							○	○
21	计划一个旅程时，你比较喜欢 A. 大部分的时间都是跟当天的感觉行事 B. 事先知道大部分的日子会做什么	A B							○	○
22	在社交聚会中，你 A. 有时感到郁闷 B. 常常乐在其中	A B	○	○						
23	你通常 A. 和别人容易混熟 B. 趋向自处一隅	A B	○	○						
24	哪些人会更吸引你？ A. 一个思维敏捷及非常聪颖的人 B. 实事求是，具丰富常识的人	A B			○	○				
25	在日常工作中，你会 A. 颇为喜欢处理迫使你分秒必争的突发事件 B. 通常预先计划，以免要在压力下工作	A B							○	○
26	你认为别人一般 A. 要花很长时间才认识你 B. 用很短的时间便认识你	A B	○	○						

（二）在下列每一对词语中，哪一个词语更合你心意（见表3-8）？请仔细想想这些词语的意义，而不要理会他们的字形或读音。

表3-8 MBTI第二部分测试

序号	问题描述	选项	E	I	S	N	T	F	J	P
27	A. 注重隐私 B. 坦率开放	A B	○	○						
28	A. 预先安排的 B. 无计划的	A B							○	○
29	A. 抽象 B. 具体	A B			○	○				

续表

序号	问题描述		选项	E	I	S	N	T	F	J	P
30	A. 温柔	B. 坚定	A						○		
			B					○			
31	A. 思考	B. 感受	A					○			
			B						○		
32	A. 事实	B. 意念	A			○					
			B				○				
33	A. 冲动	B. 决定	A								○
			B							○	
34	A. 热衷	B. 文静	A	○							
			B		○						
35	A. 文静	B. 外向	A		○						
			B	○							
36	A. 有系统	B. 随意	A							○	
			B								○
37	A. 理论	B. 肯定	A				○				
			B			○					
38	A. 敏感	B. 公正	A						○		
			B					○			
39	A. 令人信服	B. 感人的	A					○			
			B						○		
40	A. 声明	B. 概念	A			○					
			B				○				
41	A. 不受约束	B. 预先安排	A								○
			B							○	
42	A. 矜持	B. 健谈	A		○						
			B	○							
43	A. 有条不紊	B. 不拘小节	A							○	
			B								○
44	A. 意念	B. 实况	A				○				
			B			○					

续表

序号	问题描述	选项	E	I	S	N	T	F	J	P
45	A. 同情怜悯　　B. 远见	A						○		
		B					○			
46	A. 利益　　B. 祝福	A					○			
		B						○		
47	A. 务实的　　B. 理论的	A			○					
		B				○				
48	A. 朋友不多　　B. 朋友众多	A		○						
		B	○							
49	A. 有系统　　B. 即兴	A							○	
		B								○
50	A. 富于想象力的　　B. 以事论事	A				○				
		B			○					
51	A. 亲切的　　B. 客观的	A						○		
		B					○			
52	A. 客观的　　B. 热情的	A					○			
		B						○		
53	A. 建造　　B. 发明	A			○					
		B				○				
54	A. 文静　　B. 爱合群	A		○						
		B	○							
55	A. 理论　　B. 事实	A				○				
		B			○					
56	A. 富同情心　　B. 合逻辑	A						○		
		B					○			
57	A. 具分析力　　B. 多愁善感	A					○			
		B						○		
58	A. 合情合理　　B. 令人着迷	A			○					
		B				○				

（三）哪一个答案最能贴切地描绘你一般的感受或行为（见表3-9）？

表 3-9 MBTI 第三部分测试

序号	问题描述	选项	E	I	S	N	T	F	J	P
59	当你要在一个星期内完成一个大项目，你在开始的时候会 A. 把要做的不同工作依次列出 B. 马上动工	A							○	
		B								○
60	在社交场合中，你经常会感到 A. 与某些人很难打开话匣子和保持对话 B. 与多数人都能从容地长谈	A		○						
		B	○							
61	要做许多人也做的事，你比较喜欢 A. 按照一般认可的方法去做 B. 构想一个自己的想法	A			○					
		B				○				
62	你刚认识的朋友能否说出你的兴趣？ A. 马上可以 B. 要待他们真正了解你之后才可以	A	○							
		B		○						
63	你通常较喜欢的科目是 A. 讲授概念和原则的 B. 讲授事实和数据的	A				○				
		B			○					
64	哪个是较高的赞誉，或称许？ A. 一贯感性的人 B. 一贯理性的人	A						○		
		B					○			
65	你认为按照程序表做事 A. 有时是需要的，但一般来说你不大喜欢这样做 B. 大多数情况下是有帮助而且是你喜欢做的	A								○
		B							○	
66	和一群人在一起，你通常会选 A. 跟你很熟悉的个别人谈话 B. 参与大伙的谈话	A		○						
		B	○							
67	在社交聚会上，你会 A. 是说话很多的一个 B. 让别人多说话	A	○							
		B		○						
68	把周末期间要完成的事列成清单，这个主意会 A. 合你意 B. 使你提不起劲	A							○	
		B								○
69	哪个是较高的赞誉或称许？ A. 能干的 B. 富有同情心	A					○			
		B						○		

· 72 ·

续表

序号	问题描述	选项	E	I	S	N	T	F	J	P
70	你通常喜欢 A. 事先安排你的社交约会 B. 随兴之所至做事	A							○	
		B								○
71	总的说来，要做一个大型作业时，你会选 A. 边做边想该做什么 B. 首先把工作按步细分	A								○
		B							○	
72	你能否滔滔不绝地与人聊天 A. 只限于跟你有共同兴趣的人 B. 几乎跟任何人都可以	A		○						
		B	○							
73	你会 A. 跟随一些证明有效的方法 B. 分析还有什么毛病，及针对尚未解决的难题	A			○					
		B				○				
74	为乐趣而阅读时，你会 A. 喜欢奇特或创新的表达方式 B. 喜欢作者直话直说	A				○				
		B			○					
75	你宁愿替哪一类上司（或者老师）工作？ A. 天性淳良，但常常前后不一的 B. 言辞尖锐但永远合乎逻辑的	A						○		
		B					○			
76	你做事多数是 A. 按当天心情去做 B. 照拟好的程序表去做	A								○
		B							○	
77	你通常 A. 可以和任何人按需求从容地交谈 B. 只是对某些人或在某种情况下才可以畅所欲言	A	○							
		B		○						
78	要做决定时，你认为比较重要的是 A. 据事实衡量 B. 考虑他人的感受和意见	A					○			
		B						○		

（四）在下列每一对词语中，哪一个词语更合你心意（见表 3–10）？

表 3–10　MBTI 第四部分测试

序号	问题描述	选项	E	I	S	N	T	F	J	P
79	A. 想象的　　B. 真实的	A				○				
		B			○					
80	A. 仁慈慷慨的　　B. 意志坚定的	A						○		
		B					○			

续表

序号	问题描述		选项	E	I	S	N	T	F	J	P
81	A. 公正的	B. 有关怀心	A					○			
			B						○		
82	A. 制作	B. 设计	A			○					
			B				○				
83	A. 可能性	B. 必然性	A				○				
			B			○					
84	A. 温柔	B. 力量	A						○		
			B					○			
85	A. 实际	B. 多愁善感	A					○			
			B						○		
86	A. 制造	B. 创造	A			○					
			B				○				
87	A. 新颖的	B. 已知的	A				○				
			B			○					
88	A. 同情	B. 分析	A						○		
			B					○			
89	A. 坚持己见	B. 温柔有爱心	A					○			
			B						○		
90	A. 具体的	B. 抽象的	A			○					
			B				○				
91	A. 全心投入	B. 有决心的	A						○		
			B					○			
92	A. 能干	B. 仁慈	A					○			
			B						○		
93	A. 实际	B. 创新	A			○					
			B				○				
每项总分				E	I	S	N	T	F	J	P

（五）评分规则

1. 当你将●涂好后，把8项（E、I、S、N、T、F、J、P）分别加起来，并将总和填在每项最下方的方格内。

2. 请复查你的计算是否准确，然后将各项总分填在下面对应的方格内。

每项总分

外向	E		内向	I	
实感	S		直觉	N	
思考	T		情感	F	
判断	J		认知	P	

（六）确定类型的规则

1. MBTI以四个组别来评估你的性格类型倾向："E－I""S－N""T－F"和"J－P"。请你比较四个组别的得分。每个组别中，获得较高分数的那个类型，就是你的性格类型倾向。例如：你的得分是：E（外向）12分，I（内向）9分，那你的类型倾向便是E（外向）了。

2. 将代表获得较高分数的类型的英文字母，填在下方的方格内。如果在一个组别中，两个类型获同分，则依据下边表格中的规则来决定你的类型倾向。

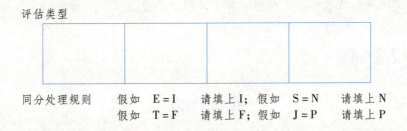

评估类型				
同分处理规则	假如 E＝I 请填上 I；	假如 S＝N 请填上 N
	假如 T＝F 请填上 F；	假如 J＝P 请填上 P

 探索与思考

1. 分析自己，你的性格究竟适合怎样的职业？
2. 观察身边的人，你觉得性格类型与职业之间的影响大吗？

3.4 探索职业能力

名人名言

尽管我们常常谴责人类不了解自己的缺点，但恐怕也很少有人了解自己的长处，就像在泥土中埋藏着一罐金子，土地的主人却不知道一样。

——约拿珊·斯威夫特

 学习目标

1. 明确能力的概念。
2. 辨析能力与职业的关系。
3. 能运用测评工具和个人经历估算个人职业能力。

 导入案例

森林动物园

为了像人类一样聪明，森林里的动物们开办了一所学校。学生中有小鸡、小鸭、小鸟、小兔、小山羊、小松鼠等，学校为它们开设了唱歌、跳舞、跑步、爬树和游泳5门课程。第一天上跑步课，小兔兴奋地在体育场地跑了一个来回，并自豪地说："我能做好我天生就喜欢做的事！"再看看其他小动物，有嘬着嘴的，有沉着脸的。放学后，小兔子到家对妈妈说："这个学校真棒！我太喜欢了。"第二天一大早，小兔蹦蹦跳跳来到学校。上课时老师宣布，今天上游泳课。只见小鸭兴奋地一下子跳进了水里，而天生恐水、不会游泳的小兔傻了眼，其他小动物更没招。接下来，第三天是唱歌课，第四天是爬树课……学校里的每一天课程，小动物们总有喜欢的和不喜欢的。

分析： 这个寓言故事诠释了一个通俗的哲理：一个人只有最大限度地发挥自己天生的优势，才能获得成功。若没有天赋，任何试图通过培训的方式培养优势的努力都是徒劳的。不能让猪去唱歌，让兔子学游泳。要成功，小兔子就应跑步，小鸭

子就该游泳，小松鼠就得爬树。判断一个人是否成功，最主要看他是否最大限度地发挥了自己的优势。而最大限度地发挥自己的优势，便是职业生涯设计成功的重要依据之一。因此，若想获得职业上的成功，你首先要学会识别、发现自己天生的才干与优势智能。

一、能力和职业能力

（一）能力的含义

从心理学上说，能力是人们成功完成某个任务所必须具备的个性心理特征。能力是在先天素质的基础上，在生活环境和教育的影响、熏陶下，在个体的人生经历中形成和发展起来的，对从事任何职业都是十分必要的。能力按照其获得的方式（先天具有与后天培养），可以分为能力倾向和技能两大类。

现代教育研究表明，具有不同智能类型和不同智能结构的人，对知识的掌握也具有不同的指向性。现代社会对知识，特别是对应用性知识内涵的界定有了新的突破，即社会存在着两种属性的应用性知识：一是涉及事实、概念以及理解、原理方面的陈述性知识，要解答"是什么"（事实与概念）和"为什么"（理解与原理）的问题；二是涉及经验、策略方面的过程性知识，要回答"怎么做"（经验）和"怎样做更好"（策略）的问题。教育实践和科学研究都证明，形象思维强的人，能较快地获取经验性和策略性的知识，而对陈述性的理论知识却相对排斥。这恰恰是职业院校学生优势所在。对职业院校学生的智能类型进行准确定位，将有利于深入认识职业教育的特点，有利于增强学生成才的信心，有利于坚定教师培养人才的决心。

（二）一般能力和特殊能力

人的能力多种多样。从职业的角度，按照能力的适用性一般可以将人的能力分为一般能力和特殊能力。

一般能力，是指顺利完成各种活动所必备的基本能力。这种能力集中体现在认知活动中，也就是一般意义上的智力，我们也可称之为"认知能力"或"认知智力"，如注意力、观察力、记忆力、想象力、思维力和言语能力等。

特殊能力，是指顺利完成某种特殊活动所必备的专门能力，与某些职业活动密切相关。如在进行音乐、绘画、飞行活动中，就需要相应的音乐、绘画以及高空适应能力等。由于个体的早期生活经历不同，能力会有差异。能力的差异表现在质和量两方面：质的差异表现在个体具备不同的特殊能力及能力类型方面；量的差异表现在能力发展的水平和年龄差异方面。

在人的成长发展中，一般能力和特殊能力有机地结合着，一般能力是特殊能力的基础，为特殊能力的发展和发挥创造了有利条件。所以在职业活动中，我们在注重发展自己的特殊能力的同时，也应注重自己一般能力的发展，这样才能提高职业活动的效率。

（三）影响职业能力发挥的因素

职业能力可以定义为个体将所学的知识、技能和态度在特定的职业活动或情境中进行类化迁移与整合而形成的多种能力的综合。职业能力可以分为职业核心能力、行业通用能力、职业特定能力。影响职业能力发挥的个人因素和社会因素分述如下：

1. 个人因素

（1）兴趣。职业兴趣是指人们对某类专业或工作所抱的积极态度。不同的人对于同一职业或者抱积极的态度，或者抱消极的态度，或者抱无所谓的态度。

（2）性格。性格影响着一个人对职业的适应性，一定的性格适合于从事一定的职业；同时，不同的职业对人有不同的性格要求。

（3）职业发展愿望。职业发展愿望即自己愿意从事何种职业。如果一个人对某一种职业产生兴趣，就会迸发出强大的行为动力，推动着他去开掘自身全部潜能，提高自身工作效率。

（4）教育。教育上的成功与社会阶层的晋升有明显的关联，凡是社会阶层高过父母所属阶层的人都觉得，教育是改变社会阶层的主要动力。

2. 社会因素

（1）社会阶层。社交圈为某一类型的人提供机会，"生存机会"多半即由社交圈决定。虽然社会阶层深深地影响着个人的职业生涯，但是阶层界限并非牢不可破。它不但有变动的可能，而且是被人接受的。

（2）经济发展水平。在经济发展水平高的地区，企业相对集中，优秀企业也就比较多，个人职业选择的机会就比较多，因而有利于个人职业的发展；反之，在经济落后的地区，个人职业选择的机会比较少，个人职业生涯也会受到限制。

（3）社会文化环境。社会文化是影响人们行为、欲望的基本因素。它主要包括教育水平、教育条件和社会文化设施等。在良好的社会文化环境中，个人能力受到良好的教育和熏陶，从而为职业生涯打下更好的基础。

（4）政治制度和氛围。政治和经济是相互影响的，政治不仅影响到一国的经济体制，而且影响着企业的组织体制，从而直接影响到个人的职业发展。政治制度和氛围还会潜移默化地影响个人的追求，从而对职业生涯产生影响。

一个人的能力如果没有遇到合适的土壤，那么他的能力只能被称为潜在能力。潜在的能力只有在外部环境和教育条件许可时，才能发展成为现实的能力。

二、能力和职业的关系

能力与职业的关系非常密切，是职业选择的重要依据，是大学生开启职业大门的钥匙。因此，我们对自己的能力要有一个清楚的认识，根据自己的能力选择相应的职业，只有这样，才能在社会的竞争中立于不败之地。

每个人具备的能力不同，选择的职业就会有差异。从能力差异的角度来看，在选择职业时应遵循下列原则：

1. 能力类型要与职业相吻合

人的能力发展方向存在差异。职业研究表明，职业可以根据工作的性质、内容和环境划分为不同的类型，并且对人的能力也有不同的要求。

因此，首先要注意能力水平与职业类型基本一致。对一种职业或职业类型来说，由于所承担的责任不同，可分为不同层次，不同职业层次对人的能力有不同的要求。因此，在根据能力类型确定了职业类型后，还应根据自己所达到或可能达到的能力水平确定与自己相吻合的职业层次。

其次，要充分发挥能力倾向原则。能力倾向指的是一个人的潜能，即其能力的发展前景及未来可能的潜在成就。它包括人的身体条件、智能、性格、兴趣等是否适合某个方面的职业领域。大学生在进行职业生涯规划时，更应该注重的是自己的能力倾向。可以通过能力倾向测评准确地掌握自己的能力倾向，更好地确定自己的职业发展方向，使自己得到充分的发展。

每个人都具有一个由多种能力组成的能力系统，在这个系统中，每个人各方面能力的发展是不平衡的，常常是某方面的能力占优势，而另一些能力则不太突出，选择职业时应选择最能运用优势能力的职业。

2. 一般能力要与职业相吻合

一般能力即智力能力，包括注意力、观察力、记忆力、思维能力和想象力等。不同的职业对人的一般能力的要求是不同的，有些职业对从业者的智力水平有绝对的要求，如大学教师、科研人员、律师等都要求有较高的智商。智力在很大程度上决定着人们所从事的职业类型。

3. 特殊能力要与职业相吻合

特殊能力又称专业能力，也称特长，是指从事某项专业活动的能力。要顺利完成某项工作，除要具有一般能力外，还要具有该项工作所要求的特殊能力。例如，

数学研究需要具有计算能力、逻辑思维能力和空间想象能力；画家需要具备较强的颜色识别能力等。一般认为，计算能力、音乐能力、绘画能力、写作能力、动作协调能力、空间想象能力等都是特殊能力。

三、职业核心能力

职业核心能力是人们职业生涯中除岗位专业能力之外的基本能力，它可以让人自信和成功地展示自己，并根据具体情况加以选择和应用。它适用于各种职业，适应岗位的不断变换，是伴随人终身的可持续发展能力。德国、澳大利亚、新加坡称之为"关键能力"；美国称之为"基本能力"，在全美测评协会的技能测评体系中被称为"软技能"；在我国大陆和台湾地区，称之为"关键能力"，在香港特别行政区称之为"基础技能""共同能力"，等等。

1998年，我国劳动部在《国家技能振兴战略》中把职业核心能力分为8项，称为"八项核心能力"，包括与人交流、与人合作、解决问题、自我学习、信息处理、数字应用、创新革新、外语应用。8项职业核心能力可以分为"职业社会能力"和"职业方法能力"两类。

四、探索你的职业能力

根据2017年《前程无忧人力资源白皮书》显示，企业对于一般员工的培训投入情况所占比重分别为：专业岗位技能65.1%、执行力33.8%、团队合作与建设30.5%、职业素养29.6%、沟通与技巧24.5%。与企业培训的对比，我们可以窥见企业现在对于大学生在职业能力方面的关键需求点。

（一）能力倾向测试

能力倾向测试，又称性向测试，它可以预测一个人将来在某方面的"可能"成就，挖掘出职业发展潜能。最常用的测验有以下几种：

（1）差别能力倾向测验（DAT），分别测验文字推理、数字推理、抽象推理、文书速度、准确性、机械推理、空间关系、拼写和语言应用。

（2）一般能力倾向成套测验（GATB，美国），包含对11项能力倾向进行评估，分别是一般学习能力、语言能力、数理能力、判断能力、图形知觉能力、符号知觉能力、运动协调能力、手指灵活度、手腕灵巧度、眼手足协调和颜色鉴别。

（3）我国公务员录取考试中常用到的《行政能力倾向测验》（Administrative Aptitude Test，AAT），是一种用来测试公务员工作所具备的一般潜能的一种职业能力测试，包括数量关系、判断推理、常识判断、语言理解与表达、资料分析五方面的行政能力。

（二）经验分析

通过对过去的成就事件进行分析总结，对自己的能力进行排序，澄清自己所具备的职业能力，常用的有"我的成就故事清单"等方法。

在校大学生积极利用学校创业实践平台案例

河北唐山某高职学院很早就成立了创业者协会，这是一批充满朝气的有志青年自发成立的学生组织，宗旨是"用丰富的实践活动锻炼现在，用理性的战略眼光分析未来"，目的是提高大学生的创业素质和创业能力，建立学生创业教育平台和交流中心，为大学生步入社会奠定良好基础。该学院自动化系电气专业学生于化龙、动车专业学生刘佳奇、机械工程系数控专业学生魏金朝等就是其中的佼佼者，他们在校期间积极参加创新创业实践和大学生社团活动，既锻炼了创业能力，又扩展了职业生涯视野，为将来做了一个很好的铺垫，毕业后，他们纷纷创办了自己的公司，业务做得风生水起，发展前景一片光明……

分析：创业教育离不开创业实践，在丰富创新创业教育的同时，高职学院不断拓展创新创业实训，成立创业管理机构，健全创业管理制度，开设创业培训课程，为大学生提供实践平台，让他们受到创业正能量的熏陶和鼓舞，树立起团队合作意识，增强敢于承担责任与重压的能力，整体提升大学生的创业精神、创业能力和就业质量。

本专业所需要的职业能力分析

一、目标
了解本专业所需要的职业能力。

二、规则与程序
1. 分组：3~5人为一个小组。
2. 小组讨论：本专业的毕业生可以从事哪些具体职业？
3. 讨论该职业所需要的各方面能力的掌握程度（例如文秘专业的从事秘书职业所需能力的讨论），参见表3-11。

表 3-11 本专业所需要的职业能力分析表

职业	语言能力	逻辑思维能力	管理能力	动手能力	身体协调能力	沟通能力	自省能力
秘书	一般	较强	一般	较弱	一般	较强	较强

各项能力的含义如下：

（1）语言能力：听、说、读、写能力。

（2）逻辑思维能力：根据需求有效地传递信息，用科学的原理和方法来解决问题，运用逻辑推理来判定解决问题的建议、结论和方法的优缺点。

（3）管理能力：绩效监督、协调安排、说服他人、谈判技能、指导他人、解决复杂的问题、判断和决策、时间管理、财务管理、物资管理、人力资源管理。

（4）动手能力：具体专业操作技能方面的能力。

（5）身体协调能力：运用四肢和躯干的能力，表现为察觉、体验他人情绪和情感的能力。

（6）沟通能力：理解工作文件的句子和段落、理解对方讲话的要点，适当地提出问题；交谈中有效地传递信息；理解信息中的启示，用于解决问题，帮助做出决定，关注并理解他人的反应；积极地寻找方法来帮助他人。

（7）自省能力：能够正确地意识和评价自身的情感、动机等，形成自尊、自律和自制的能力。

三、讨论

请同学们针对上述分析结果，对比自身现状，找到努力的方向。

可迁移的技能水平评估[①]

一、目标

可迁移的技能水平评估。

二、规则或程序

请自我评估表 3-12 所列出的各项技能水平，并在"高""中""低"栏目下打"√"（建议用时：20 分钟）。

---

① 在教育心理学中的界定指的是知识学习的应用，它根据新的知识对所有知识的影响不同又分为同化和顺应。我们这里的可迁移能力是指一个人的行动能力，通常用动词来表达，比如管理能力、组织能力、表达能力、语言能力，等等。

表 3-12 技能水平评估表

技能领域	技能	高	中	低
管理	计划组织			
	分派职责			
	命令			
	关注细节			
	评价同学、同事以及自己的工作绩效			
	利用数据库和相应软件来组织和呈现信息			
	灵活处理问题			
	同时管理多项任务,分出先后顺序			
沟通	倾听、提问的技巧			
	提供信息			
	接受信息			
	记录回答、报告等,并将文件做专业的分类			
	向大/小规模的群体展现信息			
	让别人接受你的观点			
	协调工作事项			
	掌握一门外语			
	自信和独特地表达自己			
	利用电子手段来交流——通过网络和电子邮件来呈现、交换信息			
问题解决	分析问题			
	处理抽象的问题			
	对于同一个问题提出多种解决方法,挑选出最合适的一样			
	利用批判性的思考方式来看待各种因果关系			
	设置并达到目标			
	创造性地思考			
人际关系	领导一个团队			
	衡量和评价他人的工作			
	解决问题和冲突			
	激励别人			
	为别人提供支持			

续表

技能领域	技能	高	中	低
人际关系	了解工作环境和人们的需要并做出适当的回应			
	和不同个人很好地共事			
	教导和培训他人			
学习	善于发现并记录			
	充满好奇心			
	勤奋并有毅力地工作			
	坚持不懈、足智多谋地克服障碍			
	利用光盘和网络数据库进行工作			
	利用网络来做研究			

 探索与思考

> 我所期望的目标岗位究竟需要哪种能力？我应该从什么方面去促进自身能力的提高？

3.5 职业价值观澄清

名人名言

如果工作对于人类不是人生强索的代价,而是目的,人类将是多么幸福。

——罗丹

学习目标

1. 理解职业价值观的内涵。
2. 了解职业价值观的类型。
3. 能够用职业价值观指导自身的职业生涯发展。

**导入案例**

"自愿"待业的杨玲

杨玲学的是文秘专业,职业院校毕业后,开始寻找自己心目中理想的工作,虽然参加了许多场招聘面试,获得过一些就业机会,但是由于用人单位开出的薪水较低,一直达不到自己的择业期望值。拥有一堆获奖证书加上学生干部的经历,杨玲觉得很优秀的自己应该在大城市内待遇优厚、条件较好、环境优越的用人单位就职,但是在和自己看中的单位联系工作时却连连碰壁。想一想自己的许多同学已经成为业务骨干,杨玲说:"我这么大了还待在家中,花父母的钱,无法自食其力养活自己,觉得很羞愧,无脸见人!"

分析:杨玲之所以待业在家,是因为自己择业心态不成熟,挑肥拣瘦,过分挑剔苛求,存在职业价值观偏差,导致期望和现实巨大的落差。因此,树立正确的职业价值观,比工作本身更重要。改变陈旧的就业观念,进行自我职业价值取向分析与调整,杨玲的就业烦恼就会迎刃而解。

一、职业价值观的含义

（一）职业价值观

职业价值观是人们在选择职业时的一种内心尺度。它表明了一个人通过工作所要追求的理想是什么，认为哪个职业好、哪个岗位适合自己。这些问题都是职业价值观的具体表现。

理想、信念、世界观对于职业的影响，集中体现在职业价值观上。职业价值观决定了人的职业期望，影响职业方向和职业目标选择，决定了就业后的工作态度和工作绩效水平，从而决定了职业发展的质量。

（二）职业价值观的意义

职业价值观是一个人对各种职业价值的基本认识和基本态度。俗话说："人各有志"。这个"志"表现在职业选择上就是职业价值观，它探讨人们在职业选择和职业生活中，在众多的价值取向里，优先考虑哪种价值。当我们有矛盾冲突，或妥协与放弃时，常常是出于职业价值观的考虑。

1. 负面的价值观阻碍职业的选择

负面的价值观经常会影响学生择业的过程。有些学生在择业中会产生失望、彷徨等消极的心理状态，导致心理不和谐。因此，如何培养学生正确的价值观成为学校应重视的问题。

2. 正确的价值观促进职业的选择

正确的价值观可以促进学生找到适合自己的职业。例如，在职业价值观中看重发展因素的学生，其自我满意度较高，自我灵活性也较好。这些学生往往具备很强的竞争力，并且对所选单位比较了解，就业准备充分，具有较强的进取心，善于学习。因此，学校应着重培养学生积极向上的人生态度。

（三）价值观与需要——马斯洛需求层次理论

价值观是人对于事物的价值特性的认识，价值观的最终目的在于按照主体生存与发展的需要来有效地配置价值资源，因此，人的需求层次结构在根本上决定着价值观的层次结构。不同的人有不同的需求，一个人在不同的时间段，其需求也会有相应的变化。

美国社会心理学家马斯洛曾经将人的需求划分为 5 个层次，依次是生理需求、安全需求、情感和归属需求、尊重需求、自我实现需求。

马斯洛的需求层次理论有两个基本点：第一，人的需求是有层次的，某一层次的需求得到满足后，更高层次的需求才会出现；第二，某一层次的需求一旦得到满足，便不能再起到激励的作用。

人在不同层次的需求反映到平时的工作、生活中，就体现为不同层次的职业价值观，见表3-13。

表3-13 马斯洛需求层次与职业价值观对照

需求层次	职业价值观	
自我实现需求	发展和成长、兴趣、创造性、社会意义	精神性价值观
尊重需求	成就、地位、声望、自主性	
情感和归属需求	人际关系、团队合作	
安全需求	工作稳定性、工作条件	物质性价值观
生理需求	经济保障、工资待遇	

二、职业价值观的类型

根据不同的划分标准，人们对职业价值观的种类划分也不同。

（一）美国心理学家洛特克的分类

洛特克在其所著《人类价值观的本质》一书中，提出13种价值观：成就感、审美追求、挑战、健康、收入与财富、独立性、爱、家庭与人际关系、道德感、欢乐、权利、安全感、自我成长和社会交往。

（二）中国学者阚雅玲的分类

我国学者阚雅玲将职业价值观分为以下12类：

（1）收入与财富。工作能够明显有效地改变自己的财务状况，将薪酬作为选择工作的重要依据。工作的目的或动力主要来源于对收入和财富的追求，并以此改善生活质量，显示自己的身份和地位。

（2）兴趣特长。以自己的兴趣和特长作为选择职业最重要的因素，能够扬长避短、趋利避害、择我所爱、爱我所选，可以从工作中得到乐趣、得到成就感。在很多时候，会拒绝做自己不喜欢、不擅长的工作。

（3）权力地位。有较高的权力欲望，希望能够影响或控制他人，使他人照着自己的意思去行动；认为有较高的权力地位会受到他人尊重，从中可以得到较强的成就感和满足感。

（4）自由独立。在工作中能有弹性，不想受太多的约束，可以充分掌握自己的

时间和行动,自由度高,不想与太多人发生工作关系,既不想治人也不想治于人。

(5)自我成长。工作能够给予受培训和锻炼的机会,使自己的经验与阅历能够在一定的时间内得以丰富和提高。

(6)自我实现。工作能够提供平台和机会,使自己的专业和能力得以全面运用和施展,实现自身价值。

(7)人际关系。将工作单位的人际关系看得非常重要,渴望能够在一个和谐、友好甚至被关爱的环境中工作。

(8)身心健康。工作能够免于危险、过度劳累,免于焦虑、紧张和恐惧,使自己的身心健康不受影响。

(9)环境舒适。工作环境舒适宜人。

(10)工作稳定。工作相对稳定,不必担心经常出现裁员和辞退现象,免于经常奔波找工作。

(11)社会需要。能够根据组织和社会的需要响应某一号召,为集体和社会做出贡献。

(12)追求新意。希望工作内容经常变换,使工作和生活丰富多彩,不单调枯燥。

三、职业价值观的确立

(一)职业价值观与职业选择的关系

每一个求职者由于其所受教育的不同、兴趣爱好的差异和所处环境的影响,在职业取向上的目标和要求也是不相同的。在许多场合,我们往往要在一些得失中做出选择,例如,是要工作舒适轻松,还是要高标准的工资待遇?当两者有矛盾冲突时,最终影响我们决策的是存在于内心的职业价值观。因此,我们很有必要明确并不断审视自己的职业价值观。

(二)职业价值观的排序与取舍

职业价值观的特性决定人们不会只有唯一的职业价值观,个别人在欲望驱使下难免会希望什么都能得到,但在现实生活中"鱼和熊掌不可兼得"。既然是选择,必然有"舍",才能"得"。所以,要对自己的职业价值观进行排序,找出自己认为最重要、次重要的方面,并提醒自己不可能什么都得到。否则就会患得患失,终其一生也不清楚自己到底想要什么,更谈不上职业生涯的成功和对社会的贡献。总之,没有一种职业能完全满足一个人所重视的各种价值观,因而,了解自己各种价值观的权重排序并懂得取舍是非常必要的一件事情。

(三)职业价值观中个人与社会的关系

人不能离开社会而独立存在,个人只有在工作中为社会做贡献才能实现自己的职业价值。当然我们并不是说要忽略择业中的个人因素，如果只关注社会责任，这样不但不利于个人发展，也是社会的损失。相反，我们也不倡导只为个人考虑、毫不考虑国家和社会需要的职业价值观。

（四）树立正确的职业价值观

树立正确的职业价值观，一是要处理好职业价值观与金钱的关系；二是要处理好职业价值观与个人兴趣和特长的关系；三是要处理好职业价值观的排序与取舍问题。

高职生成清华教师

邢小颖毕业于陕西工业职业技术学院，以专业综合排名第一的成绩被推荐到清华大学基础工业训练中心任教。邢小颖报考了中国地质大学的专升本，顺利拿到学士学位。2021年获评工程师职称。她在大学课堂讲授的铸造技术系列视频获得2.3亿的播放量，收到200多万点赞。许多看过视频的网友都被其激情澎湃、挥洒自如的授课"惊呆了"，人们没想到，原本枯燥的工科课程，竟被她讲得如此生动有趣。她以综合成绩第一的身份被推荐至清华当教师，不仅专业知识扎实，且深耕教学业务，不断充实提升自己，多次在清华大学获得教学特等奖、一等奖。无论学识还是教学能力，她都足堪胜任大学教职，包括清华大学这样的名校。

分析： 高职生不仅不比名牌大学的学生低人一等，而且照样可登上名牌大学的讲台。职业教育给了邢小颖"人生出彩的机会和平台"，高职生同样能看到更高、更远、更广阔的世界。而对于国家和社会来说，高职生同样可以成为创造世界的栋梁之材。

职业价值观测试

一、目标

通过本测试，可以大致了解自己的职业价值观倾向，从而为自己选择理想的职业提供信息。

二、规则与程序

(一) 测验设计

本测验52题,可帮助测试者大致确定自己的职业价值观类型。在回答下列问题时,若自己认为"很不重要"记1分,"较不重要"记2分,"一般"记3分,"比较重要"记4分,"非常重要"记5分。请将答案记录于表3-14。

表3-14 职业价值观测量得分表

项目	价值观	所属项目	总得分	项目	价值观	所属项目	总得分
1	利他主义	2,30,36,46		8	经济报酬	3,22,39,50	
2	美感	7,20,41,52		9	社会交际	11,18,26,34	
3	智力刺激	1,23,38,45		10	安全感	9,16,19,42	
4	成就感	13,17,44,47		11	舒适	12,25,35,51	
5	独立性	5,15,21,40		12	人际关系	8,27,33,43	
6	社会地位	6,28,32,49		13	变异性	4,10,29,31	
7	管理	14,24,37,48					

(1) 你的工作必须经常解决新的问题。

(2) 你的工作能为社会福利带来看得见的效果。

(3) 你的工作奖金很高。

(4) 你的工作内容经常变换。

(5) 你能在你的工作范围内自由发挥。

(6) 工作能使你的同学、朋友非常羡慕你。

(7) 工作带有艺术性。

(8) 你的工作能使人感觉到你是团体中的一分子。

(9) 不论你怎么干,你总能和大多数人一样晋级和涨工资。

(10) 你的工作使你有可能经常变换工作地点、场所或方式。

(11) 在工作中你能接触到各种不同的人。

(12) 你的工作上下班时间比较随便、自由。

(13) 你的工作使你不断获得成功的感觉。

(14) 你的工作赋予你高于别人的权力。

(15) 在工作中,你能试行一些自己的新想法。

(16) 在工作中你不会因为身体或能力等因素,被人瞧不起。

(17) 你能从工作的成果中,知道自己做得不错。

(18) 你的工作经常要外出、参加各种集会和活动。

(19) 只要你干上这份工作,就不再被调到其他意想不到的单位和工种上去。

(20) 你的工作能使世界更美丽。

(21) 在你的工作中,不会有人常来打扰你。

(22) 只要努力,你的工资会高于其他同年龄的人,升级或涨工资的可能性比干其他工作大得多。

(23) 你的工作是一项对智力的挑战。
(24) 你的工作要求你把一些事务管理得井井有条。
(25) 你的工作单位有舒适的休息室、更衣室、浴室及其他设备。
(26) 你的工作有可能结识各行各业的知名人物。
(27) 在你的工作中，能和同事建立良好的关系。
(28) 在别人眼中，你的工作是很重要的。
(29) 在工作中，你经常接触到新鲜的事物。
(30) 你的工作使你能常常帮助别人。
(31) 你在工作单位中，有可能经常变换工作。
(32) 你的作风使你被别人尊重。
(33) 同事和领导人品较好，相处比较随便。
(34) 你的工作会使许多人认识你。
(35) 你的工作场所很好，比如，有适度的灯光，安静、清洁的工作环境，甚至恒温、恒湿等优越的条件。
(36) 在工作中，你为他人服务，使他人感到很满意，你自己也很高兴。
(37) 你的工作需要计划和组织别人的工作。
(38) 你的工作需要敏锐的思考。
(39) 你的工作可以使你获得较多的额外收入，比如，常发放实物；常购买打折扣的商品；常发放商品的提货券；有机会购买进口货；等等。
(40) 在工作中你是不受别人差遣的。
(41) 你的工作结果应该是一种艺术而不是一般的产品。
(42) 在工作中你不必担心会因为所做的事情领导不满意，而受到训斥或经济惩罚。
(43) 在你的工作中能和领导有融洽的关系。
(44) 你可以看见你努力工作的成果。
(45) 在工作中常常要你提出许多新的想法。
(46) 由于工作的关系，经常有许多人来感谢你。
(47) 你的工作成果常常能得到上级、同事或社会的肯定。
(48) 在工作中，你可能做一个负责人；虽然可能只领导很少几个人，你信奉"宁做兵头，不做将尾"的俗语。
(49) 你从事的工作，经常在报刊、电视中被提到，因而在人们的心目中很有地位。
(50) 你的工作有数量可观的夜班费、加班费、保健费或营养费等。
(51) 你的工作比较轻松，精神上也不紧张。
(52) 你的工作需要和影视、戏剧、音乐、美术、文学等艺术打交道。

得分最高的三项是：1. _____；2. _____；3. _____。
得分最低的三项是：1. _____；2. _____；3. _____。

从得分最高和最低的三项中，可以大致看出被调研人的职业价值观念倾向，在选择职业时就可以加以考虑。

（二）测评结果说明

本测试将人的职业价值观分为13种类型，各类型的基本含义见表3-15。

表 3-15 职业价值观各类型的基本含义

项目	价值观	所属项目	说明
1	利他主义	2，30，36，46	工作的目的和价值，在于直接为大众的幸福和利益尽一份力
2	美感	7，20，41，52	工作的目的和价值，在于能不断地追求美的东西，得到美感享受
3	智力刺激	1，23，38，45	工作的目的和价值，在于不断进行智力的操作，动脑思考，学习以及探索新事物，解决新问题
4	成就感	13，17，44，47	工作的目的和价值，在于不断创新，不断取得成就，不断得到领导与同事的赞扬，或不断实现自己想要做的事
5	独立性	5，15，21，40	工作的目的和价值，在于能充分发挥自己的独立性和主动性，按自己的方式、步调或想法去做，不受他人的干扰
6	社会地位	6，28，32，49	工作的目的和价值，在于从事的工作在人们的心目中有较高的社会地位，从而使自己得到他人的重视与尊敬
7	管理	14，24，37，48	工作的目的和价值，在于获得对他人或某事物的管理支配权，能指挥和调遣一定范围内的人或事物
8	经济报酬	3，22，39，50	工作的目的和价值，在于获得优厚的报酬，使自己有足够的财力去获得自己想要的东西，使生活过得较为富足
9	社会交际	11，18，26，34	工作的目的和价值在于能和各种人交往，建立比较广泛的社会联系和关系，甚至能和知名人物结识
10	安全感	9，16，19，42	不管自己能力怎样，希望有一个安稳的工作，不会因为奖金、加工资、调动工作或领导训斥等经常提心吊胆、心烦意乱
11	舒适	12，25，35，51	希望能将工作作为一种消遣、休息或享受的形式，追求比较舒适、轻松、自由、优越的工作条件和环境
12	人际关系	8，27，33，43	希望一起工作的大多数同事和领导人品较好，相处在一起感到愉快、自然，认为这就是很有价值的事，是一种极大的满足
13	变异性	4，10，29，31	希望工作的内容应该经常变换，使工作和生活显得丰富多彩，不单调、枯燥

探索与思考

1. 请论述价值观与职业发展的关系。
2. 通过学习，对自己的价值观进行澄清和排序。

模块四　探索职业和岗位

🌸 模块导读

对于大学生来说，并不是直到毕业才接触到工作世界和职业生活。尤其对于职业院校的学生而言，对于工作和职业，我们既熟悉又陌生。熟悉是因为我们会从家庭、周边、兼职等多种情境中了解到工作和职业；陌生是因为我们如此熟悉却从来没有真正进入工作实践和职业角色之中。那么什么是职业？什么是专业呢？年轻的马克思在中学毕业时写下了《青年在选择职业时的考虑》。17岁的马克思认为，人的使命"绝不是求得一个最足以炫耀的职业"，青年人应该在对自己兴趣、目标，甚至体质进行理性综合思考的基础上，选择一种"能使我们最有尊严的职业"，选择一种"建立在我们深信其正确的思想上的职业"，选择一种"给我们提供广阔场所来为人类进行活动、接近共同目标的职业"。对于这个充满理想光辉的目标来说，一切职业都不过是手段而已。

正确解读职业生活和工作世界，是做好职业生涯规划的前提。探索职业生活和工作世界的过程，是认知职业的最基本的实践。

21世纪的职业世界

国家职业资格目录
（2021年版）

8.2万个社区专职岗位
面向高校毕业生开放

4.1 职业和专业

 **名人名言**

没有了工作,生命就会腐蚀,但工作若失去意义,生命就会窒息、停止。

——阿尔巴特·卡马斯

1. 认识职业的概念、特点及发展趋势。
2. 了解职业资格和职业技能等级。
3. 能进行职业探索并撰写典型职业生涯人物访谈报告。

周洪的职业准备

大二学生周洪想在上海某个企业获得人事助理的职位,经过调查,他了解到这类型职位的要求是:必须掌握人力资源管理系统的理论知识;具备助理人力资源管理师的证书;而且还需具备一定的人力资源管理的实践经验。

周洪在剩余时间里,着手探索人事助理职位的要求,培养相关职业素质,考取助理人力资源管理师证书,掌握人力资源管理系统理论知识,进入名企实习积累实践经验,参加社团活动培养自己的组织能力和沟通能力等。毕业后,他如愿进入上海一家名企从事他所期望的人事助理职位,初步实现"人职匹配"。

分析: 过去,大多数中国学生对社会上各行各业所知甚少,"职业"对于他们来说,还是一个非常遥远的概念。

目前,科技的高速发展使工作专精化。如果对工作世界未有明确认知,将无法了解工作的意义,对未来工作更加无从选择。职业认知是生涯发展的首要任务,大学生应认识与探索各种职业的工作,培养从事各种职业工作的基本能力;根据个人兴趣与能力,完备职业所需的知识与技术,使个人素质适应于工作世界。

一、职业及其发展变迁

职业是指人们从事的相对稳定的、有收入的、专门类别的工作。职业是某种精细的、专门的社会分工,能反映一个人的社会身份、社会地位、知识、能力、素质水平等。换言之,所谓职业,就是以生计维持、社会角色分担、个性发挥和自我实现为目的,持续进行的劳动或工作。

(一)职业的特性

1. 社会性

首先,职业是一种社会历史现象,是劳动者进行的社会生产劳动,所以职业是社会的职业。其次,职业劳动创造社会财富,为社会发展奠定了物质基础。最后,职业是劳动者获得的社会角色,劳动者必须遵守社会结构中对某一社会角色的规范。

2. 经济性

职业以获得经济收入、取得报酬或寻求发展为目的,这是职业活动区别于其他活动的重要标志。人们在取得个人经济利益的同时,也会为社会创造财富。劳动者以获得的劳动报酬来维持家庭生活,这也是保持整个社会稳定的基础。

3. 技术性

如前所述,职业是社会分工的产物,是一种专业化的社会劳动岗位。专业化意味着技术性,不同的职业,对从业人员的技术性要求也不同。随着社会化分工的发展,职业的技术性越来越强。

4. 规范性

职业的规范性体现为职业行为规范和职业道德规范。职业行为规范是指从事一定职业的人员的行为标准,该规范可以由组织正式规定,也可以是非正式形成的。从业人员在职业活动中还应遵守一定的道德准则。不符合社会公序良俗的所谓工作,不能被称为职业。

5. 时代性

职业的时代性体现在不同时期、不同时代会出现不同的热门职业。以我国为例,曾出现过"参军热""下海热""考公务员热"等,这都反映出特定时期人们对某种职业的热衷程度。

6. 稳定性

虽然职业具有时代性,会随着时代的发展而演变,但这种演变一般是渐进的。职业的劳动内容和行为模式都是相对稳定的,由此职业劳动者也有了稳定的职业形象。

(二)职业的变迁与发展

职业随着时代的发展在不断变化,职业的变迁与人类社会的发展紧密相连,从一个侧面折射出时代的进步,反映了人类社会的发展与进步。

影响职业变化发展的因素包括社会及管理的变革、技术变革、经济发展、产业及行业的演变等。当今世界范围内职业发展的态势有以下方面:一是由单一、基础型向跨专业、复合型转化;二是由封闭型向信息化、开放型转化;三是由传统工艺型向智能型转化;四是由继承型向创新创造型转化;五是服务型职业由普通低端向个性化、知识型转化;六是职业活动趋向绿色、可持续、低碳。

互联网等新经济行业的快速发展,为新兴职业的产生提供了良好的市场环境,创造了新的生机和活力。

(三)新职业

产业的不断细分,导致社会分工越来越明确,对从业人员的专业要求也越来越高。我国的新职业正以惊人的速度产生着,这些新职业的开发和评定,并不仅仅以职业的冷热程度和从业人数的多少为标准,更重要的是考虑这个职业是否具备了较高的技能性,是否具有向大众推广的可行性,以及这个职业将产生的社会影响和价值。这些新职业主要分为两种情况:一是全新职业,就是随社会经济发展和技术进步而形成的新的社会群体性工作;二是更新职业,是指原有职业内涵因技术更新产生较大变化,从业方式与原有职业相比已发生质的变化。

新涌现出来的大批新职业,主要集中在第一、第二产业的高新技术领域和蓬勃发展的第三产业。

早在2004年8月,我国已经建立新职业发布信息制度,陆续颁布了12批122个新职业,取得了较好的社会效果,引起了社会各界的广泛关注。后来,随着《职业分类大典》修订工作启动,新职业发布暂停。随着新一轮科技革命和产业变革不断加速演进,新产业、新业态新模式层出不穷,在我国经济社会发展和劳动者就业创业实践中,逐渐出现一些从业人员数量较多、社会影响较大的新职业。《国务院关于推行终身职业技能培训制度的意见》提出"紧跟新技术、新职业发展变化,建立职业分类动态调整机制,加快职业标准开发工作"。2019年,人力资源和社会保障部、市场监督管理总局、统计局正式向社会发布了数字化管理师、人工智能工程技术人员、物联网工程技术人员等13个新职业，这些职业都吸引了大量的就业人群，是广大青年学生实现自身职业理想的新战场。

行业新风口？

调饮师、易货师、碳排放管理员……日前，我国陆续发布了多个新职业。在新技术的支撑下，经济快速发展，生活日新月异，一批新产业应运而生，反而拓展了就业空间。新技术在可能减少一批岗位需求的同时，也在创造更多新岗位。以最新的这批新职业为例，服务机器人应用技术员、集成电路工程技术员、智能硬件装调员、工业视觉系统运维员等数字化技术发展和变革催生出的新职业。新职业不仅数量多，而且每个新职业的"含金量"更高，前景更广阔。以服务机器人应用技术员为例，如今能自己坐电梯送餐的机器人、会做菜的机器人、会调咖啡的机器人等各种新型服务机器人频频出现，但每台服务机器人都需要经过技术员的安装、调试，才能适应工作场景，高效工作。服务机器人或许替代了一些体力劳动职位，却创造了知识含量更高、薪酬水平更高的新职位，带来了新的就业机会。新产业还让不少老手艺"摇身一变"，迎来新的春天。十几年前遍布街头的自行车修理匠，曾被认为是即将淘汰的职业。然而共享单车的出现，让自行车修理匠再次热起来，被各家共享单车企业招入麾下，成为重要岗位。在这个日新月异的大时代里，技术在革新、产业在升级、生活在改善、环境在变美……每一个变革都带来新的就业机会。酒店试睡师、微电影策划、私人旅行策划师、云客服，这些新奇的职业，10年前尚不存在，如今却是不少企业争相招聘的当红工种。在创新驱动发展战略的引领下，新经济蓬勃发展，使新职业涵盖了制造、餐饮、建筑、金融、环保、新兴服务等多个行业，又成为这些产业不断蝶变的推动力。未来5年，我国对供应链管理师的需求总量将达600万人左右，对农业经理人的需求总量达150万人左右，无人机驾驶员需求量近100万人，工业机器人系统运维员需求量125万人左右。

分析： 在新旧动能加速转换的背景下，新职业的涌现速度比以往任何时候都更快，这就需要积极引导劳动者及时转变观念，学习新技能，跟上时代进步的步伐。职业的变迁，让我们看到变化中孕育的新机遇。

二、职业、产业、行业分类及关系

（一）职业分类

职业分类主要是以工作性质的同一性为基本原则，对社会职业进行的系统划分与归类，对社会从业者所从事的工作进行全面和系统的划分。职业分类广泛应用于社会统计、信息服务等方面，对就业选择和职业培训有着重要影响。

我国第一部《中华人民共和国职业分类大典》颁布于1999年。2015年，国家人力资源和社会保障部完成《中华人民共和国职业分类大典（2015年版）》（如图4-1所示），新版《中华人民共和国职业分类大典》职业分类结构为8个大类、75个中类、434个小类、1481个职业（见表4-1）。

图4-1　中华人民共和国职业分类大典（2015）

表4-1　《中华人民共和国职业分类大典（2015年版）》类目表

大类	名称	中类	小类	细类（职业）
第一大类	党的机关、国家机关、群众团体和社会组织、企事业单位负责人	6	15	23
第二大类	专业技术人员	11	120	451
第三大类	办事人员和有关人员	3	9	25
第四大类	社会生产服务和生活服务人员	15	93	278
第五大类	农、林、牧、渔业生产及辅助人员	6	24	52
第六大类	生产制造及有关人员	32	171	650
第七大类	军人	1	1	1
第八大类	不便分类的其他从业人员	1	1	1

（二）产业和行业分类

1. 产业

经济学中将产业定义为国民经济中基于共同标准划分的部分的总和，又是具有相同性质企业或组织群体的集合。目前在国际上普遍流行的是按照人类生产的历史进行三次产业划分。

第一产业是指靠人类自身的体力劳动直接从自然界取得初级产品的生产部门，如农业、畜牧业和林业等，其产品用于满足人们的基本生活需要。

第二产业是指把第一产业获得的原料加工成各种物品的活动，即对工农业产品进行再加工的生产部门，如制造业、建筑业等，产品通过加工，其形态发生了显著的变化，一般不再保留原来的自然物质形态。

第三产业是指人们为生产、生活和社会发展提供产品交换和服务的部门，第三产业包含商业、邮电通信业、交通运输业、房地产业、文教卫生事业等门类。

2. 行业

行业是指其按生产同类产品或具有相同工艺过程或提供同类劳动服务（即经济活动同质性）划分的企业或组织群体的集合，如饮食行业、服装行业、机械行业等。

我国的《国民经济行业分类》国家标准于 1984 年首次发布，在第四次修订后于 2017 年 10 月 1 日实施。当前我国新行业分类共有 20 个门类、97 个大类、473 个中类、1 380 个小类，见表 4-2。

表 4-2　产业行业对照简表

三次产业分类	《国民经济行业分类》（GB/T 4754—2017）	
第一产业	A	农、林、牧、渔业
第二产业	B	采矿业
	C	制造业
	D	电力、热力、燃气及水生产和供应业
	E	建筑业
第三产业（服务业）	F	批发和零售业
	G	交通运输、仓储和邮政业
	H	住宿和餐饮业
	I	信息传输、软件和信息技术服务业
	J	金融业
	K	房地产业
	L	租赁和商务服务业
	M	科学研究和技术服务业
	N	水利、环境和公共设施管理业
	O	居民服务、修理和其他服务业
	P	教育
	Q	卫生和社会工作
	R	文化、体育和娱乐业
	S	公共管理、社会保障和社会组织
	T	国际组织

（三）产业、行业、职业的关系

产业、行业、职业三者之间联系密切，既有相同点，又有区别。产业、行业、职业都是社会分工的产物，是社会生产力不断发展的必然结果。这是它们在本质上的共同点。在社会发展中，随着新技术的出现，产生了新产品及相应职业的从业人员。随着新产品的生产及相应从业人员数量的不断扩张，新的行业逐渐形成。当新行业发展到一定规模时，就会与其他相关行业进行整合，依据发挥作用的程度并入或形成新的产业。

产业的着眼点是生产力布局的宏观领域，体现的是以产业为单位的生产力布局上的社会分工，产业由行业组成。行业的着眼点是企业或组织生产产品的微观领域，体现的是以行业为单位的产品生产上的社会分工，行业由企业或组织组成。职业的着眼点是组织内工作人员的具体工种，体现的是以人为单位的劳动技能上的社会分工。产业（行业）的分类依据是经济活动的同质性，而职业分类的依据是工作性质的同一性，前者属于生产活动领域，后者属于人力资源开发领域。

三、职业资格和职业技能等级

（一）职业资格管理

职业资格是对从事某一职业所必备的学识、技术和能力的基本要求，反映了劳动者为适应职业劳动需要而运用特定的知识、技术和技能的能力。

在我国推行职业资格证书制度，是实施"科教兴国"战略的一项重要举措，也是人力资源开发的重要手段。中共中央《关于建立社会主义市场经济体制若干问题的决定》指出："要制定各种职业的资格标准和录用标准，实行学历文凭和职业资格两种证书制度。"《中华人民共和国职业教育法》明确规定："实施职业教育应当根据实际需要，同国家制定的职业分类和职业等级标准相适应，实行学历证书、培训证书和职业资格证书制度。"这些都为推行职业资格证书制度提供了法律依据。

2021年12月，纳入《国家职业资格目录》的共有72项职业资格，包括59项专业技术人员职业资格和13项技能人员职业资格。这些职业资格基本涵盖了经济、教育、卫生、司法、环保、建设、交通等重要的行业领域，符合国家职业资格设置的条件和要求。

（二）职业资格证书的考核与等级

对于国家职业资格目录内的技能人员职业资格，采取职业技能鉴定的方式来对申报人员的能力水平进行认定。认定依据国家职业技能标准、职业技能鉴定规范

（即考试大纲）和相应教材来进行，并通过编制试卷来进行鉴定考核。

职业技能鉴定分为知识要求考试和操作技能考核两部分。

根据职业活动范围、工作内容、技术含量、工作责任及数量和质量要求等要素，我国将职业资格划分为不同的等级。我国的国家职业资格证书制度的等级设置，分为5个级别，即国家职业资格五级、国家职业资格四级、国家职业资格三级、国家职业资格二级和国家职业资格一级。五级、四级、三级分别对应技术等级的初、中、高级；二级和一级分别对应技师和高级技师，如图4-2所示。

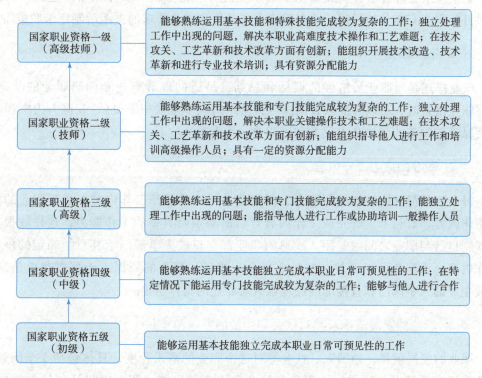

图4-2 我国职业资格证书等级体系结构示意

因此对于任何一个进入高职院校的学生都必须首先对自己的专业有详细的了解，熟悉本行业发展趋势，明确专业课对应的就业岗位，以及岗位的职业要求。所学专业和相关职业资格有关联的，应争取在校期间就参加职业技能鉴定，获取相应的国家职业资格证书（一般建议为三级或四级）。

（三）技能人才评价改革

建立科学的技能人才评价制度，对于加强职业技能培训，提高劳动者素质，促进劳动者就业创业，激励引导技能人才成长成才具有重要作用。2019年，《人力资源和社会保障部关于改革完善技能人才评价制度的意见》（人社部发〔2019〕90号）正式发布，旨在健全完善技能人才评价体系，形成科学化、社会化、多元化的技能人才评价机制，为实施职业技能提升行动，建设知识型、技能型、创新型劳动者大军做好支持服务。

四、职业探索的内容和方法

（一）主要内容

职业探索是对自己喜欢或要从事的职业进行理论分析和实际调研的过程，目的是对目标职业有充分的了解，并在明确自身条件和职业要求的差距后制定求职策略。

1. 职业描述

职业描述是对职业最精练的概括和总结，是透彻理解职业和调研职业的基础。编写职业报告时，可以参照联合国国际劳工组织《职业展望手册》、我国人力资源和社会保障部颁布的《中华人民共和国职业分类大典》。

2. 职业的核心工作内容

每个职业都有核心的工作职责，职责背后对应的就是工作内容。了解职业的核心工作内容，有利于了解完成工作内容背后所必须要具备的工作能力，这样就很容易找到自己与职业之间的差距。成熟的职业都有权威人事部门给其总结确定的核心工作内容，求职者可以请教一些行业协会，或是从职业的资深人士那里获得信息。一般企业的人事部门和直接部门经理也有对职业的具体感悟。

3. 职业的发展前景及其对社会和生活的影响和作用

职业的发展前景，是国家、社会等对这个职业的需求程度，具体包括3个问题：职业在国家阶段发展的作用、职业对社会和大众的影响、职业对生活领域的影响。就是说，不仅仅要了解这个职业对国家、对社会、对行业的作用，也要了解这个职业对大众和生活的影响、声望度及人们对其依存度如何。

4. 薪资待遇及潜在收入空间

职业是社会分工的产物，职业根据参与社会分工的量来确定相应的报酬。能赚多少钱是大家都关心的话题，很多人会把赚钱多少作为择业的关键因素，所以在考量职业时，也要调研职业的薪资状况。

5. 岗位设置及不同行业、企业间的差别

一般来说，一个职业有一系列的岗位划分，而不同行业、不同性质、不同规模的企业对岗位的划分和理解也有很大不同，可能同一个名称的职位其工作内容却完

全两样。了解职业的岗位设置，能加深对职业外延的理解，有针对性地将岗位需求与个人能力进行比较。一般来说，求职者可以从权威人事网站、职业分类大典、业内资深人士那里获得某一职业的具体岗位设置情况。

6. 入门岗位及其职业发展道路

入门岗位是指面对应届毕业生开放的某职业的一些中低端岗位。应届毕业生需要了解这些岗位对应的日后职业发展道路是什么，这个岗位有哪些发展途径，最高端岗位是什么等。

7. 职业标杆人物

职业标杆人物就是在这个领域做得最好的人。求职者应了解他是怎么获得成功的，取得了什么成绩，遇到了什么困难，具备什么素质等。每个职业都有一流的人物，研究职业标杆人物，可以让自己了解他的奋斗轨迹，加深对相应职业的了解，也会让求职者找到在这个职业领域奋斗的途径。

8. 职业的"典型一天"

职业的"典型一天"一般要通过访谈了解。通过访谈可以了解某一职业从业者的一天是如何度过的。了解职业的"典型一天"是判断自己是否适合这个职业的重要参考。如果一个人一直向往某一职业，但从业者所描绘的"典型一天"却是他无法接受的，那么就需要冷静审视自己的职业理想了。

9. 职业通用素质的要求及其入门的具体能力要求

职业通用素质要求是指从事这个职业的一般的、基本的要求。其中，较主要的是个人通用素质能力，就是能把这个工作做好所要具备的能力。对职业素质要求的了解，可以帮助人们判断自己是否能够胜任此项工作，以及还有哪些需要加强和补充的方面。

10. 工作思维方式

正确的工作方式和思维方式是做好、做精工作的保证。这是一个职业对从业者的"内在"要求。是否符合职业的"内在"要求是判断人职匹配程度的核心标准之一。因此，当对职业的方方面面深入考量后，最后一关就是对职业所要求的内在素质进行盘点。岗位描述中的任职资格会有胜任岗位的内在素质要求，业内普遍认为的个人素质也可作为参考依据。另外，还要考虑到不同行业、不同类型企业的差异。

（二）职业生涯人物访谈

一般来说，可以通过网络进行职业探索。行业组织或企业的网站是最值得加以关注的，实地参观、实习、职业体验、角色扮演、关注招聘会和新闻媒体信息等都是常用的辅助方法。职业生涯人物访谈则是一种较为便捷、准确、科学的方法。

职业生涯人物访谈，是通过与一定数量的职场人士（通常是自己感兴趣的职业从业者）会谈而获取关于某个行业、职业和单位"内部"信息的一种职业探索活动。职业生涯人物访谈作为一种获取职业信息的有效渠道，能帮助求职者（尤其是在校大学生）检验和印证自己之前通过其他渠道获得的信息，并了解与未来工作有关的特殊问题或需要，如潜在的入职标准、核心素质要求、晋升路径和工作者的内心感受。这些信息也是通过大众传媒和一般出版物得不到的。通过职业生涯人物访谈，在校大学生还能正确认识到自己的优势和不足，以便自己更加清楚地定位职业角色以及发现未来职业发展的切入点，制订更加合理的大学学习、生活和实习计划；而且，还可以和访谈人物建立长期联系，扩充自己的人脉。

案例4.2

职业生涯人物访谈参考提纲。

1. 在这个工作岗位上，您每天具体做哪些工作？
2. 您当初是如何找到这份工作的？
3. 最近这个行业和工作因为科技进步、经济的全球化发生了什么变化吗？
4. 该职业需要什么样的人？
5. 到本领域工作的前提是什么？
6. 对于初入职场者来说，做什么职位最能学到东西？
7. 本领域初级职位和略高级职位的薪水各是多少？
8. 本领域的发展机会如何？
9. 什么样的个人品质或能力对本工作的成功来说最重要？
10. 您认为将来本行业的发展中存在的最不利的因素是什么？
11. 对于一个即将进入该行业的人，您能不能提出一些意见和建议？
12. 您认为做好这份工作应该具备哪些知识、技能和经验？
13. 本工作需要什么特别的教育或者培训背景吗？
14. 您能给我再推荐些访谈对象吗？当我打电话给他（她）的时候可以说是您介绍的吗？
15. 据您所知，有什么职业杂志、行业网站或其他渠道能帮助我深入了解这个领域？
16. 从事这份工作实现了您的人生价值吗？家庭对您现在的工作满意吗？
17. 就您的工作而言，您最喜欢什么？最不喜欢什么？
18. 您在做这份工作时，什么是最成功的？什么最有挑战性？

19. 男女工作者在这份工作上机会均等吗？

20. 据您所知，从事这种工作的人在单位或者行业内发展的前景怎样？

21. 公司为刚进入该领域的员工提供哪种培训？

22. 根据您对我的教育背景、知识和技能的了解，您认为我在做出最终决定之前，还应在哪个领域、什么样的工作上进行深入的调查研究呢？

23. 您为什么选择这个职业？

(三) 目标职业分析

目标职业分析是对自己已经选定的职业进行多角度分析。目标职业分析应包括：目标职位名称、岗位说明、工作内容、任职资格、工作条件和就业与发展前景等。因而，我们在全面认识了解自己的同时，还必须充分考虑目标职业环境的需求和变化趋势，清楚地认识目标职业环境的特征，通过评估职业机会来谋求个人职业生涯的发展和成功。

下面以企业人事主管为例说明如何进行目标职业分析。

案例4.3

企业人事主管的目标职业分析

（一）岗位名称：企业人事主管。

（二）岗位说明：人事主管的工作以人力资源引进与管理为重心，是一个协助带动整体运作的职能部门。

1. 负责员工招募工作，对部门缺员进行推荐；
2. 负责执行及规划员工培训工作；
3. 考核员工的绩效，并提出改进的建议；
4. 负责档案的整理、记录、收集、存档和保管工作；
5. 确保有关人事规定遵循政府有关部门的劳动法规；
6. 落实员工薪资核发及福利金、奖金等的正确发放；
7. 协助各部门人事及预算的控管；
8. 负责监督检查公司各部门、员工执行规范的情况。

（三）工作内容：

1. 制订、执行公司人力资源规划；
2. 制定、执行、监督公司人事管理制度；
3. 招聘：制订招聘计划，策划招聘程序，组织招聘工作，安排面试、复试、综合素质测试；
4. 绩效考评：制定考评政策，统计考评结果，管理考评文件，做好考评后的沟

通工作，辞退不合格员工；

5. 激励与报酬：制定薪酬政策、晋升政策，组织提薪评审、晋升评审；

6. 公司福利：制定公司福利政策，办理社会保障福利；

7. 人事关系：办理员工各种人事关系的转移；

8. 教育培训：组织员工岗前培训，协助办理培训进修手续；

9. 与员工进行积极沟通，了解员工工作、生活情况。

（四）任职资格：除了个人应具备的职业素质和工作经验以外，还应具备人力资源管理方面的资格证书。

（五）就业和发展前景：人力资源管理在国内虽然起步较晚，但是发展迅速。就业方面还有很大空间，很多公司企业都要求这方面的人才来进行人力资源管理。

用人单位普遍需要的是有经验的人力资源管理人员，人力资源管理关键在于操作，学习成绩只是对念书勤奋与否的考察，在应聘中应主要强调自身的实干优势，突出自身的实践能力。

五、职业与专业

专业是指高等学校根据国家建设及社会专业分工的需要而设立的学业类别，各个专业都有独立的教学计划，以实现专业的培养目标和要求。专业学习能够帮助大学生科学地确定自己职业发展的目标，是一个人实现由学生向职业人转变的连接点。

教育部颁布的《职业教育专业目录（2021年）》中设有职业教育的专业大类共有19个，高职专科专业744个，高职本科专业247个。

从学（专）业与职业的相关性来讲，它们并不都是一一对应的关系，而是呈现出一对一、一对多、多对多等非常复杂的相关关系。

专业探索，其实就是在对本专业调研中了解毕业后能从事的职业，从而有效地规划大学生活。专业探索分为对本专业的探索和对自己喜欢的专业的探索，目的都是有效充分地利用大学时间来有针对性地为就业而学好专业，做好准备。

会计职业典型生涯人物访谈报告

访谈时间：2022年×月×日

访谈方式：当面沟通

访谈人：小翔

被访谈人：王女士

被访谈人简介：某银行财务会计，也曾在企业做过财务相关工作访谈记录：

问1：您好！请您对您现在所从事的工作做一个简单的介绍，比如工作性质、工作内容以及工作环境等。

会计的主要工作内容是管理和监督财务，包括填制各种记账凭证、编制会计报表、管理会计档案、处理账务等；并对经营成果和财务状况进行财务分析，提出管理建议，使公司账目清晰，资金得到合理运用；另外对会计核算、财务管理和预算执行情况进行监督。工作环境在室内，有独立的办公场所，所以还是非常不错的。

问2：能简单描述一下您对自己这份工作的评价和感受吗？

我在财务岗位上工作多年，对财务工作还是非常热爱的。会计工作涉及的规定、制度很多，并且财务工作要求具有很强的时间性，有时为了能按时完成任务，要几项工作同时进行。如果不能合理地安排好时间，工作起来就会没有头绪，效率很低。会计工作的特点是工作量大、内容多、涉及的面广，有些内容不容易记忆。这时就需要有一个小本子，把一些新东西、工作要点和注意事项随时记录下来，以备以后查询。在工作时，还要积极动脑思考，善于总结经验和不足，不断改进和提高工作质量和工作效率。

问3：您是如何找到这份工作的？参加工作后遇到了哪些难题？

通过校园招聘我找到了自己的第一份工作，之后又继续学习，通过面试得到现在的银行工作。参加工作后最大的难题就是：刚刚毕业，缺乏实践经验，对业务不够熟悉，因此工作效率很低，有时也会出错。但是随着对工作的不断熟悉，财务处理能力不断提高，这个问题也就不存在了。

问4：从事财务方面的工作需要哪些能力？对个人素质方面有什么要求？

做好财务工作，要具备一定的会计专业基本知识和基本技能，要对税法、财务成本管理等知识融会贯通，熟练运用，而且需要及时更新知识，以适应新的法规、制度。财务与会计人员的核心技能对事业发展至关重要，技术能力、分析技能、沟通能力、成本分析等各项技能在个人的职业过程中也是必不可少的。

问5：现在学会计的人这么多，各大学本科都有会计专业，中专、大专也有不少。您认为我们需要接受怎样的教育、培训和经验，才能更具有竞争力呢？

会计刚进入企业是没有特定的培训的，不过每年会组织会计进行再教育学习。做好财务工作，要具备一定的会计专业基本知识和基本技能，并取得会计任职资格证书，具有初级以上职称、三年以上工作经验，或具有中级以上职称，有一定的沟通协调能力，对税法、财务成本管理都要有一定的了解。从事会计这份工作，首先应具备一定的会计基本知识，当然主要还是在工作岗位上的实践，要不断地在实践中提高自己——可以通过培训，也可以自学。现在有很多网上学校，可以去听课，名师们讲得都不错。随着全球经济一体化，会计知识也在不断更新，计算机技术

也运用到这个领域,这就要求会计人员要不断地适应新形势的发展,更新知识、技能和经验。

问6:行业或单位一般会为刚进入会计领域工作的员工提供哪些培训,使他们能更好地进入工作状态?

进入会计工作领域,首先要通过会计资格考试并取得证书,这是最基本的要求。会计电算化证,同时也要具备。进入领域后,要随职位的变化,取得助理会计师资格证、会计师资格证等。从业后,单位会组织学习本公司章程、财会法规等,了解本单位的会计核算情况,每年都有会计专业技术资格考试。

问7:据您所知,从事这个工作的人在单位或者行业内的发展前景怎样?人才供求关系怎样?

从事财会工作的人员,在单位或行业的发展前景还是可以的,但目前财会行业就业现状是国内会计业人才结构的矛盾日益突出。普通和初级财务人员明显供大于求,高级管理人员相对较少,注册会计师队伍的人才缺口还很大,高端财务人才成为企业紧缺的人才。

问8:您对未来工作有什么规划吗?对我还有什么建议吗?

首先,在做好本职工作的基础上,我当然希望随着自己能力的不断提高,在工作岗位上有进一步的发展。同时,我也会把重心更多地放在我的家庭生活上,做一个好妻子、好妈妈。

今天你来采访我,我非常高兴,相信未来你从事财务工作还是有着很好的发展前景的。我希望你能把握好大学的时光,好好享受青春的美好;同时也希望你能好好努力,不断提高自己的竞争力,使自己能在众多的会计毕业生中脱颖而出。

访谈小结:针对自己职业生涯规划的中期目标,我对从事财务会计工作的王阿姨进行了人物访谈。通过与她的交谈,我对财务会计工作的内容、性质以及企业对财务工作者的相关要求有了较为明晰的了解。每一份事业都需要从最基础的工作做起,因此在中期目标的实现过程中,我要针对相关要求,寻找差距,不断完善自己,提升自己的竞争力,为今后的发展打好基础是非常重要的。

 活动与训练

职业分析清单

一、目标

帮助我们尽可能了解职业的信息①。

---

① 陈德明,祁金利. 大学生生涯规划与管理 [M]. 北京:高等教育出版社,2008:62.

二、规则与程序

活动：选择一个与本专业有关的职业，通过网上查阅资料、课堂讨论回答以下的 8 大类问题，从而准确地了解该职业（建议时间：30 分钟）。

1. 工作性质

    （1）这一职业所满足的需要，该工作的目的工作中主要的职责；

    （2）该职业所生产的产品或提供的服务，该职业中的专业细分；

    （3）该职业所使用设备、工具及其他辅助物品。

2. 所需的教育、培训和经验

    （1）准备进入该职业所要求的或有用的大学或高中课程；

    （2）进入该职业所需要的工作经验；

    （3）教育培训或者工作的地点、时长、岗位；

    （4）由雇主所提供的在职培训。

3. 要求的个人资历、技能和能力

    （1）一个人要进入该行业所需的能力技能或能力倾向；

    （2）职业所要求的体力（如举起重物、长时间站立）；

    （3）其他的身体要求（如良好的视力或听力、非色盲、能攀爬等）和个人兴趣（与数据人或者事物打交道）；

    （4）特殊的品质或气质，需要达到的标准（如一分钟至少能打 60 个字）；

    （5）执照和证书或其他法律上的要求；

    （6）必需的或有益的特殊要求（如懂得一门外语）。

4. 收入薪酬范围的福利

    （1）所赚的钱（起薪平均工资和最高薪酬，由于所在地区有所不同）；

    （2）通常提供的福利（退休金、保险、假期、病假等）。

5. 工作条件

    （1）物质条件和安全（办公室、工厂、户外、噪声、温度）；

    （2）工作时间安排（小时，白天或晚上加班季节性工作）；

    （3）发挥主动性、创造性、自我管理和得到学识的机会；

    （4）需要工作者自备的设备、物品和工具；

    （5）作为参加工作的条件之一，要求具备职业资格；

    （6）该职业的监督或管理类型；

    （7）雇主对着装的要求或偏好；

    （8）出差方面的要求；

    （9）在该职业中工作者可能遭受的歧视；

    （10）工作组织的类型（公司、社会公共机构、代理机构、企业、雇用此类工作者的行业，自我雇佣的机会）；

    （11）职业地理位置分布（全国性的或只存在于某个特定地区或城市）。

6. 该职业中典型人群及其特征

    （1）支配该职业环境的人或该行业中大多数人的人格特征；

(2) 年龄范围、男性和女性的比例、学历层次；

(3) 外籍人士的比例及岗位、少数民族工作者的数量。

7. 就业和发展前景

(1) 进入该行业的通常方法；

(2) 在地方、省和全国范围内的就业趋势；

(3) 提升的机会，职业阶梯（你从哪里开始，什么时候能达到什么位置）；

(4) 该行业中工作的稳定性。

8. 个人满意度

(1) 该职业所体现的价值（高收入、成就、安全感、独立性、创造性、休闲和家庭生活的时间、变化性、帮助他人、社会声望、认可）。这些工作价值中的哪些符合你的价值观？

(2) 他人和社会对于该职业的地位和看法是什么？关于这种职业他们喜欢什么，不喜欢什么？

 探索与思考

> 1. 你认为"一个人只要努力奋斗、前进不止，不一定非要进行学业规划"这个观点正确吗？请结合你的亲身经历或有关案例进行说明。
>
> 2. 十年前的就业形势和当今有很大的差异，伴随科技的进步，一定会诞生很多新的职业，特别是现在开启的人工智能时代。请通过查找资料，感受十年中职业的变化，同时谈谈感受。

模块四
探索职业和岗位

4.2 组织和岗位

名人名言

如果你是一滴水，你是否滋润了一寸土地？如果你是一线阳光，你是否照亮了一分黑暗？如果你是一颗粮食，你是否哺育了有用的生命？如果你是一颗最小的螺丝钉，你是否永远坚守在你生活的岗位上？

——摘自《雷锋日记》

 学习目标

1. 了解组织的类型。
2. 了解企业的类型并能进行企业探索。
3. 了解岗位的概念并能进行岗位探索。

 **导入案例**

某公司的招聘广告

一、基本条件

1. 国内公办全日制普通高等院校统招的具有派遣资格的应届毕业生，毕业生必须取得相应的毕业证书。

2. 所学专业为石油化工类主体专业，品行端正，综合素质好，身体健康，热爱煤化工事业，能适应生产一线工作需要。

3. 学习成绩和综合测评在本专业居于平均水平以上，专业课成绩良好。

4. 优先引进学习成绩优异、获得过省（市）级以上荣誉称号和校级以上奖学金、参加重大比赛并获主要奖励、取得过相应等级的职业技能资格证书、担任过学生干部的优秀毕业生。

二、薪资待遇

实习培训期：税前 7 000～8 000 元/月，每年薪资有一定幅度的增长。正式上岗

后执行岗位绩效工资制度，提供具有市场竞争力的薪酬。

三、福利待遇

1. 五险一金（养老、医疗、失业、工伤、生育保险和住房公积金），同时提供补充养老保险。

2. 免费提供住宿及工作餐。

3. 提供疗养补贴、保健津贴、夜班津贴、交通补贴、通信补贴、高温补贴等。

4. 发放重要节假日礼金和生日礼品。

5. 法定年休假、探亲假、婚丧假、产假、病事假等完善的节假日管理制度。

6. 免费定期体检等。

四、其他

1. 招聘专业：化工工艺、化工机械、高分子材料、电气自动化、仪表自动化、工业分析与检验、给排水、环境工程（水处理）、热能工程等化工类及相关专业。

2. 招聘、录用工作程序：

（1）与学校进行洽谈，达成订单培养意向。

（2）发布招聘公告，收集应聘大学毕业生简历。

（3）招聘单位对简历进行审核，确定面试人员名单。

（4）进行面试，必要时增加笔试。

（5）确定意向人员，与所在学校签订订单培养协议。

（6）会同学校与意向人员签订三方协议。

（7）会同学校对意向人员进行为期一年的培训与考核。

（8）订单培养结束前一个月，会同学校对意向人员进行考核，考核合格者办理正式录用手续，签订三方协议。

（9）毕业生正式毕业的当年7月，正式录用的大学毕业生入职报到。

分析：企业对大学毕业生的招聘条件，充分体现了企业对大学毕业生的专业、职业技能的要求。因此，大学生应关注拟从事工作岗位的招聘要求，分析其需要的技能，为就业做好准备。

职业是劳动者的社会角色，也是一个人赖以谋生的工作。而工作世界是一个系统，了解工作世界不仅要了解职业、行业等，还要了解组织和岗位。本节将具体细化到工作岗位，通过对其分析揭秘工作世界的面纱。

一、组织机构（用人单位）的类型

组织（在本书中也称"用人单位"）就是指人们为实现一定的目标，互相协作结合而成的集体或团体，如党团组织、工会组织、企业、军事组织等。这里所指的组织主要指的是学生就业的组织,对于即将步入职场的大学生而言,不同的就业组织对于不同人才的需求也不同(如图4-3所示)。

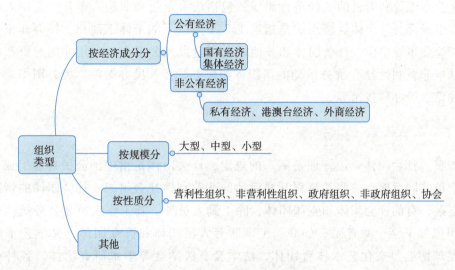

图4-3 学生就业组织类型图

当前,适用《劳动法》的用人单位主要包括以下4种:

1. 国家机关

国家机关是指中央和地方的各级行政管理部门。它包括国家权力、行政、司法、军事等各方面的机关。国家权力机关是指各级权力机构,如全国人民代表大会,省、自治区、直辖市人民代表大会,市、县、自治县、旗人民代表大会,乡、镇人民代表大会。国家行政机关是指国务院及其职能机构,如部、委、办等;省、自治区、直辖市政府及其职能机构;市、县政府及其职能机构;乡、镇政府及其职能机构。国家司法机关是指各级人民法院和各级人民检察院。

国家机关自设立之日起即具有法人资格。但是,并非其各级部门均有法人资格。国家行政机关的各职能机构的所属部门及其派出机构并非法人,如财政部的各司、局,乡司法所,公安局的派出所等。在军事机关中,团以上具有独立编制的军事机关才有法人资格,而营、连、排、班则不为法人。

2. 事业单位

事业单位可以分为3种情况:第一种是具有管理公共事务职能的组织,如证券监督管理委员会、银行保险监督管理委员会等,其录用工作人员是参照公务员法进行管理;第二种是实行企业化管理的事业单位,这类事业单位与职工签订的是劳动合同;第三种事业单位如医院、学校、科研机构等,有的劳动者与单位签订的是劳动合同,有的劳动者与单位签订的是聘用合同。

3. 企业单位

企业是以盈利为目的的经济性组织，包括法人企业和非法人企业，是用人单位的主要组成部分。个体经济组织是指雇工7个人以下的个体工商户。民办非企业单位是指企业事业单位、社会团体和其他社会力量以及公民个人利用非国有资产举办的，从事非营利性社会服务活动的组织，如民办学校、民办医院、民办图书馆、民办博物馆、民办科技馆等。

4. 社会团体

按照《社会团体登记管理条例》的规定，社会团体是指中国公民自愿组成，为实现会员共同意愿，按照其章程开展活动的非营利性社会组织。社会团体的情况也比较复杂，有的社会团体如党派团体，除工勤人员外，其工作人员是公务员；有的社会团体如工会、共青团、妇联、工商联等人民团体和群众团体，文学艺术联合会、足球协会等文化艺术体育团体，法学会、医学会等学术研究团体，各种行业协会等社会经济团体。这些社会团体虽然公务员法没有明确规定参照，但实践中对列入国家编制序列的社会团体，除工勤人员外，其工作人员是比照公务员法进行管理的。

二、企业的类型

（一）按工商登记注册分类

只有在工商局登记注册的，才能称为企业，行政单位、事业单位、社会团体或者非企业性单位不能以"企业"来称呼。从企业登记角度来看，分为以下几种类型：

1. 有限责任公司

（1）有限责任公司，它可再细分为：自然人独资、法人独资、自然人投资或控股、国有独资、外商投资、外商独资。它还可以下设分公司，其性质为"有限责任公司分公司"。

（2）股份有限公司，它可再细分为上市和非上市两种。它也可下设分公司，性质为"股份有限公司分公司"。

2. 个人独资企业

由一个自然人投资设立，下设分支机构性质为"个人独资企业分支机构"。

3. 合伙企业

合伙人是两个以上自然人，也可以是有限公司、企业法人、事业法人、社团法人等。它分为普通合伙和有限合伙。下设分支机构性质为"合伙企业分支机构"。

4. 全民所有制企业

"国有"和"全民"统称为全民所有制，分为企业法人和营业单位两种。营业单位也可以由企业法人下设成立。

5. 集体所有制企业

它也分为企业法人和营业单位两种。集体所有制企业法人主办单位一般是事业单位、社团组织、工会、村委会等。营业单位可以由企业法人下设成立，也可由事业单位、社团组织、工会、村委会等法人组织直接下设成立。

（二）按照经济类型对企业进行分类

这是我国对企业进行法定分类的基本做法。根据《宪法》和有关法律规定，我国目前有国有经济、集体所有制经济、私营经济、联营经济、股份制经济、涉外经济（包括外商投资、中外合资及港、澳、台投资经济）等经济类型。相应地，我国企业立法的模式也是按经济类型来安排的，从而形成了按经济类型来确定企业法定种类的特殊情况。

案例4.4

央企与国企

（一）央企的类型

央企即中央企业，作为中国国有企业，长期以来是中国国民经济的重要支柱。按照中国政府的国有资产管理权限划分，中国的国有企业分为中央企业（由中央政府监督管理的国有企业）和地方企业（由地方政府监督管理的国有企业）。

1. 广义的中央企业包括三类

（1）由国务院国资委管理的企业，从经济作用上分为三种：提供公共产品的，如军工、电信；提供自然垄断产品的，如石油；提供竞争性产品的，如一般工业、建筑、贸易。

（2）由银行保险监督管理委员会、证券监督管理委员会管理的企业，属于金融行业，如国有四大副部级保险公司（中国人保、中国人寿、中国太平保险、中国出口信用保险）和国有五大银行（建行、农行、中行、交行、工商银行）及中国进出

口银行、中国农业发展银行国家开发银行。

（3）由国务院其他部门或群众团体管理的企业，属于烟草、黄金、铁路客货运、港口、机场、广播、电视、文化、出版等行业。

2. 狭义的中央企业通常指由国务院国资委监督管理的企业

相对于其他一些国家来讲，中国国务院国资委监管的范围是比较窄的。早在2003年国务院国资委成立之初，国务院国资委所管理的央企数量是196家，经过重组，至2014年1月，国资委直接管理的央企数量113家，加上保监会、银监会、证监会直接管理的金融央企，一共为125家央企。至2017年年底，经过又一轮整合重组，央企数量下降到了99家。

（二）国企的分类

国企，全称为国有企业，指的是一个国家的中央政府或联邦政府投资或参与控制的企业；而在中国，国有企业还包括由地方政府投资参与控制的企业。国企并非都是央企，但央企全都是国企。

1. 特殊法人企业

特殊法人企业由政府全额出资并明确其法人地位，由国家通过专门的法规和政策来规范，不受公司法规范。这类国有企业被赋予强制性社会公共目标，没有经济性目标，也就是说，它们的作用是直接提供公共服务。像国防设施、城市公交、城市绿化、水利等，这类企业需要由公共财政给予补贴才能维持其正常运行。

2. 国有独资公司

国有独资公司由政府全额出资，受《公司法》规范。这类企业以社会公共目标为主，经济目标居次。这类企业主要是典型的自然垄断企业和资源类企业，如铁路、自来水、天然气、电力、机场等。从经济学角度，这类企业的产品或服务应该按边际成本或平均成本定价，以此来实现社会福利最大化，而不是谋求从消费者那里攫取更多的剩余。

3. 国有控股公司

国有控股公司由政府出资控股，受《公司法》规范。这类企业兼具社会公共目标和经济目标，以经济目标支撑社会公共目标。这类企业主要是准自然垄断企业和国民经济发展的支柱产业，如电子、汽车、医药、机场等。需要注意的是，这类企业不直接提供公共服务，而是通过向国家财政上交股息和红利，间接提供公共服务。如果由于特殊环境，这类企业不得不履行一些公共职能，由此造成的损失，由国家财政给予补偿。不过，在补偿以后，股息和红利不能免除。当然，通过约定和核算，二者可以相抵。

4. 国有参股公司

国有参股公司严格来说应该被称为"国家参股公司"或"政府参股公司"，不是国有企业，政府只是普通参股者，受到《公司法》规范。这类企业与一般竞争性企业无异，没有强制性社会公共目标，经济目标居于主导地位。如果它们也提供公共服务，那是它们自觉履行社会责任的行为，应该予以鼓励和支持。对于这类企业，政府参股只是为了壮大国有经济的实力，除此之外，政府对这类企业没有任何其他附加的义务。

三、其他组织机构

（一）事业单位

在我国，事业单位是指从事文化教育、科学技术、新闻出版、医疗卫生、体育等专业活动的社会组织。事业单位，是相对于企业单位而言的，包括一些有公务员工作的单位，是国家机构的分支，指的是以增进社会福利，满足社会文化、教育、科学、卫生等方面需要，提供各种社会服务为直接目的的社会组织。事业单位类型如图4-4所示。

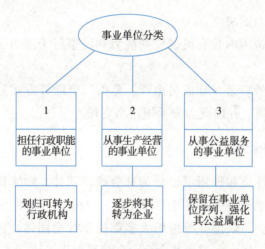

图4-4 事业单位类型

事业单位法人有两个特点：一是以公益为目的，而不是以营利为目的；二是从事文化、教育、卫生、体育、新闻等公益事业活动。它的独立经费主要来源于国家的财政拨款，也可以通过集资入股或由集体出资等方式取得。它在从事民事活动中所产生的债务，应以其独立经费负清偿责任。

目前，我国的事业单位有260多万个，拥有职工3 000多万人。事业单位大多是人才荟萃之地，包括各类公办学校，科学院、研究院、设计院，报社、电台、电视台等新闻单位，医院、保育院、疗养院、卫生机构，文化馆、图书馆、气象局、体育组织等。这些单位的职业有教师、研究员、设计师、工程师、记者、编辑、译审、节目主持人、医生、药剂师、护士、教练、运动员等。

（二）社会团体

1. 社会团体的定义

社会团体，是由一定数量的社员（自然人或法人）组成的，依法登记而成立的团体。按照有无法人地位，可以分成法人社团和非法人社团两种类型。全国性的社会团体必须具有法人地位，而其他社团则视具体情况而定，不一定必须具备法人资格。

社会团体由会员组成，必须有50人以上的个人会员或30个以上的单位会员。其宗旨是实现会员的共同愿望，按照会员大会的决定确定其管理机构组成、业务范围和重大活动。社会团体不得从事营利性经营活动，虽然也可以收费或从事一些获取利润的活动，但由此取得的财产只能用于公共事业，不能分给会员。

2. 社会团体的特点

（1）由成员依法自愿成立。

（2）在法律批准范围内具有民事权利能力和民事行为能力，从事相应的非营利性活动。

（3）拥有通过自筹资金（如成员出资、募捐、赞助等方式）或国家财政拨款而形成的独立财产或经费，并以此为限承担民事责任。

3. 社会团体的类别

社会团体根据其性质和作用可以分为社会政治团体、学术团体、宗教团体、体育团体、卫生团体、慈善事业团体等多种类型。我国的一些学会、联合会、研究会、基金会、商会、促进会、联谊会等组织大多都属于社会团体，例如中华全国工商联合会、中国作家协会、残疾人福利基金会、自然科工作者协会、道教协会等。

案例4.5

查找企业信息的方式

1. 查询企业信息最简单的方法就是通过"国家企业信用信息查询系统 http://www.gsxt.gov.cn/"来查询，由中华人民共和国市场监督管理总局公示的系统，可以查到企业的营业执照信息和股东及出资信息等，但关于动产抵押登记信息、股权出质登记信息、行政处罚信息、知识产权信息等一般不会主动披露。

2. 天眼查，以大数据的形式查询公司，是一款"都能用的商业安全工具"，实现了企业信息、企业发展、司法风险、经营风险、经营状况、知识产权等40种数据维度查询（企业工商信息、法律诉讼、法院公告、商标专利、向外投资、分支机构、变更信息、债券、网站备案、著作权、招投标、失信、经营异常、企业年报、招聘及新闻动态等），深度商业"关系梳理"，专业信用报告呈现等功能。

3. 登录企业公司网址、现场参观、实习等。

4. 朋友圈，通过该单位的某些员工侧面了解，或通过一些师兄师姐等在这家公司工作的校友，也可以了解到这个公司的规模、效益、公司文化、薪资水平等。

四、企业探索

企业探索就是通过理论分析和实际调研对自己喜欢的企业进行全方位了解。在校期间有针对性地了解企业是踏上职业之旅的重要一步。可以从十个方面去了解企业：简介历史（何时成立、对外的介绍是什么）；产品服务（核心产品、产品线或服务是什么）；经营战略（发展战略、经营策略是什么）；组织机构（规模和部门设置是怎样的，都有哪些岗位）；企业文化；人力资源战略（校园招聘的途径和职位是什么）；薪酬福利（各级待遇是怎样的）；人物员工（创始人、现任领导、现任高层、核心员工、目标部门主管和员工、企业以往员工）；图片活动；其他文件。

五、岗位和岗（职）位探索

（一）岗位

岗位是指在特定的组织中，在一定的时间或空间内，由一名或多名员工承担若干项任务，并具有一定的职务、责任和权限。在设置岗位时，要对其所承担的责任进行划分，一般情况下，企业的岗位分为生产岗位、执行岗位、专业岗位、监督岗位、管理岗位和决策岗位，其具体内容见表4-3。

表4-3 企业岗位分类表

岗位名称	岗位内容
生产岗位	从事制造、安装、维护及为制造做辅助工作的岗位
执行岗位	从事行政或者服务性工作的岗位
专业岗位	从事各类专业技术工作的岗位
监督岗位	从事监督、监察企业各项工作的岗位
管理岗位	从事部门、科室管理的工作岗位
决策岗位	主要指企业的高级管理层

(二) 岗位探索

岗位探索就是对岗位本身和影响岗位发展的因素的初步调研。一般包括岗位描述、岗位晋升通路、不同背景下的岗位要求、个人与岗位的差距四个方面。

工作世界探索助力明确人生目标

星伊出生于一个普通家庭,从小比较懂事,能够听从老师和父母的话,同样,也对自己的人生犹豫不决。星伊上大学之前性格内向,上了大学之后通过参加社团组织,并且担任学校文学社的社长,性格变得较为活泼,但是还是对未来信心不足。星伊在校期间曾经获得过新生演讲比赛一等奖、校经典诗文朗诵二等奖、校征文比赛的一等奖以及优秀学生干部、优秀团干部等荣誉。

由于对人生感到彷徨,星伊找到学校的就业指导师进行咨询。咨询师发现她从小就非常喜欢儿童文学的图画书和小说,在她第一、第二次咨询时对兴趣、性格、能力、价值观和职业技能进行测试后,引发星伊对未来几个目标职业进行了定位:①儿童出版编辑,但需要经验,实践不足;②小学语文教师,能够推广儿童方面的阅读材料;③企业文秘,但与小时候兴趣即儿童文学存在一定的距离。因此,咨询师建议星伊对工作世界进行探索。

星伊寻找了一位在儿童文学出版社工作了5年的师兄进行职场人士访谈,具体建议如下。

(1) 编辑需要敏锐的眼光,关注儿童群体的客户,具备调查研究、资料收集和沟通交流的能力;

(2) 童书的未来一定是多元化发展,要有自己的特色;

(3) 在校期间要持续进行写作,多和业内人士沟通。星伊通过职场人士访谈后明确了自己的职业目标,也安排好了暑假的任务。她决定到出版社进行实习,近距离观察编辑的工作日常,为自己的未来发展储备能量。

分析:生活总是充满了各种可能性,象牙塔里面的大学生活和现实的职场依旧存在差距。在明确人生目标后,学生通过对工作世界的探索,特别是职场人士访谈,可以近距离接触职场。在接触了职场之后,学生能够更加明确自己的人生道路和目标,内心确信自己走的道路是正确的,走向工作实践的脚步也更为沉稳。

初始岗位的工作分析

一、目标

1. 明晰与所学专业相关的初始岗位。
2. 了解岗位说明书的内容构成。

二、规划与程序

1. 教师说明活动要求并根据学生所学专业提出与其相匹配的2~3个职业,并对岗位分析方法进行说明(5分钟)。介绍简单易行的访谈法或问卷法。

2. 将学生分成若干组,每组5~6人,在教师引导下就未来职业的初始岗位进行初步描述(5分钟)。

3. 制作问卷和访谈提纲。分为两大组,问卷组相互实施问卷调查,访谈组以小组为单位交叉访谈(10分钟)。

4. 问卷组当场回收问卷并在教师引领下进行分析;访谈组各自整理资料,准备制作岗位说明书(10分钟)。问卷分析时可使用电脑软件。

5. 制作岗位说明书。教师展示岗位说明书模板,各小组分工后开始撰写、编辑制作(10分钟)。

6. 教师选择学生代表现场讲解初始岗位的岗位说明书,并予以点评(5分钟)。
注意:请准备纸、笔及若干台笔记本电脑,活动总时间为45分钟。

三、讨论

1. 初始岗位与专业的关系是什么?
2. 岗位说明书的主要内容是什么?

用人单位信息清单

一、目标

能根据进行企业探索和岗位探索。

二、规则与程序

查找你未来所希望进入的用人单位,并把清单填写完善。

(1) 单位名称:_____

(2) 单位的类型:_____

(3) 文化背景:_____

(4) 感兴趣的岗位:_____

(5) 人员结构特点（学历、年龄、性别等）：
_____

(6) 择才标准：
_____

(7) 教育背景与资格证书：
_____

(8) 专业要求：
_____

(9) 非专业要求：
_____

(10) 评价
媒体评价：_____
员工评价：_____
他人评价：_____
（注：可根据需要增减项目）

 探索与思考

> 究竟是基于工作世界的要求来自我塑造，还是基于我的特征去寻找适合我的工作世界？

模块五　职业生涯决策

🌸 模块导读

职业生涯规划诞生于 20 世纪初期的欧美，一个多世纪以来，经过社会学家、心理学家和职业指导工作者的潜心研究，逐渐形成了众多的学派和理论。

"凡事预则立，不预则废"（《礼记·中庸》）。每个人都需要做到审时度势、仔细认真地思索并规划好个人的人生发展轨迹，使自己拥有一个清晰、明确、合理的人生规划蓝图，尤其是生涯的发展计划，以便能够帮助个人真正了解自己，为自己定下事业大计，筹划未来，拟订一生的方向。当代大学生更要进一步详细估量内、外环境的优势和限制，最大限度地发挥自己的潜能，帮助自己真正了解自己，为自己策划和设计出切实可行的生涯发展方向，从而实现个人事业的可持续发展，最终达到和实现自己的人生目标。

作为大学生，如果缺乏职业生涯的目标，则往往会毕业后悔恨自己虚度年华，匆匆踏上不合心意的工作岗位。你希望充实而有意义地度过自己的大学生活，怀抱着期待和愉悦的心情踏入自己的工作岗位吗？

本模块通过职业生涯规划设计的步骤和方法的介绍，帮助大学生认识和确立职业生涯目标，运用科学的方法对自身的职业生涯进行设计和规划，并逐步去实施，从而实现成功的人生。

生涯规划表
（职教版）

同学，你的新年
FLAG 扶稳了吗？

职业生涯规划
拓展训练营

5.1 职业决策

目标之所以有用,仅仅是因为它能帮助我们从现在走向未来。

——戴维·坎贝尔

1. 认识职业生涯目标的重要性。
2. 掌握确立职业生涯目标的原则和方法。
3. 认识职业的概念、特点及发展趋势。

目标对人生影响的跟踪调查

有一个非常著名的关于目标对人生影响的跟踪调查。调查的对象是一群智力、学历、环境等条件都差不多的大学毕业生。结果是这样的:

27%的人,没有目标;

60%的人,目标模糊;

10%的人,有清晰但比较短期的目标;

3%的人,有清晰而长远的目标。

以后的25年,他们开始了自己的职业生涯。

25年后,再次对这群学生进行了跟踪调查。结果是这样的:

3%的人,25年间他们朝着一个方向不懈努力,几乎都成为社会各界的成功人士,其中不乏行业领袖、社会精英;

10%的人,他们的短期目标不断实现,成为各个领域中的专业人士,大都生活在社会的中上层;

60%的人,他们安稳地生活与工作,但都没有什么特别的成绩,几乎都生活在社会的中下层;

剩下27%的人,他们的生活没有目标,过得很不如意,并且常常抱怨他人,抱怨社会,抱怨这个"不肯给他们机会"的世界。

其实,他们之间的差别仅仅在于:25年前,他们中的一些人知道自己到底要什么,应该做什么和怎么做,而一些人则不很清楚或很不清楚。

分析: 成功需要明确的目标和方向。成功 = [(EE + CT + SP) × DD]。其中EE指教育和工作经验,CT指创造性思考,SP指推销自我的能力,DD指目标和驱动力。这一公式形象地说明了个人成功与各项要素之间的关系,目标对一个人的成功具有非常重要的意义。

一、职业生涯目标

根据《现代汉语词典》的解释,"目标"指想要达到的境地或标准。通常,目标都具有精确性、现实性、可实现性、可测量性和被理解性的特点。

(一)职业生涯目标的含义

职业生涯目标是指个人在选定的职业领域内未来所要达到的具体目标,是人在职业领域理想的具体化。设立生涯目标是个人职业规划的首要内容。整个生涯规划,就是围绕着一系列的大小目标展开,没有目标就构不成规划,确立目标是制订职业生涯规划的关键。一个人职业上的成败,在很大程度上取决于是否确立了适当的职业生涯目标。

(二)职业生涯目标的分类

职业生涯目标按照时间不同,可以分为短期目标(1~2年)、中期目标(2~5年)、长期目标(5~10年)、人生目标(40年以上)。分别与职业生涯规划的短期规划、中期规划、长期规划、人生规划相对应,如同拾级而上的台阶,一步步发展。

1. 短期职业目标

短期职业目标表述清晰、明确、精练;对于本人具有现实意义,与自我价值观和中长期目标一致,有可能暂时不能完全满足自己的兴趣要求,但可"以迂为直";切合实际,并非幻想;有明确的具体完成时间;有明确的努力方向,通过努力能达到适合环境需要的能力,实现起来完全有把握。

2. 中期职业目标

中期职业目标是结合自己的志愿、组织的环境及要求制定的,与长期目标相一

致；基本符合自己的兴趣、价值观，使人充满信心，且愿意公之于众；切合实际，并且未来的发展有所创新，有一定的挑战性；能用明确的语言定量与定性说明；有比较明确的执行时间，根据外部环境变化可做适当的调整；可以发挥自己的能动性，实现的可能性非常大。

3. 长期职业目标

长期职业目标是自己认真选择的，和组织、社会的发展需求相结合；很符合自己的兴趣、价值观，能让人为自己的选择感到骄傲；能用明确的语言定性说明；有实现的可能，并有更大的挑战性；与志向相吻合，能够立志通过努力实现理想，与人生目标相融为一，指导自己为创造美好未来坚持不懈。

二、确立职业生涯目标的原则和策略

（一）目标管理原则

SMART 原则，也可以称为目标管理原则，它是使管理者的工作由被动变为主动的一个很好的管理手段，实施目标管理不仅是为了利于员工更加明确高效地工作，更是为了管理者将来对员工实施绩效考核提供考核目标和考核标准，使考核更加科学化、规范化。而在职业生涯目标确认过程中，大学生既是目标的制定者，也是实现目标的执行者，为此我们可以将此原则作为确立目标的指导原则，实现更准确的职业生涯目标定位。它的含义包括：目标必须是具体的（specific），目标必须是可以衡量的（measurable），目标必须是适度的（achievable），目标必须是切合实际的（realistic），目标必须具有明确的时间表（time-limited）。

（二）基本策略

职业生涯目标的确立最终决定一个人的职业发展。在进行职业生涯目标设定和职业定位时，结合自身的实际，可以将以下 5 个原则作为确立的基本原则。

1. 择己所爱

你必须对自己所选择的职业是热爱的。一个人只有对所从事的职业有着浓厚的兴趣，才能激发起他对该项工作强烈的求知欲、探索欲，才会使他全身心地投入，在工作中有所发明，有所创造。这既是一种自我能力的开发和展现，又是对工作的促进和推动。在工作中能够获得满足感，你的职业生涯将会因此变得妙趣横生。

2. 择己所长

任何职业都要求从业者掌握一定的技能，具备一定的能力条件，必须对照自己的能力，选择最有利于发挥自己优势的职业。如果己长不如人长，要敢于放弃选择；

如果己长人短，则要扬长避短，敢于发展。

3. 择世所需

社会需求是确定和调整职业生涯目标的重要参考。社会需求是不断变化的，要认真分析社会需求，准确预测未来行业或者职业发展的方向与趋势。

4. 择己所适

确定职业生涯目标要寻找最合适自己的，而不必强求是别人眼中最好的，看起来风光的可能会让不适合的你身心俱疲，却也达不到目标。

5. 择己所利

职业生涯是我们个人整个生涯的一部分，包含"职业"二字的生涯目标确立的时候，我们还需要考虑一个简单的动机——经济利益。马斯洛的需求理论告诉我们，人只有首先满足了自身的生存需求后，才能逐步实现安全、归属、自我尊重、自我实现等需求。所以确立职业生涯目标时，要择己所利，本着利己、利他、利社会的原则，确立适合自己的目标。

三、确立职业生涯目标的思路和方法

职业生涯决策的思路要考虑到个人和环境两个方面，可以简单地用图5-1描述。这一思考框架，比较清楚地表达了职业生涯决策的过程，即将个人的属性（能力、性格、学历及价值观等）与职业环境进行整合或匹配，最终确定自己理想的职业。但是上述模型中仍然有许多问题没有很好地解决：环境、能力和价值观如何整合？可能的职业生涯策略如何确定？如何从可能的选择中挑选最合适的？标准是什么？这些问题仍然需要澄清。

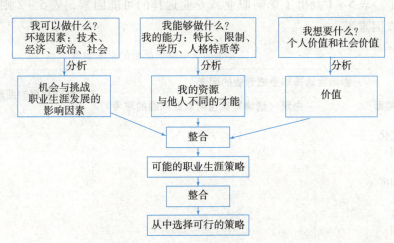

图5-1 职业生涯决策的思考框架：机会-能力-价值模型

在做出职业决策之前，全面考虑影响决策的因素，是进行科学决策的前提。每个进行职业生涯决策的人都像坐在一张"空椅"上，参照图5-2"职业生涯与我"清单上的资料，仔细描绘出自己的个人特质与职业生涯期待，然后汇总，看有没有冲突和困难、这些冲突和困难如何解决，最后选择一个理想的职业领域。

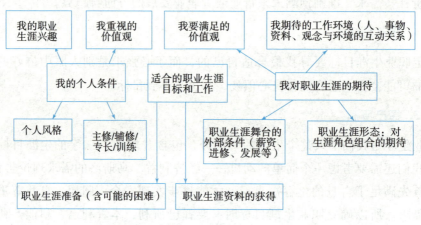

图5-2 "职业生涯与我"清单

在对照清单对自我特征和职业生涯进行描绘时，常见的问题如下：

（1）在个人条件和职业生涯期待下，可以考虑哪些职业生涯目标？

（2）就职业生涯目标的追寻而言，个人需要哪些职业生涯能力或准备？

（3）在这些职业生涯目标的追寻中，个人可能遇到哪些困难？

（4）如何得到关于这一职业生涯目标的进一步资料？

如何确定影响外部的因素及力量？认识了职业及职业自我后，便可以确立一个相对适合的初选职业范围。而要做出最终的决策，需要考虑多方面的因素，并经过分析，找出可能的促进因素或冲突因素。如果找到了解决冲突的方法，就可以做最后的决定了。表5-1列出了影响职业或专业选择的可能因素，表5-2则列出了可能的冲突或困难源。

表5-1 职业或专业选择中环境层面的影响因素

影响我选择职业或专业的因素		影响程度的回顾与认识
层面	内涵（请填写你当时对此问题的思考）	
社会与文化 机会结构 声望结构 政策或制度 社会观念 人际关系 性别认同 其他		

续表

影响我选择职业或专业的因素		影响程度的回顾与认识
层面	内涵（请填写你当时对此问题的思考）	
家庭与亲戚 家庭社会经济地位 家庭收入 家长意见 其他家人的意见 其他		

表5-2 暂定的职业生涯目标的环境力场分析

影响因素	目标1	目标2	目标3
社会与文化	阻力：_____ 阻力：_____	阻力：_____ 阻力：_____	阻力：_____ 阻力：_____
家庭与亲戚	阻力：_____ 阻力：_____	阻力：_____ 阻力：_____	阻力：_____ 阻力：_____

案例5.1

非理性生涯观念辨析

1. 大家都说第一份工作非常重要，会对人的一生产生深远的影响。第一份工作我一定要找好。

辨析：任何一份职业都会对人产生影响，但正如我们从小到大所经历过的无数次成功与失败一样，第一份工作的成败不过是"另一次成败"而已。我们当然希望第一份工作是一份好工作，但即便它是一次失败的经历，我们也可以从中学到很多关系到自己（兴趣爱好、能力特长、处理问题和人际关系的能力、决策方式，等等）和职场的知识。只要我们愿意学习，任何一种经历都可以是有意义的，都可以成为我们的财富。如果因为第一份工作没找好就觉得耽误了终身，那多半不是因为这份工作的原因，而是你的心态需要调整。

2. 如果我做出某种决定，那我就永远甩不掉它了。我可能会走弯路，浪费时间和精力，甚至再也无法回头。万一这个决定是错误的怎么办？

辨析：事实上，在生活中即使做出了错误的选择，也没有多少决定是不可更改的。在职业选择上，你总会有机会开始另一轮的职业决策，选择新的职业和生活。错误的选择可能会使你付出更多的时间，但也许那正是你在迈向自己的终极目标前所需要经历的锤炼。的确，两点之间直线最短，但在人生中，我们很少能像数学上那样走直线。有时候，我们走了一些弯路，却因此学习了重要的人生功课，积累了经验资源，而这些其实都为我们走好下一步做好了准备。

3. 我一定要找到这样的职业——它能帮我得到对我来说非常重要的人的喜欢和赞许，比如让父母以我为荣、让老师夸奖我。

辨析：我们每个人都希望得到他人的认可，这是正常的人性的需要。但如果我们一定要通过自己的职业来实现这一点，很可能出现的情况就是：我在做着我并不喜欢的工作，仅仅是为了让他人能够认可我。当一个人只是为了他人而生活的时候，他会感到非常痛苦。一旦他没有得到自己想要获得的赞许，他的心理就会失衡，他所做的一切就失去了意义。重要的是，我们能够首先认同和欣赏自己，这样我们就不必依赖他人的赞许而活着。我们仍然希望父母和师长也认可自己，但是当他们与我们有不同观点的时候，我们不必过于沮丧。

4. 我跟别人不一样，我各方面的条件都比他们差，我做不到你说的那些。

辨析：问题在哪里呢？是什么东西使你做不到呢？真的是由于你说的那些不及别人的"条件"吗？还是那些"条件"已经变成了你的一种借口，用来逃避任何行动？变化的全部目的就是去做"不是你"的那些事。它虽然会伴随着一些害怕和不安全的感觉，但你只有真正地尝试过，才知道这些方法是否适合自己、这些事自己是不是能够做到。

（一）5W 归零思考法

5W 归零思考法是一种简单易行的决策辅助工具。通过问自己 5 个问题，帮助解决自己职业生涯规划与设计中的相关问题。由于每个问题的前面都有一个英文字母 W，所以也简称 5W 法。这 5 个问题是：

Who am I?　　　　　　　　　　　　　（我是谁）？
What will I do?　　　　　　　　　　　（我想做什么）？
What can I do?　　　　　　　　　　　（我会做什么）？
What does the situation allow me to do?　（环境支持或允许我做什么）？
What is the plan of my career and life?　（我的职业与生活规划是什么）？

（二）SWOT 分析法

SWOT 分析，是基于内外部竞争环境和竞争条件下的态势分析，就是将与研究对象密切相关的各种主要内部优势与劣势和外部的机会与威胁等，通过调查列举出来，并依照矩阵形式排列，然后用系统分析的思想，把各种因素相互匹配起来加以分析，从中得出一系列相应的结论，而结论通常带有一定的决策性。运用这种方法，可以对研究对象所处的情境进行全面、系统、准确的研究，从而根据研究结果制定相应的发展战略、对策等。职业生涯目标即可以采用 SWOT 分析的方法进行确立。

"SWOT"四个英文字母分别代表优势（strength）、劣势（weakness）、机会（opportunity）、威胁（threat）。其中"SW"，主要指内部条件分析；"OT"，主要指外部条件分析。利用这种方法可以从中找出对自己有利的、值得发扬的因素，以及对自己不利的、要避开的因素，发现存在的问题，找出解决的办法，明确以后的目标和发展方向。

决策者可以根据自己的实际情况，将个人的内部和外部因素实事求是地罗列到表5-3中，具体事项可以有多项，不一定仅仅局限于表格所列。

表5-3　SWOT分析示例表格

	机会	威胁
外部因素	（1） （2） （3）	（1） （2） （3）
	优势	劣势
内部因素	（1） （2） （3）	（1） （2） （3）
分析之后的整体结论		

（三）决策平衡单法

"决策平衡单"经常被应用于决策问题解决和职业选择咨询中，咨询者系统地分析每一个可能的选项，判断分别执行各选项的利弊得失，然后依据其在利弊得失上的加权计分排定各个选项的优先顺序，以执行最优先或偏好的选项。其实施程序主要为：

第一步，建立"职业生涯决策平衡单"，列出可能的职业选项。首先要在平衡单中列出有待深入评量的潜在职业选项3～5个（见表5-4）。

表5-4　生涯决策平衡单示例

项目选项	权重 （1～5）	方案一		方案二		方案三	
		加分	减分	加分	减分	加分	减分
个人物质方面							
1. 收入							
2. 升迁的机会							
3.							
……							

续表

项目选项	权重 (1~5)	方案一		方案二		方案三	
		加分	减分	加分	减分	加分	减分
个人精神方面							
1. 成就感							
2. 兴趣的满足							
3.							
……							
他人物质方面							
1. 家庭经济							
2. 家庭地位							
3.							
……							
他人精神方面							
1. 父母							
2. 配偶							
3.							
……							
总分							

第二步，判断各个职业选项的利弊得失。平衡单中提供咨询者思考的重要得失，集中于四个方面，分别是自我物质方面的得失、他人物质方面的得失、自我精神方面的得失、他人精神方面的得失。

第三步，各项考虑因素的权重。咨询者在各个方面的利弊得失之间，会因身处不同情境而有不同的考量。因此，在详细列出各项考虑层面之后，须再进行加权计分。

第四步，计算出各个职业选项的得分。把各因素的权重和利弊得失分数相乘后再累加，计算各个生涯选项的总分。

第五步，排定各个职业选项的优先顺序。依据各职业选项总分的高低，排定优先次序。这样，职业选项的优先次序就可作为咨询者职业生涯决策的依据。

对每个考虑因素按照自己的情况设置权重，从正5到负5，中间有一个0，最重要的加5，最不重要的减5，0的话可有可无。

案例 5.2

孙陆明的职业平衡单

本作品选自浙江省职业生涯规划获奖作品《游戏策划 创我人生》,孙陆明的职业平衡单见表 5-5。

表 5-5 职业平衡单

职业决策 考虑因素	权重 (1~5)	职业选择一 游戏策划师	职业选择二 网站运营专员	职业选择三 网络游戏营销员
工作环境	4	4	4	4
工作地点	2	4	4	4
工作薪酬	4	4	4	4
工作压力	3	4	4	4
理想目标相关	4	5	4	3
职业升级	3	4	4	3
工作自由度	5	3	3	4
独立性	4	4	4	3
名声	3	3	3	3
地位	4	4	3	3
乐趣	3	4	4	4
老师的建议	3	4	4	4
亲人的建议	3	2	3	3
价值的实现	5	4	4	3
分值总计		207	182	165

分析:在上述的职业决策考虑因素中,当事人最重视的是工作自由度和价值的实现两个因素。通过职业平衡单的工具测评及其分值总计,三个目标职业中,游戏策划师更能符合当事人的职业需要,而且当事人对游戏策划这一职业领域有着较为充分的了解并拥有游戏策划的实战经验,目前有自主策划的各类大小游戏策划书 30 余件。因此,他将游戏策划师作为自己的首选目标职业,而将网站运营专员和网络游戏营销员作为备选职业。游戏策划师、网站运营专员和网络游戏营销员在素质能力方面具有一定的联系,其中包括策划与设计能力、想象与思考能力和计算机软件和系统工具的使用能力等。

（四）CASVE 决策法

认知信息加工理论以信息加工取向看待生涯问题的解决，它是基于"在生涯问题解决和决策制定过程中大脑如何接收、编码、储存和利用信息与知识"这一理念而形成的理论。

在认知信息加工理论的金字塔中，CASVE 循环（见图 5-3）处于核心地位。它包含进行良好决策的沟通。

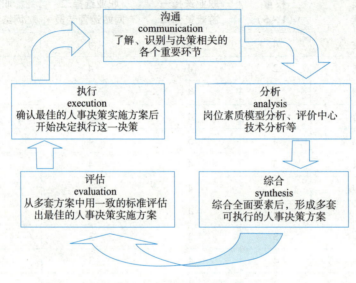

图 5-3　CASVE 循环图

沟通、分析、综合、评估和执行五个阶段，构成了决策的 CASVE 循环。关于 CASVE 决策法的具体操作可查阅有关资料，本书从略。

四、职业生涯决策的主要选择项

职业生涯决策科学、合理的话，就为个人进入职业领域奠定了良好的基础。当然，随着社会经济的发展和变化，个人的职业生涯道路也并不是随着进入前的决定而固定下来，还会出现一些变化。如何使自己在职业生涯路上少走弯路，取得较高的职业生涯成就，还需要人们不断地努力。生涯决策包含多重选择，最终的职业生涯决策是通过不断选择而逐步做出的。

（一）选择何种行业

从我们踏入高职院校的那一刻起，同学们就已经做出了人生当中的一个重大选择——选择专业。选择某一专业为我们将来从事某种行业奠定了坚实的基础。专业具有定向功能,专业选择为选择行业提供了前提条件。当然,这并不意味着选择了专业就选择了行业。专业的选择只是为我们未来的发展提供了一种思路。人的一生中充满了无数的变化,比如选择计算机专业,将来却有可能从事营销行业,这已成为高职大学生中司空见惯的事情。选择行业除了需要联系我们所学专业之外,还要考虑到我们的心理特质、身体素质、受教育经历、人文素养、性别、年龄等相关的主观因素和社会需求、行业状况、经济条件等客观因素。总之,选择行业时,要看自己希望从事的行业是否有人才需求。选择行业是我们进行职业生涯选择的第一步。

(二)选择具体工作岗位

选择了将来要从事的行业,下一步要面对的问题是:选择行业当中的哪一种工作。某种行业往往包含着多种工作,选择工作比选择行业更贴近我们的生活,距离我们更近。在选择做哪一种工作的时候,最重要的是要看自己的基本素质和能力是否能够承担自己希望从事的行业中的工作。很容易理解,没有学过会计的人是搞不好也搞不了财务工作的。当然,选择工作也要考虑生存的问题。我们选择的这种工作能不能保证自己的衣食住行,能不能收回自己的教育投入,能不能保证支付自己和家人将来生存、发展所需要的费用,这是物质保障。再有,就是发展问题。从事某种工作能否使自己得到发展的机会,有没有升迁的可能,自己的价值目标能否实现,这是价值追求。总之,选择哪种工作,关系到我们每个人的生存和发展,是选择的核心。

(三)选择个性需求

有人说,职场总体供过于求,能找到一个工作就不错了。可是,当高职毕业的时候就会发现,工作机会很多,关键是看自己能不能把握住。面对诸多的招聘方,最主要的是要考虑三个问题:一是工作机会的发展空间;二是个人的工作能力;三是个人的兴趣爱好。考虑好这3个问题,工作机会的选择就出来了。

(四)选择工作地点

工作地点的选择看似是一个非常简单的问题,但是它涉及很多方面,比如机遇与发展、家庭与环境等诸多因素都必须考虑。同样一个工作摆在我们面前,你可以去北京,也可以在保定,你将如何选择呢?在北京可能发展的机遇和空间更大一些;但是在保定,可能你距离家人更近一些,生活更方便一些。因此,选择工作地点,关键取决于个人的人生追求,也就是价值取向。

(五)选择工作取向

工作取向,即个人的工作风格,其实是对未来工作的一种追求——追求稳定,还是追求挑战;追求物质,还是追求崇高。有人曾提出选择工作的3种要素:富有、

舒适、安全。在选择工作时将这3种要素按照你认定的重要性进行排序，也就得出了你的价值取向，而这样的价值取向也就决定了你的生活。

（六）选择发展机会

选择生涯目标或系列的升迁目标是职业生涯规划的核心。一个人能否在事业上获得成功，在很大程度上取决于他有没有正确而适当的人生目标。选择职业生涯目标及一系列的升迁目标，可以帮助我们把握大方向。然后再进一步考虑如何逐步接近、实现这一目标。当然，在此过程中须结合自己和环境的实际进行全面分析和评估。

确立目标是职业生涯设计的关键。如果是目标不确定或不一致，或有同一时期目标过多，跳槽频繁，从事的工作种类繁多，彼此之间却又缺乏紧密联系，职业生涯始终在低层次徘徊。

要达到目标，就要像上楼一样，一步一个台阶，把大目标分解为多个易于达到的小目标，脚踏实地向前迈进。每前进一步，达到一个小目标，就会体验到"成功的喜悦"，这种"感觉"将推动你充分调动自己的潜能去达到下一个目标。在生活中，很多人做事之所以会半途而废，往往不是因为事情难度太大，而是他觉得自己距离成功太遥远。他们不是因失败而放弃，而是因心中无明确而具体的目标而失败。学会分解自己的目标，一步一个脚印地向前走，成功终有一天会在你的眼前。

广州地铁的技术能手

广州铁路职业技术学院毕业生徐志标，现为广州地铁集团有限公司运营事业总部运营二中心行车设备维保二部接触网三分部接触网高级检修师、工班长，负责广州地铁四号线南延段金洲—南沙客运港段接触轨设备的运行检修维护工作。他在工作的10年里获得过集团公司技术能手、广东省技术能手、集团公司优秀党员等荣誉称号并荣获全国五一劳动奖章，主导的多个项目获得青工五小奖等多项荣誉，10年时间内参与夜间设备检修600余次，巡视了近620km接触轨设备。2014年成立了"徐志标创新工作室"，成为工作室领头人，获得过"广州地铁集团有限公司先进集体""广州市劳模和工匠人才创新工作室"等多项荣誉。2017年，他参与四号线南延段的验收工作，为四号线南延段提供强有力的保障。在技术改造方面，徐志标参与了广州地铁首次高架段隔离开关室挂拆地线改造，组织开展了高架线路避雷器改造等一系列项目，工作业绩得到各级单位的一致认可，同时被评为广州市劳模。

分析： 无论是什么行业，从什么学校毕业，最重要的是自己在这个行业努力付出。就算起点不如别人，但努力总会有回报。

CASVE 循环决策模拟训练

一、沟通阶段（知道自己需要做出一个选择）

事件：为下学期选择一门选修课程。

1. 朋友的意见（如同宿舍的舍友）：如果不尽快做出决定，就会出现问题。
2. 自己的感受：害怕承担责任，以至于选择过程犹豫不决。
3. 回避自己的问题：下周再选吧。

身体的问题：心烦，吃不下东西。

二、分析阶段（了解自己和各种选择）

1. 了解自己：我的性格是_____，兴趣是_____，气质是_____，价值观是_____，专业是_____。
2. 了解选修课程的项目：选修课程分为_____类、_____类、_____类、_____类等几种类别，每一大类包含的选修课程是_____；_____；_____；_____。
3. 了解自己做出重要决策的方法：一般自己做出重要决策，都是_____。
4. 了解自己是如何思考决策的：通过自我对话和自我觉察，觉察到并能控制自我对话。

三、综合阶段（扩大或者缩小自己的选修课程项目选择列表）

1. 从众多选修课程和社团活动中，找出最适合自己价值观、兴趣、能力、气质的选修课程或活动。
2. 再从这些选修课程中，选出 3~5 门选修课。

四、评估阶段（选择一门选修课程）

1. 每一门选修课程对于"我"自己、"我"的文化群体、"我"的社会的代价和收益。
2. 评定选修课程的等级，做出第一选择和第二选择。

五、执行阶段（执行自己的选择）

1. 计划——做出下学期学习这门课程的计划。
2. 尝试——通过上课检验自己的选择。
3. 申请——针对这个问题，此项可省略。

六、再循环阶段（知道自己做出了恰当的选择）

1. 事情是否发生了改变？
2. 我的朋友对我的选择有什么反应？

3. 我现在感觉如何？
4. 我是否回避了某些应该做的事？

确定职业生涯目标

试着利用表 5-6，确定你的职业生涯目标。

表 5-6 职业生涯规划简表

自我认识		环境认识
我的性格	MBTI： 我的性格特点：	适合的职业： 1. _____ 2. _____ 3. _____
我的兴趣	兴趣岛测试： 我的兴趣：	适合的职业： 1. _____ 2. _____ 3. _____
我的能力 （在每个技能后 写明支持事件）	知识技能： 事件： 通用技能： 事件：	适合的职业：1. _____ 2. _____ 3. _____
我的价值观		适合的职业： 1. _____ 2. _____ 3. _____
我的职业 目标群	1. _____ 2. _____ 3. _____	
SWOT 分析	长处（我的类型）	短处（我需要改善的地方）
	与职业选择有关的有利的外部条件	与职业选择有关的不利的外部条件

探索与思考

利用 SWOT 分析方法确立自己的职业生涯目标。如果你已经确立了自己的职业生涯目标，也可以通过 SWOT 分析方法，对自己的目标进行梳理和评估。

5.2 职业生涯规划的制订和实施

名人名言

选择职业是人生大事,因为职业决定一个人的未来。

——卢梭

1. 掌握职业生涯规划设计的基本步骤。
2. 能够进行职业生涯路线选择与决策。
3. 认识职业的概念、特点及发展趋势。

7种非理性的职业生涯规划方法

Wood（1990）曾整理出7种一般人常用的生涯规划方法。它们分别是：

1. 自然发生法：例如学生填写高考志愿时，没有仔细考虑自己的性格、兴趣等，只要找到分数所能录取的学校、科系，便草草填写了学习的专业。

2. 目前趋势法：跟随现在市场的趋势，盲目地投入新兴的热门行业。

3. 最少努力法：选择最容易的科系或技术，但希望最好的结果。

4. 拜金主义法：选择报酬最好的职位，放弃自己的专业，选择钱多事少离家近的工作。

5. 刻板印象法：以性别、年龄、社会地位等刻板印象等来选择工作，比如女性较适合从事服务业，男性较适合搞政治、做工程师等。

6. 橱窗游走法：到各种工作场所，走马观花看一番，再选择最顺眼的工作。

7. 假手他人法：在思考自己未来时，不知不觉交给别人来决定。父母或家人：因为过去大小事情都是由他们一手包办的。朋友或同学：因为他们是你最好的朋友，不会害你。老师、相关专家或辅导员：因为他们是专家，应该有超人一等的见解。

社会：因为你是社会的一分子，必须履行公民责任，造福社会和人类。

以上7种方法，通常被称为知识导向（knowledge-oriented）、配合导向（match-oriented）或人群导向（people-oriented）的生涯规划方法。这些方法有一些帮助，但是也有很大的不足，存在盲目性的特点，没有考虑个人的性格、兴趣、能力等是否适应，能否满足自己价值观等问题，最终可能出现职业不适应，职业中充满不幸福，得不到自己满意的职业生涯。

分析：正如Michelozzi（1998）指出的，生涯规划有突破障碍、开发潜能和自我实现等3个积极目的。一个人最大的幸福，是能以自己选择的方式生活，择其所爱，爱其所择的结果，会使一个人以己为荣，并呈现出圆融、丰足、喜悦、智慧和充满创造力的气质。

一、对职业发展规律的认识

（一）金斯伯格职业生涯发展理论

金斯伯格的研究重点是从童年到青少年阶段的职业心理发展过程，他将职业生涯的发展分为幻想期、尝试期和现实期3个阶段，如表5-7所示。

表5-7 金斯伯格的职业生涯发展阶段理论

阶段		主要心理和活动
幻想期 （11岁前儿童时期）		以少年儿童想象"早日长大成人，成人后干某种工作"的空想或幻想为特征。对外面的信息充满好奇和幻想，在游戏中扮演自己喜爱的角色。此时的职业需求特点是，单纯由自己的兴趣爱好决定，不考虑自身条件、能力和水平，也不考虑社会需求和机遇
尝试期 （11~17岁）	兴趣阶段 （11~12岁）	开始注意并培养其对某些职业的兴趣，独立的意识增强
	能力阶段 （13~14岁）	开始以个人的能力为核心，衡量并测验自己的能力，将其表现在各种相关的职业活动上
	价值观阶段 （15~16岁）	逐渐了解自己的职业价值观，注意职业的社会地位，并能兼顾个人与社会的需要，以职业的价值性选择职业
	综合阶段 （17岁左右）	将上述三个阶段进行综合考虑，并综合相关的职业选择资料，以此来正确了解和判定未来的职业生涯发展方向

续表

阶段		主要心理和活动
现实期（17岁以后）正式职业选择决策阶段	试探阶段	根据尝试期的结果，进行各种试探活动，试探各种职业机会和可能的选择
	具体化阶段	根据试探阶段的经历做进一步的选择，对一种职业目标有所专注，并努力推进这一选择，进入具体化阶段
	特定化阶段	依据自我选择的目标，做具体的就业准备。青年人为了特定的职业目的，进入更高一级学校或接受专业训练。已有工作但不满意者，想重新进修，再找工作，也属于这个阶段。能够客观地把自己的职业愿望或要求，同自己的主观条件、能力，以及社会需求密切联系和协调起来，已有具体的、现实的职业目标

金斯伯格的职业生涯发展阶段理论，展示了从幼年到青年期个体职业心理发展的生动图景，实际上解释了初次就业前人们职业意识和职业追求的发展变化过程，表明早期职业心理的发展对人生职业选择有着重大的影响。

（二）舒伯的职业生涯发展理论

舒伯认为可依据年龄将每个人生阶段与职业发展配合，且每个阶段各有其发展任务。该理论关于各阶段的具体内容如图5-4所示。

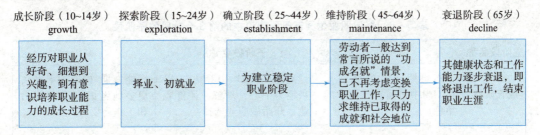

图5-4 舒伯职业生涯5个阶段

1. 成长阶段

从出生到14岁左右。经由家庭、学校中重要任务的认同，发展出自我概念。此阶段的一个重点是身心的成长。通过经验可以了解周围环境，尤其是工作环境，并以此作为试探选择的依据。成长阶段属于认知阶段，它又分为幻想期、兴趣期、能力期3个阶段。此阶段个人通过游戏、玩耍、电视媒体、朋友、老师和家人观察等方式，开始了解自我、探索自我，逐渐建立起自我的概念。在游戏中出现"我适合什么角色""我想演什么角色""哪些角色我最讨厌"等问题。需要、幻想与喜好是这一阶段最重要的特征。

2. 探索阶段

年龄在 15～24 岁。主要涉及学校和工作前期。探索阶段又分为试验期、转变期、尝试期三个阶段。此阶段个人在学校生活与闲暇通过学校的考试、课外活动、社会实践、业余工作等活动中研究自我，对自己的能力、兴趣和性格有所认识，形成自我概念和职业概念，并进行职业上的探索。出现"我对音乐有兴趣""我对电脑有浓厚的兴趣"等问题。同时个人在试探性选择自己的职业，试图通过变动不同的工作或工作单位而选定自己一生将从事的职业。

3. 确立阶段

年龄在 25～44 岁。确立阶段属于选择、安置、立业阶段，它又分为稳定期、发展期、职业中期危机 3 个阶段。此阶段经由早期的幻想、试探之后，职业生涯在此时成型，呈现一种安定于某种职业的趋向。职位有所调整，行业不会轻易改变。个人在职业生涯中主要关心的是在工作中的成长、发展或晋升，成就感和晋升感强烈，而成就、发展或晋升对他们的激励动力也最大。

经过早期的试探与尝试后，发现真正适合于自己的领域，并努力试图使其成为自己的永久职业。这一阶段是大多数人职业生涯周期中的核心部分。以上 3 个阶段的子阶段如表 5-8 所示。

表 5-8　舒伯职业生涯五阶段理论中的前 3 个阶段的子阶段

主阶段名称	子阶段名称		
成长阶段	幻想期（10 岁之前），在幻想中扮演自己喜欢的角色	兴趣期（11～12 岁），以兴趣为中心，理解、评价职业，开始做职业选择	能力期（13～14 岁），更多地考虑自己的能力和工作需要
探索阶段	试验期（15～17 岁），个人在空想、议论和学业中开始全面考虑意愿、兴趣、能力、价值观和社会就业机会等，开始对未来职业进行尝试性和暂时性的选择	转变期（18～21 岁），个人接受专门教育训练和进入劳动力市场、开始正式选择的时期，由一般性的职业选择转变为特定目标的选择。这时个人着重考虑现实，在现实和环境中寻求"自我"的实现	尝试期（22～24 岁），选定工作领域，开始从事某种职业，对职业发展目标的可行性进行实验。这个时期进入似乎适合自己的职业，并想把它当作终生职业
确立阶段	稳定期（25～30 岁），对最初就业选定的职业和目标进行检讨，如有问题则需要重新选择、变换职业工作。重点是寻求职业及生活上的稳定	发展期（31～44 岁），确定稳定的职业目标，并致力于实现这些目标，是富有创造性的时期	职业中期危机阶段（45 岁至退休前），职业中期可能会发现自己偏离了职业目标，靠近或发现了新的目标，因而需要重新评价自己的需求和目标，这时就处于一个转折期

4. 维持阶段

维持阶段属于专、精、升迁阶段，年龄在 45～60 岁。此阶段心态趋于保守，重点是维持家庭和工作间的和谐关系，传承工作经验，寻求接替人选。大部分人是享受努力后成功的喜悦即成果，极少数人要面对失败和不如意的困境，冒险探索新领域，寻求新的发展。

5. 衰退阶段

年龄在 65 岁以上，属于退休阶段。此阶段想发展工作之外的新的角色，维持生命的活力，以减少身心上的衰退。人的精力、体力逐步衰退，即将退出工作，结束职业生涯。要学会接受权力和责任的减少，学习接受一种新的角色，适应退休后的生活，以减缓身心的衰退，维持生命力。

现实中职业生涯是个持续的过程，各阶段的时间并没有明确的界限，其经历时间的长短常因个人条件的差异及外在环境的不同而有所不同，有时还可能出现阶段性反复。

1980 年，舒伯在原有的职业生涯发展阶段理论之外，加入了角色理论，提出了"生活广度－生活空间的职业生涯发展观"，并根据职业生涯发展阶段与角色彼此间交互影响的状况，描绘出一个多重角色生涯发展的综合图形，即一生生涯的彩虹图（life－career rainbow），如图 5－5 所示。

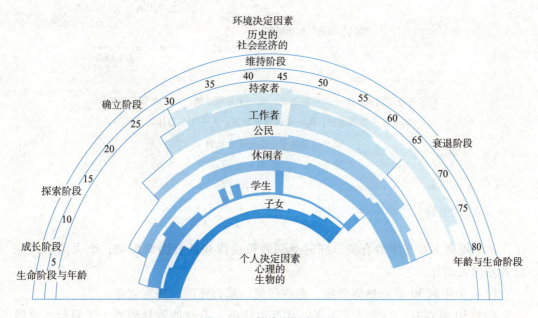

图 5－5　舒伯生涯彩虹图

在彩虹图中，既有代表横跨一生的生活广度的横向层面，显示人生主要的发展阶段和大致估算的年龄，也有代表纵贯上下的生活空间的纵向层面，由一组职位和角色（子女、学生、休闲者、公民、工作者、家长等）所组成。角色之间是交互影响的，某一角色的成功可能带动其他角色的成功，反之，某一角色的失败，也可能导致另一角色的失败。这除了受年龄增长和社会对个人发展期待的影响外，往往跟个人在各个角色上所花的时间和感情投入的程度有关，因此除横向层面和纵向层面之外，存在一个深层层面。

（三）施恩的职业生涯周期理论

心理学家施恩教授认为：一个人一生要面临各种各样的问题，归纳起来有3个方面：一是成长、学习中遇到的问题；二是家庭婚姻中遇到的矛盾和难题；三是工作过程中的苦恼和困难。对此，施恩教授把人的一生归纳为下面三种周期相互交叉作用的结果："婚姻－家庭"生活周期、"生物－社会"生命周期、"工作－职业"生涯周期，其中的每个周期存在重叠或矛盾冲突，如图5-6所示。

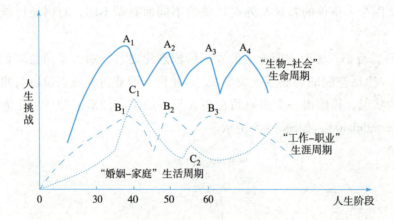

A_1—青春期危机；A_2—青年期危机；A_3—中年期危机；A_4—老年期危机；
B_1—进入职业组织；B_2—获得重要职能；B_3—面临退休压力；
C_1—结婚生子；C_2—子女抚育。

图5-6　施恩的人生周期图

1. "生物—社会"生命周期

这个周期主要与年龄有关，同时受到政策法律和社会因素影响，个人因素及家庭背景因人而异。

（1）少年到30岁：热情奔放、充满理想、精力充沛、成家立业。

（2）30岁左右：心慢慢安下来，富有责任感，不断地重新调整人生目标，这段时期挑战与机会最大。

（3）40岁左右：大部分人面临不同的"中年危机"，为家庭承担更大的责任，在更多的自我认知及开放心态下不断化解人生矛盾。

（4）50岁左右：身体逐渐衰退，待人更加成熟、宽厚，夫妻相依为命，为退休、财务、社交和健康变数做准备。

（5）60岁后：面临退休和由此带来的不适，为生活标准降低、亲友或配偶逝世等问题伤神烦恼。

2. "婚姻-家庭"生活周期

该理论认为，人一般大致都要经历婴幼儿期、少儿期、青春期、成年、成家、生儿育女照料父母、成为祖父母等人生阶段。婴幼儿期、少儿期的家庭影响，青春期的叛逆，成家后处理家庭关系及教育子女，长期承担照顾子女和父母的责任和义务，这些都对职业选择和职业生涯产生了不可忽视的影响。

3. "工作-职业"生涯周期

个人的职业选择和职业生涯路径大不相同，一般都要经过成长探索、职业确立、维持下降3个阶段，而且都是在一定的"生物-社会"生命周期和"婚姻-家庭"生活周期的背景下形成的。

（1）成长探索阶段：从一个人出生到24岁之间。在此阶段，自我意识和自主概念逐渐形成，认真地探索职业道路，以及开始进行现实性思考并憧憬各种可能的职业，有针对性地对职业进行规划，并做好各种准备。

（2）职业确立阶段：在25~44岁。30岁之前，人们换工作的频率较大，30岁以后大部分人已明确自己的职业方向，并用明确的职业生涯规划来确定自己的职业道路。

（3）维持下降阶段：是45~65岁。在这个阶段大部分人已经在工作领域内拥有自己的一席之地，其面临的主要问题是如何捍卫自己的地位。退休将近时，不得不接受为年轻人让路的现实，并思考如何打发退休时光。

（四）职业锚理论

尽管每个参与者的职业经历各不相同，但从职业决策和对关键职业事件的各种感受中发现了惊人的一致性：当人们从事对于自己不适合的工作时，一种意识会将其拉回到使其感觉更好的方向（职业）上，这就是职业锚。

1. 职业锚的含义

职业锚是在个人工作过程中遵循着个人的需要、动机和价值观，经过不断搜索所确定的长期职业定位。具体而言，职业锚是个人进入职业生涯早期工作情境后，由习得的实际工作经验所决定,并在经验中与自身的才干、动机、需要和价值观相符合,逐渐发展成的更加清晰全面的职业自我观,以及达到自我满足和补偿的一种长期稳定的职业定位。职业锚中的"锚"是人们选择和发展自己的职业所围绕的中心,指当一个人不得不做出职业选择的时候,该人无论如何都不愿意放弃的职业中至关重要的东西或价值。

职业锚的核心内容是职业自我观的构成,包括自身的才干和能力、自身的动机和需要、自身的态度和价值观。职业锚是通过各种测试进行预测的,不是固定不变的,它实际上是在不断的探索过程中产生的动态结果。

2. 职业锚的类型

职业锚包括八种类型,即技术/职能型、管理型、自主/独立型、安全/稳定型、创造/创业型、服务/奉献型、挑战型、生活型,如图5-7所示。

图5-7 职业锚的类型

我国学者的传统职业生涯理论

金树人教授在《生涯咨询与辅导》中谈到,人生无常,如梦幻泡影,生涯咨询与辅导所专注的部分,不是陷于"无常"的泥沼,而是要从"无常"之中,洞见"常"。举例来说,当我们用"无常"来形容世事、形容未来的时候,我们所要形容的状态就是一种"常"。又如,变化是无常,应变之道则是常。许多人只见前者,未见后者。这不是可不可能的争辩,而是咨询与辅导这门专业的基本要求。因此,生涯之学,即应变之学。

以教师为例,根据本土化的生涯发展阶段理念,可用五个形似的字来归纳。

(1)工:实习教师,像工人一样,学习基本功夫。这个阶段的教师在思考自己的生命意义。

(2)士:初任教师,领头羊。像士兵一样冲锋陷阵,开始为自己的生涯"出征"。

(3)王:中坚教师,孩子王。此时的教师开始关注自己生命的各个部分,会让自己的生涯彩虹丰满,成为自己的人生设计师(life designer)。当然在这一阶段,不同人在不同的细分时期会有不同角色的凸显。

(4)主:专业化的教师,当家做主。这个阶段的教师会有真正意义上的分化,他们的职业锚(career anchor)会逐渐凸显(有技术型、管理型、安全稳定型、创造型、自主独立型、服务型、挑战型、生活型）。

（5）玉：资深教师，如玉内敛。新中年主张：繁华的四十，闪耀的五十，和谐的六十，贤达的七十，百无禁忌的八十，尊贵的九十，欢庆百岁。

传统生涯理念与需要层次论对应模型，如图5-8所示。

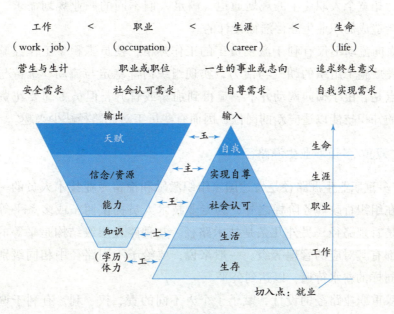

图5-8 传统生涯理念与需要层次论对应模型

二、职业发展路径及选择

职业生涯是个体职业生活的历程，包括职业的维持与变更、职务的升迁与职位的变动等，是个体职业发展的整体"路线图"，是指一个人职业能力的获得、职业准备、职业选择、职业发展、职业调整，直到退出职业活动的完整的职业发展过程。

（一）职业生涯发展路径

职业发展路径是组织为内部成员设计的自我认知、成长和晋升的管理方案，员工可以在组织的帮助下沿着一条岗位路线获得职业发展，主要有以下四种：

1. 纵向职业发展路径

纵向职业发展路径也称传统职业发展路径，是一种基于过去组织内员工的实际发展道路而制定出的一种发展模式。它是员工在组织里，从员工特定的工作岗位到下一个工作岗位纵向发展的路径，即员工在组织的某个职能领域里按等级或层次逐步向上发展，具体表现为职务的晋升和待遇的提高。

纵向职业发展路径最大的优点是直观性、垂直性，其缺点是，随着现代企业组织结构趋向扁平化，职位等级减少，使员工走该发展路径的可能性减少。

2. 横向职业发展路径

横向职业发展路径是指员工跨职能边界的工作变换，允许员工在企业内横向调动。它是为拓宽个人职业生涯规划通道、满足人们不同的职业规划需求、消除因缺少晋升机会造成的职业生涯停滞而设计的。

这种横向流动不仅有利于激发员工的工作热情，使员工积累工作经验，也有利于保持和发展整个组织的朝气与活力，实现组织内部稳定与流动、维持与发展的平衡。其缺点是，由于横向调动并不一定得到加薪或晋升，但员工却要花费精力和时间学习新的知识技能以适应新的岗位，因而有些员工对此路径缺少兴趣。

3. 双重/多重职业生涯路径

双重/多重职业生涯路径是发达国家组织激励和挽留专业技术人员的一种普遍做法，是指在组织行政职务阶梯之外，为专业技术人员提供两条或多条平等的升迁路径，一条是管理路径，另外几条是技术路径。几种路径层级结构是平等的，每一个技术等级都有其对应的管理等级。一般来说，要给予不同路径中相同级别的人同样的地位和同样的薪水待遇，以达到公平。

这种双重职业路径的设计，赋予了个人不同的责、权、利，有利于调动管理人员和专业技术人员的积极性，使他们各尽其能，各展其长，是一种非常适合组织使用的职业路径模式。

4. 网状职业发展路径

网状职业发展路径是一种建立在各工作岗位的行为需求分析基础上的职业发展路径设计，包括纵向岗位序列、横向发展机会及核心方向的发展路径。该路径认为晋升到较高层次之前需要拓宽本层次的经历。这种路径有利于为个人带来职业发展的机会，便于找到真正适合自己的工作，同时，也提高了组织的应变能力。但网状职业发展路径展现在人们眼前的是一条复杂的、而不是清晰可视的职业路径，个人需要关注自己的职业规划和组织的需求，同时组织增加了向其成员解释职业可能采取特定路线的困难，这是它的不足之处。

案例5.4

高职学生的职业发展路径

图5-9是典型的高职院校学生职业发展路径，左侧的一条线是管理型的职业发展路径，右侧的一条线是技术型的职业发展路径。

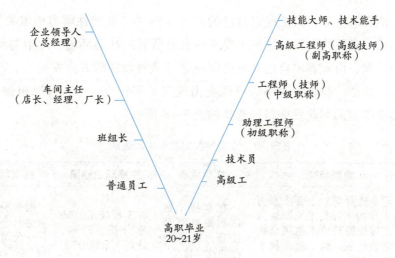

图 5-9 职业发展路径

（二）职业发展路径选择

每个人都有适合其发展的路径，但人与人各不相同，谁也不能完全复制别人的成功之道，职业生涯必须靠决策者不断尝试和探索。职业生涯路线的选择（如图 5-10 所示）需要考虑以下几个问题：一是个人希望向哪条路径发展，这里主要考虑自己的价值观、理想、成就动机等，由此确定自己的目标取向（"我想往哪个方面发展"）；二是个人适合向哪一条路线发展，这里主要考虑自己的性格、特长、经历、

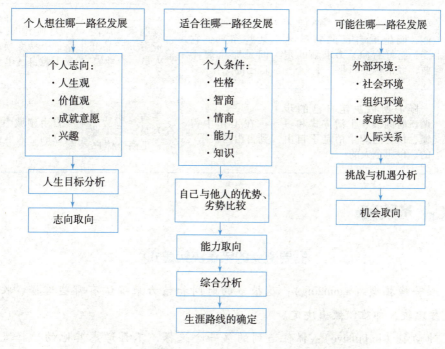

图 5-10 职业生涯路线选择

知识结构、能力水平等，由此确定自己的能力取向（"我能往哪方面发展"）；三是个人能够向哪一条路线发展，这里主要考虑自身所处的社会环境、政治与经济环境、组织环境等因素，由此确定自己的机会取向（"我可以往哪方面发展"）。

需要指出的是，职业生涯路线可能会出现交叉和转换，个人可以根据自身情况来决定。其中典型的职业发展路径选择如表5-9所示。

表5-9 几种典型的职业生涯路径

类型	典型特征	成功标准	主要职业领域	典型职业发展
技术型	职业选择时，主要注意力是工作的实际技术或职能内容。即使提升也不愿到全面管理的位置，而只愿在技术职能区提升	在本技术区达到最高管理位置，保持自己的技术优势	工程技术、财务分析、营销计划、系统分析	财务分析员—主管会计—财务部主任—公司财务副总裁
管理型	能在信息不全的情况下，分析解决问题，善于影响、监督、操纵、控制组织成员，能为感情危机所激励，善于使用权力	管理越来越多的部门，承担的责任越来越大，独立性越来越强	政府机构、企业组织及其部门的主要负责人	工人—生产组长—生产线经理—部门经理—行政副总裁—行政总裁
稳定型	依赖组织，希望平稳，怕被解雇，倾向于按组织要求行事，要求高度的感情安全，没有太大的抱负，考虑退休金	一种稳定、安全、氛围良好的家庭、工作环境	教师、医生、研究人员、勤杂人员	更多地追求职称，例如，助教—讲师—副教授—教授
创造型	要求有自主权、管理才能，能施展自己的特殊才能，喜好冒险，力求新的东西，经常转换职业	建立或创造某些东西，它们是完全属于自己的杰作	发明家、风险投资者、产品开发人员、企业家	无典型职业通路，极易变换职业或干脆自己单干
自主型	随心所欲决定自己的步调、时间表、生活方式和习惯，认为组织生活是不自由的、侵犯个人的	在工作中得到自由与快乐	学者、职业研究人员、手工业者、工商个体户	自由领域中发展自己的个人事业

 案例5.5

需要避免的错误决策模式

1. 痛苦挣扎型（agonizing）：花很多的时间和精力来确认有哪些选择、收集信息、反复比较，却难以做出决定。

2. 冲动型（impulsive）：抓住遇到的第一个选择，不再考虑其他的选择或收集信息。

3. 拖延型（delaying）：将对问题的思考和行动都一再往后推迟。
4. 直觉型（intuitive）：将自己的直觉感受作为决定的基础。
5. 宿命型（fatalistic）：将决定留给境遇或命运。
6. 从众/随大流型（compliant）：顺从别人的计划而不是独立地做出决定。
7. 瘫痪型（paralytic）：接受了自己做决定的责任，却无法开始决策过程。

三、职业生涯规划制订的基本步骤

职业生涯规划是指在生涯发展历程中，个人根据自身情况以及面对的机遇和制约因素，为自己确立职业目标，选择职业道路，并采取行动和措施，实现职业生涯目标的过程。职业生涯规划是一个周而复始的连续过程。在这个过程中包括确定志向、自我评估、环境评估、确定职业生涯目标、职业生涯路线选择与决策、制订行动计划与措施、执行与实施、评估与修正8个步骤。

（一）确定志向

俗话说："志不立，天下无可成之事。"志向是事业成功的前提，立志是人生的起跑点，反映出一个人的理想，影响一个人的奋斗目标和成就。而规划职业生涯时，首先要确立志向，要有对自己职业生涯进行规划的想法和意识，要自愿、主动地去规划自己的职业生涯，才能起到良好的规划效果。

（二）自我评估

系统的职业生涯规划是一个"从内到外"的过程，因此在职业规划时，要先认识自己。可以诚实地自问一下：我有哪些人格特质？我的兴趣是什么？哪些东西是我生命中不能缺少的？我最看重什么？我有哪些技能是与众不同的、赖以为生的？通过自我评估确定适合自身内在条件的职业定位。大学生可以利用职业测评软件，收集与自身性格、兴趣、能力、价值观相对应的职业定位。

（三）环境评估

环境因素对于个人职业生涯发展的影响是巨大的，作为社会生活中的个体，每个人都不可能离群索居，都需要生活在特定的组织环境之中，环境为每个人提供了活动空间、发展条件、成功的机遇。环境评估包括对社会政治、经济和组织环境的分析，即评估和分析环境条件的特点、发展与需求变化趋势、自己与环境的关系以及环境对个人提出的要求、环境对自己的影响等。在当今迅速发展的社会环境中，如果能很好地利用环境，就有助于个人的成功。大学生需要结合自我评价的职业定位，了解职业的分类和内容，自己专业与职业的关系，具体职业对工作人员的要求、条件和待遇，需要提升的教育方面的选择等，以便更好地进行职业生涯规划和路线选择。

（四）确定职业生涯目标

就整个职业生涯来说，目标设定可以是多层次、分阶段的。越来越多的人为了追求挑战愿意在职业生涯中从事不止一个行业的工作。当然，有时候环境迫使我们放弃原有的职业，一个多层次的目标设定可以使我们更快地摆脱窘境，保持开放、灵活的心境。远大雄伟的抱负很少能够一气呵成，应当分解成若干易于达到的阶段性目标，确立一个适度的目标体系。由于职业生涯跨越一个人的青年、中年和中老年时代，人在各时期的体能、精力、技能、经验、为人处世的特点有着明显差别，所以，有针对性地制定阶段性目标更为可行。

（五）职业生涯路线选择与决策

职业生涯路线是指一个人选定职业生涯目标后从哪个方向上实现自己的目标，是向专业技术还是行政管理方向发展，方向不同，要求就不同。

（六）制订行动计划与措施

行动计划与措施的制订则是需要分析自身条件与职业生涯目标的差距，以缩小差距为目的，制订出可以实现又具有挑战性的行动计划与措施。

与短期目标、中期目标、长期目标、人生目标相对应的行动计划与措施分为短期规划、中期规划、长期规划、人生规划。需要注意的是人生规划时间跨度较长难以掌握，而10年以内的计划相对比较合适，所以可以按时间进行行动计划与措施的制订。

对于面临就业的大学生和刚入学的大学生而言，行动计划与措施制订的内容也有很大的不同：一是对于面临就业的大学生，撰写求职简历、应聘面试、工作、参加组织培训和教育、构建人际关系网、谋求晋升以及跳槽换工作等都是行动计划与措施的内容。二是对于刚入学的大学生，在确定好职业生涯目标、选择了职业生涯路线后，应该制订好学业规划、成长规划和时间规划。

（七）执行与实施

职业生涯规划的执行和实施，可以采用PDCA法。PDCA循环法是由美国质量管理专家戴明提出的，又被称为"戴明循环"，如图5-11所示。PDCA是英文单词plan（计划）、do（执行）、check（检查）和act（处理）的首字母的组合。该循环法有四个阶段：P阶段、D阶段、C阶段、A阶段，也称为"计划阶段""执行阶段"

图5-11　PDCA循环

"检查阶段""处理阶段"。PDCA 循环就是按照这样的顺序进行质量管理，并且循环不断地进行下去的科学程序。

（八）评估与修正

职业生涯评估主要是对各阶段的预定目标和实际结果之间的差距进行分析，找到差距产生的原因。任何行动计划在实施之后都可能出现以下几种情况：一是目标基本完成，说明目标设定合理，计划措施合适，行动适当；二是目标轻松完成，说明目标设定太低；三是目标不能完成，可能是目标设定太高、目标合适但是计划和措施不合适；目标与计划措施都合适，但是执行不力。可以通过反馈法、对比法、交流法、反思法、评价法、调查总结法，进行职业生涯的评估，分析差距产生的原因，并进行修正。

四、个人职业生涯规划管理

职业生涯规划通过个人确定职业发展的目标和方向，促使个人努力工作，有助于抓住工作的重点，有助于激发员工潜能，实现员工发展与组织发展的统一。职业生涯管理的内容主要表现为个人和组织两个层面，如图 5-12 所示。本书主要讨论个人的职业生涯管理。

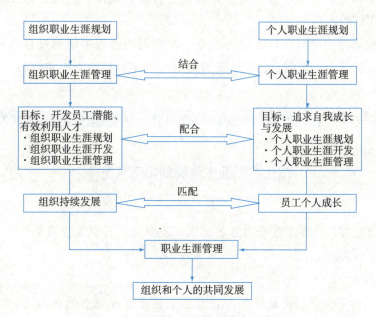

图 5-12　职业生涯管理的内容体系

个人职业生涯管理是个人对其职业生涯进行规划、选择、开发和调整的活动过程。

五、撰写职业生涯规划书

一份完整的职业生涯规划书应包括以下内容：

（1）封面。包括姓名、专业、班级等个人基本信息。

（2）正文。包括总论（前言、引言）、自我探索、环境分析、职业定位、计划实施、评估调整、结束语七个部分。

（3）总论（前言、引言）。主要写规划的目的及自己对规划意义的认识等。

（4）自我探索。包括对兴趣、能力、性格、价值观、胜任能力等的测评结果，并进行自我探索小结。

（5）环境分析。包括家庭环境分析、学校环境分析、社会环境分析、职业环境分析，并根据以上分析进行环境分析小结。

（6）职业定位。是指在自我探索及环境分析的基础上，通过SWOT等方法确立自己的职业生涯目标、职业发展策略，提出具体路径。

（7）计划实施。即通过各种积极的具体措施与行动去争取职业生涯目标的实现。也就是对如何实现自己的职业生涯发展目标制订一个比较详细而又切实可行的行动计划和策略方案。

（8）评估调整。听取多方意见，并检查是否符合具体、清晰、可操作可量化原则，写明要评估的内容。

（9）结束语。主要对在自己进行职业生涯规划的过程中帮助过自己的人表示感谢，最后给自己鼓劲，表明自己能够完成规划所确定目标的决心和信心。

活动与训练

成功的职业生涯规划如何实现？

一、目标

通过案例分析，让学生结合自身的情况，更好地进行职业生涯管理。

二、规则和程序

1. 集体参与。

2. 仔细阅读下文并讨论此案例中该女生职业生涯规划书的优与劣，并提出调整方案。

阅读材料：

小常是一个很有想法的女生，大学毕业之后，在一所职业中学里当网管，与她所学的对外贸易专业完全不相符，这是怎么回事？她是如何为自己做规划的呢？

一、基本情况

女，某省属大学经济贸易学院对外贸易专业，业余时间兼修电子商务专业课程。父母在一座小城市生活，一般工人家庭。

二、个人分析

（一）优点（Strengthes）

1. 做事认真、踏实，生活态度积极，善于发现新事物。
2. 待人真诚，性格开朗，乐于与人交往和沟通，善于开导别人。
3. 有责任心、爱心。
4. 喜欢思考问题，有一定的分析能力，做事之前一定要将事情想清楚。
5. 有浓厚的学习兴趣和一定的知识储备，较好的英语水平。
6. 心思细腻，考虑问题比较细致、周到。
7. 逻辑性和条理性较好，书面表达能力较强。
8. 当过班干部，组织过集体活动，有一定的组织管理能力和经验。
9. 喜欢自主性强、能发挥自己善于与人打交道特点的工作。

（二）缺点（Weakness）

1. 竞争意识不强，对环境资源的利用不够主动，也就是缺乏快速适应环境的能力。
2. 口头表达有时过于冗化，不够简洁。
3. 做事不够果断，尤其做决定的时候往往犹豫不决。
4. 工作、学习有些保守，学习速度较慢。
5. 冒险精神不够，创新能力有待提高。
6. 做事有时拖拉，不够雷厉风行。
7. 不喜欢机械性、重复性的工作，也不喜欢没有计划、没有收获的忙乱，不喜欢应酬和刻意为之的事情。

（三）机遇（Opportunities）

1. 就专业方面来说，中国加入世界贸易组织后国际化程度越来越高，外语的使用越来越广，就业机会较多。
2. 现在是一个计算机信息的时代，国际、国内贸易的形式越来越多地使用电子商务进行交易，就业机会较多。
3. 学校提供了一些很好的学以致用的机会，可以积累一定的实践经验，同时有很多的机会与各行业人士接触、交流、学习，提高自身素质。
4. 身边有很多优秀的同学，可以多向他们学习，并且有构建良好人际关系的条件。

（四）威胁（Threats）

1. 中国的出口下降快，外贸行业的就业机会减少。
2. 电子商务企业除个别知名企业外，大部分企业都处在初创时期，并不能很好地赢利。
3. 最近几年大学扩招，毕业生很多。

三、未来的最佳选择

与专业相关的职业有外贸行业、电子商务行业，但这两个行业市场化程度较高，对竞争能力有较高的要求，而这正是自己的劣势。

求职考虑能够很好地发挥自己与人沟通能力的职业，如教育行业，既能突出自己的优势，又跟个人专业结合，对竞争能力要求也相对略低。

四、现在应做的准备

如果要从事教师职业，自己的学历需要进步提高，有必要继续深造，但考虑到个人及家庭条件，还是先工作两年积累一些实际的工作经验，然后再去学习比较好。

五、3~5年的职业目标

1. 考上省师范大学的教育专业研究生。
2. 毕业后成为教师。
3. 进入教育行业。

六、行动计划

1. 今年努力通过专业英语四级考试，并进一步向专业八级的要求靠近。另外，课余时间寻找英语家教的机会，获得一些教育的经验，至少对中小学生的英语教学情况有大致的了解。
2. 留心教育行业的招聘广告，注意招聘教师的要求，并向这些要求的方向努力。
3. 关注教育行业的其他职位，发现是否有适合自己的职位。
4. 不要被外贸、电子商务的相关职位转移了注意力。
5. 留意省师范大学教育专业研究生招生计划，选择适合自己的专业及导师，找机会旁听导师的课程。

七、求职实践总结

按计划行动之后，小常发现教育行业的教师职位门槛相对于她来说，确实比较高，她根本没有机会，但教育行业中的行政后勤岗位还比较适合自己。

经过半年的努力与准备，她终于被一家职业高中聘为学校机房的网管，主要的职责是：维护学校机房设备，在上课时间为相关教师准备好机器，协助管理学生上机，在非上课的自习时间，为来机房上机的学生服务。这个工作自主性较强，平时时间比较自由，小常可以有时间复习为专转本做准备；为学生服务也适合她善于与人交往的个性特点，她工作得非常愉快，自然受到学生欢迎和学校领导的认可。

小常一边在学校上班，熟悉学校的环境，一边备考研究生。另外，她了解到学校有在职学习名额，还准备争取学校的在职学习名额，到省师范大学进修，回来继续为学校服务。

在一个符合自己优势与喜好的行业与岗位上，小常如鱼得水，干得很起劲也很开心。

（资料来源：http://zhiyeguihua.yjbys.com/fanwen/164080.html 2014年11月）

探索与思考

1. 试用PDCA循环法规划自己的大学学业生涯。
2. 为自己撰写一份职业生涯规划书。

第二部分

就业创业指导

模块六　了解就业形势与政策

🌸 模块导读

就业是民生之本，关系到千家万户的生活。在经济下行压力加大、产业结构调整不断深化的情况下，我国就业局势保持了总体稳定。城镇新增就业连续四年超过1 300万人，城镇登记失业率、调查失业率都保持在比较低的水平。这归功于经济的持续发展、经济结构的不断调整优化、改革政策红利的持续释放。

政府工作报告中，多次将就业优先政策置于宏观政策层面，旨在强化各方面重视就业、支持就业的导向。当前和今后一段时期，我国就业总量压力不减、结构性矛盾凸显，新的影响因素还在增加，必须把就业摆在更加突出的位置。稳增长首要是为保就业。

充分就业，高质量就业，是党和政府对人民的庄严承诺。解决好就业问题，使人人都有通过辛勤劳动实现自身发展的机会，是使命所在。在党和政府政策指导下，我们要全力促进职业院校毕业生多渠道就业创业，实现毕业生更高质量和更充分的就业。

当然，就业不仅仅是一个人的谋生手段，也是一个人价值的体现。伴随着新的产业革命来临，"大众创业、万众创新"的政策将极大释放中国民众潜在的创造力。推进"双创"培育和催生经济社会发展新动力的必然选择，是扩大就业、实现富民之道的根本举措，是激发全社会创新潜能和创业活力的有效途径。

本模块全面分析当前我国就业形势、就业政策和公共就业服务，以及毕业去向和就业渠道，帮助高职毕业生转变就业观念、了解就业政策、有效获取就业信息，促进青年学生做好充分的就业准备。

就业信息收集与整理

教育部2022年最新高校毕业生就业政策

中国历届应届生人数

模块六　了解就业形势与政策

6.1　就业形势和就业观念

名人名言

青年的价值取向决定了未来整个社会的价值取向，而青年又处在价值观形成和确立的时期，抓好这一时期的价值观养成十分重要。志不求易者成，事不避难者进。

——习近平

 学习目标

1. 了解当前的就业形势与高职学生的就业现状。
2. 了解国家发展战略与高职毕业生就业新机遇。
3. 克服不良不良倾向，树立科学的就业观。

"90后"初涉职场："俯下身"但却"行不远"

"这是我第二次来找工作，原来那份工作太没挑战性了。"某金融学院的应届毕业生小韦刚刚辞掉前一份工作，11月20日，他特意从安徽老家赶到福州参加福建省2022年大中专毕业生首场招聘会。

"其实找工作不难，但找到满意的工作不容易。"在招聘会现场，小韦投了八份简历，主要以销售类工作为主。他告诉记者，如果这次招聘没有结果，他准备去中西部地区试一试，"虽然相对来讲比较落后，也苦一点，但发展空间还是很大。"

与只专注于沿海、白领、写字楼的毕业生相比，愿意"俯下身"的求职者并不在少数，在中国水利水电第十六工程局有限公司的招聘摊位前，前来应聘的毕业生排起了长龙。公司人力资源部负责人告诉记者，面试官通常会问应聘者是否愿意下基层工作，是否接受外派，大部分面试者都会给出肯定的答案。

虽然面试谈得很好，但真正坚持在基层工作的并不多，"现在很多'00后'都

是独生子女，吃不了苦，父母也不愿意让孩子常年在外面跑，所以企业不怕招不到人，最怕留不住人。"

"有没有加班？有没有休假？一个月休几天？"在一家外贸公司招聘台前，某民族大学的毕业生小陈正在与用人单位的负责人交谈，她最关心的就是休息时间。"双休日可以与亲友相聚或回家看父母，让工作和生活劳逸结合。"

分析：相对于过去的"70后""80后"求职者追求工资和待遇不同，"00后"求职者不愿当"岗奴"，他们更关心的是属于自己的休息时间有多少。除了双休日外，不少"00后"还关心单位是否有旅游等福利。

"就业难不是岗位不够，是岗位匹配不够。"中国高校就业联盟负责人闻霄坦言。之所以出现这种情况，主要是学生的期望值太高，同时企业的期望值也不低，即双方对不上眼。很多制造型企业来学校招人，甚至是求着学校要人，而一些学生更向往的是表面光鲜的职业。

"俯下身"但却"行不远"成为高校毕业生就业状态的真实写照，造成这种现象的原因主要是学生对社会了解不够深入，往往有热情、无方向，在社会上碰壁后便会选择逃避，加上求职者的攀比心理，导致很多毕业生不能忍受基层的辛苦。

就业既是重大的经济问题，也是重要的社会和政治问题。从理论上讲，就业是指具有劳动能力的人，运用生产资料从事合法社会活动，并获得相应的劳动报酬或经营收入的经济活动。具体而言，就是指在法定年龄内，具有劳动能力的人在一定的工作岗位上从事有报酬或有经营收入的合法劳动。

一、世界就业发展趋势

纵观100年来世界范围内的社会经济发展史，就业呈现出以下3大趋势：

（一）产业变动进程加快，服务业逐步成为吸纳就业的主体

工业革命以来，由于农业生产率提高，农业劳动力不断向工业流动；在工业日益走向细分工和专业化的同时，随着人们消费需求的变动和服务业的兴起，发达国家又从"产值的工业化"和"劳动力的工业化"形态，先后进入了"产值的服务业化"和"劳动力的服务业化"。在发达国家，服务业已成为吸纳就业的主体。

现代商业服务业的发展，在创造大量就业岗位的同时，也为现代经济的高速增长提供了新的推动力。

（二）灵活就业比重不断上升，就业模式日趋多样化

在传统的工业社会中，工厂式的集中就业是典型的就业模式。随着服务业成为

经济活动的主体和现代信息通信技术的发展，灵活就业的比重在不断上升，就业模式日趋多样化，出现了短期就业、季节性就业、非全日制就业、家庭就业、自营就业、派遣就业，以及兼职就业、远程就业等多种就业形式。

在发展中国家里，灵活就业的方式更多地表现为在非正规经济中就业。自营就业、家庭服务和微型企业等非正规经济被称为巨大的"劳动力海绵"。对于广大发展中国家，在灵活就业比重不断上升、就业形式日趋多样化的条件下，如何在继续扩大正规经济就业规模的同时，有效促进非正规经济中的就业，并不断改善劳动条件，提供相应的社会保障，已成为解决就业问题的关键。

（三）工作岗位的创造与消失速度加快，就业稳定性下降

以信息技术为特征的产业革命和日益加剧的全球企业竞争，对就业，特别是对工作组织和职业岗位的寿命产生了巨大的影响，工作岗位创造与消失速度都在加快，就业不稳定性上升。

高新技术的发展，促进了产业结构的变化，出现了一种以相对成本为基础的全球劳动大分工。发达国家正沿着"价值链"向上移动，而将低附加值的生产对外转包给人工成本较低的发展中国家。例如，在欧美国家，"信息类职业"已占各种新职业总和的40%以上。在高新技术创造出软件编程、网络设计和通信服务等新职业中，劳动者频繁地变换着工作，为不同的雇主服务。又如，由于管理和咨询活动对于经济、社会乃至个人生活的影响越来越大，它们成为另一个发展最快的职业群组。旅游、康乐、健身、医疗以及其他生活服务领域都产生了许多新职业。

由于技术或产品的更新，以及禁止使用某种材料或工艺，导致一些职业失去市场，目前衰落和消退的职业主要集中在第一和第二产业，第三产业也有部分传统职业消退。

二、当前和今后一段时间我国就业形势分析

（一）就业与国民经济发展密切相关

当前我国正经历经济增速放缓、产业结构优化升级、增长动力由要素驱动转为创新驱动的新常态时期。

1. 经济持续发展，是稳定和扩大就业的重要基础

据统计，"十一五"期间，GDP增长一个点，平均拉动就业100万人；"十二五"期间，GDP增长一个点，平均拉动就业170万人。因此，经济发展是稳定和扩大就业的重要前提。

2. 经济结构在调整优化拉动就业

不同的经济结构对就业的带动能力、拉动能力是不同的，特别是第三产业对就业的拉动能力，平均要高出第二产业20%。去年第三产业占GDP的比重达到了51.6%，高出第二产业11.8个百分点。

3. 改革持续释放红利促进就业

政府持续转变职能，推进"放管服"改革，推进商事制度改革，推进以"营改增"为重点的税收制度改革，同时大力倡导"大众创业，万众创新"。新技术、新业态、新动能在不断增加，就业形态也是多元化，创业带动就业的倍增效应也不断显现。

（二）对今后一段时间的就业形势判断

1. 总量压力仍存、结构性矛盾突出的基本特征仍将持续

从总量上看，劳动力供给增速趋缓，总量逐步减少，总量压力相对缓解，但仍然高位持压。我国劳动年龄人口数量持续下降，与以往高速增长的发展趋势明显不同，就业总量的压力从增量向存量转变。据测算，到2030年之前我国16~59岁的劳动年龄人口仍将一直保持在8亿以上。

就业结构性矛盾是经济社会发展不协调、不平衡的结构性问题在就业领域的集中反映。其中既有产业结构调整和技术进步的因素，也有区域经济格局变化的影响，如城乡二元结构逐渐被打破，但体制分割没有完全消除；各地区发展迅速但仍然很不平衡；居民收入水平上升但仍然差距巨大；劳动者社会横向流动过于频繁，而纵向流动困难。但最根本的还是劳动力需求和供给的不匹配。

2. 应对外部经济环境变化带来就业形势不确定性

经过40多年的改革开放，中国经济与世界经济深度融合，世界经济环境变化，必然对我国经济产生冲击，进而影响到就业领域。这种影响主要体现在两个方面：一方面，贸易摩擦对外贸生产经营企业的直接影响，可能导致部分企业短期内出现经营困难而减少就业岗位；另一方面，经贸摩擦的持续发展，可能导致供应链在全球范围内的调整，部分相关企业可能重新布局生产线，并进一步影响消费市场。

3. 应对新技术革命的机遇与挑战

世界银行发布的世界发展报告指出，近10年，以人工智能为代表的技术爆炸正在重塑新一轮社会经济格局。新一轮技术革命的迅猛发展，是以工业智能化、互联网产业化、工业一体化为代表，以人工智能、清洁能源、量子信息、3D打印、智能

制造、虚拟现实、生物医药技术和新材料科学等为主的全新技术革命。其将重构生产、分配、交换、消费等经济活动各环节，既推动产业转型升级，带动经济高速增长，也实现生产力的新跃升以及生产要素的重新配置，必然对就业产生广泛和深刻的影响。技术革新对就业的影响通常具有两面性，既有"替代效应"，也有"创造效应"。目前，两种效应正在我国人力资源市场上叠加显现。

在新业态推动下，未来职场新趋势将表现为：一是新经济推动消费和服务升级，传统雇佣关系转为合作关系；二是共享平台优化岗位供需配置，工作形式趋于灵活协作状态；三是大中企业趋向扁平化、高效化，小微企业"职场社群"异军崛起。

三、当前高职毕业生就业出现的新特点、新变化

（一）大学生就业难将持续存在，总量和结构矛盾并存

2022 年毕业季，我国高校毕业生人数达到 1 076 万人（见图 6-1），规模和增量均创历史新高。高校毕业生人数，已经比 10 年前增加了 58%，是 20 年前的 7 倍。同时，由于受疫情持续蔓延的影响，近两年来返回国内就业的"海归"留学生数量也在不断增加，这就更加剧了就业竞争的激烈程度。京东、百度、字节跳动、爱奇艺、快手等互联网大厂纷纷都在缩减人员、调整内部岗位。在此情况下，高校毕业生将面临更为艰难的就业局面，成为历史上最难的就业季。事实上，许多行业已经出现了大量岗位空缺，但是却得不到人员的补充，如制造业的产业升级所急需的大量高端技术人才和高级技工，劳动力市场所能提供的数量太少，远远无法满足企业的需求。

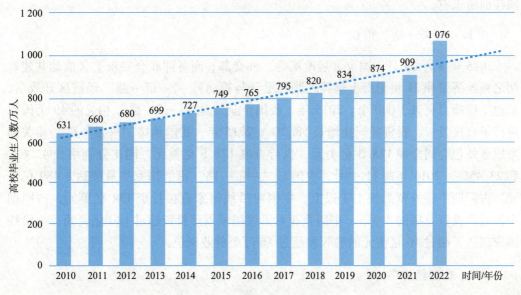

图 6-1 高校毕业生人数

在劳动力市场总体上供大于求的形势下，大学生就业结构性矛盾显得十分突出。主要表现在供给与需求的类型结构性矛盾、层次结构性矛盾、专业结构性矛盾。

（二）高职专科毕业生的就业现状与前景

高职院校毕业生就业现状表现为：一是我国现阶段经济形势导致毕业生就业压力增大；二是就职于民营企业的较多；三是刚入职毕业生的薪酬较低；四是"跳槽"现象较突出；五是就业区域偏向于经济发达的省市。

当前高职院校毕业生就业质量偏低是普遍存在的现象，主要表现：一是就业单位层次较低；二是就业率无法反映真实的就业情况；三是专业就业对口率相对较低；四是就业起薪低，退出就业市场的学生增多；五是学生就业满意度较低，违约数量较多。

（三）国家发展战略与高职毕业生就业新机遇

近年来，党中央、国务院及各级政府高度重视毕业生就业工作。实施就业优先战略和更加积极的就业政策，多渠道增加就业岗位。坚持把发展经济作为扩大就业的根本途径，努力增加就业岗位，扩大就业规模，提高就业质量。各级政府不断推动创业创新，通过进一步简政放权、深化改革，完善社会托底政策，积极做好失业保险、职工安置、就业援助等工作，有效化解失业风险。加强职业培训，加快发展现代职业教育，扩大培训规模，提高培训质量，提升就业能力。强化公共服务，充分运用现代科技手段提升服务水平，营造良好的就业创业环境。一大批高职毕业生在政策中受益，如毕业生应征入伍学费代偿、高职学生当"村官"可免试读成人本科、高职学生自主创业可享受小额贷款等。

因此，虽然当前高职专科毕业生就业形势复杂，挑战不少、压力较大，但机遇同样前所未有。

1. "一带一路"倡议

2015年3月28日，国家发展改革委、外交部、商务部联合发布了《推动共建丝绸之路经济带和21世纪海上丝绸之路的愿景与行动》。"一带一路"经济区开放后，承包工程项目突破3 000个。2015年，我国企业共对"一带一路"相关的49个国家进行了直接投资，投资额同比增长18.2%。2015年，我国承接"一带一路"相关国家服务外包合同金额178.3亿美元，执行金额121.5亿美元，同比分别增长42.6%和23.45%。2016年前11个月，中国与"一带一路"沿线国家贸易额达8 489亿美元，占同期中国外贸总额1/4以上。中国对沿线国家直接投资134亿美元，占同期中国对外投资总额的8.3%，中国企业对沿线国家累计投资超过180亿美元，为沿线国家创造了超过10亿美元的税收和超过16万个就业岗位。

2. 长江经济带

长江经济带覆盖上海、江苏、浙江、安徽、江西、湖北、湖南、重庆、四川、云南、贵州等 11 省市，面积约 205 万平方千米，人口和生产总值均超过全国的 40%。

2016 年 9 月，《长江经济带发展规划纲要》正式印发，确立了长江经济带"一轴、两翼、三极、多点"的发展新格局："一轴"是以长江黄金水道为依托，发挥上海、武汉、重庆的核心作用，"两翼"分别指沪瑞和沪蓉南北两大运输通道，"三极"指的是长江三角洲、长江中游和成渝 3 个城市群，"多点"是指发挥 3 大城市群以外地级城市的支撑作用。

3. 京津冀协同发展

京津冀协同发展，核心是京津冀三地作为一个整体协同发展，要以疏解非首都核心功能、解决北京"大城市病"为基本出发点，调整优化城市布局和空间结构，构建现代化交通网络系统，扩大环境容量生态空间。推进产业升级转移，推动公共服务共建共享，加快市场一体化进程，打造现代化新型首都圈，努力形成京津冀目标同向、措施一体、优势互补、互利共赢的协同发展新格局。

京津冀地区当前总人口已超过 1 亿人，实现京津冀协同发展、创新驱动，推进区域发展体制机制创新，是面向未来打造新型首都经济圈、实现国家发展战略的需要，对于全国城镇群地区可持续发展具有重要示范意义。

4. 粤港澳大湾区

粤港澳大湾区指的是由广州、佛山、肇庆、深圳、东莞、惠州、珠海、中山、江门 9 市和香港、澳门两个特别行政区形成的城市群。是继美国纽约湾区、美国旧金山湾区、日本东京湾区之后，世界第四大湾区。是国家建设世界级城市群和参与全球竞争的重要空间载体。

2017 年 4 月 7 日，国家发改委制定印发了《2017 年国家级新区体制机制创新工作要点》。其中，广州南沙新区的工作要点为深化粤港澳深度合作探索，推动建设粤港澳专业服务集聚区、港澳科技成果产业化平台和人才合作示范区，引领区域开放合作模式创新与发展动能转换。创新与港澳在资讯科技、专业服务、金融及金融后台服务、科技研发及成果转化等领域合作方式，推进服务业执业资格互认，吸引专业人才落户。完善"智慧通关"体系，构建国际国内资源双向流动的投资促进服务平台。探索建立法院主导、社会参与、多方并举、法制保障的国际化、专业化、社会化多元纠纷解决平台，优化法治环境。

5. 雄安新区

《河北雄安新区规划纲要》指出，要坚持世界眼光、国际标准、中国特色、高点定位，紧紧围绕打造北京非首都功能疏解集中承载地，成为新时代推动高质量发展的全国样板，培育现代化经济体系新引擎，建设高水平社会主义现代化城市。

案例6.1

区域就业市场分析

今后一段时期，我国将建设京津冀、长三角、珠三角世界级城市群，提升山东半岛、海峡西岸城市群开放竞争水平。培育中西部地区城市群，发展壮大东北地区、中原地区、长江中游、成渝地区、关中平原城市群，规划引导北部湾、山西中部、呼包鄂榆、黔中、滇中、兰州-西宁、宁夏沿黄、天山北坡城市群发展，促进以拉萨为中心、以喀什为中心的城市圈发展。由此创生的就业机会，正为各级各类毕业生们带来更多选择。

(一) 一线城市就业市场特点

比起二三线城市来，一线城市不但房价高、交通拥堵，而且工作岗位竞争激烈。为何各类人才扎堆前往？原因在于，一线城市发展迅速，比二三线城市拥有更多与国际接轨的技术和理念，拥有更好的学习资源与教育环境。而有些资源不但会影响到个人发展，甚至有可能影响到下一代的发展。因此，占尽资源优势的一线城市，自然成了求职者眼中的"香饽饽"。退居二三线城市，也许对于某些人来说更容易找到工作。然而，要高薪，要发展，还是一线城市机会更多。

同时，一线城市由于产业的高端化和区域经济中心的定位，对于求职者的学历、资历、能力、专业技术等要求相对较高。特别是求职者自身初期进入大城市，会面临较大的租房、交通、交友等压力。一线城市现代服务业比较发达，但必要的公共生活设施所需要的以操作为主的技能人才也是不可或缺的。

(二) 二三线城市就业市场特点

所谓二三线城市，是指除北上广深以外的省会城市以及经济水平较高、城市规模较大、区域辐射力较强的地级市。

尽管一线城市仍保持着相对较高的就业签约率，但是随着逐步收紧城市人口扩张的趋势，加之生活成本高、居住压力大、环境污染和交通拥堵等问题，传统一线城市对毕业生的吸引力正在逐步减弱。与此同时，随着新一线城市和二三线城市的发展和毕业生就业观念更加多元、就业选择更趋理性的变化，"北上广深"对毕业生的吸引力正在逐步减弱，二三线城市正逐渐成为大学生就业重心。

分析： 从高技能人才到二三线城市创业就业的原因，可以看出：当前，一线城市面临"城市病"的压力，需要疏解一些功能；另一方面，一些二三线城市有着良好的产业基础、人口条件、公共服务，处于迅速崛起与转型之中。对技能人才来说，选择一线城市会面临人才扎堆、竞争激烈的局面，而二三线城市具有落户难度低、综合成本低、政策扶持力度大、竞争较小等优势，更适合职业生涯的发展。

四、树立正确的就业观

就业观指的是人们对某一特定职业的根本看法和态度,也是社会对从事某种专业工作人员的较为恒定的角色认定。近年来,高职毕业生的就业观念和就业环境正在日益发生变化,毕业生在择业过程中也呈现出许多新特点。

(一)树立正确的就业观

1. 勇于面对竞争

在社会主义市场经济体制下,就业实行的是在国家政策指导下自主择业的方式。毕业生就业制度改革的一个重要特点,就是把社会主义市场经济的重要思想,即竞争引入毕业生的就业之中,建立起公平的人才竞争环境。

第一,要树立强烈的竞争意识。人才市场上的供求关系总会存在一些这样或那样的不平衡之处,同一职业往往有较多的择业者期望获得,如果没有主动竞争的思想准备和积极参与应聘的行为,是难以顺利就业的。

第二,要培养雄厚的竞争实力。竞争实力是综合素质的体现,包括思想品德素质、专业素质、文化素质、身心素质等。竞争实力是在学习生活的过程中逐渐培养和塑造的结果。在公开、公正、公平的竞争原则下,竞争实力就是个人实现择业理想的资本。

第三,要坚持正确的竞争原则。毕业生在就业竞争面前,要保持自己的人格尊严,诚实守信,凭自身的实力并运用恰当的竞争技巧去赢得用人单位的青睐。

第四,要保持良好的竞争心态。有竞争就有风险,参与竞争就难免受到挫折。对于高职毕业生来说,尤其要注意提高遭受挫折后的心理承受能力,保持良好的竞争心态,主动摆脱受到挫折后的颓丧情绪,要认真分析失败的原因,调整自己的心态和择业目标,鼓足勇气,争取新的机会。

2. 先就业再择业后创业

毕业生不必急于在短时间内找一个固定的"铁饭碗",要树立不断进取的职业流动观念,并学会在流动中发现机会、抓住机会、把握机会。

从现阶段的就业形势看,国家宏观政策是鼓励大学生自主创业;社会主义市场经济体制的建立和市场经济的发展,为广大毕业生的自主创业提供了良好的社会环境。创业,这包含机遇与挑战的字眼,已经成为无数毕业生心中的梦想。自主创业给具有创造力、活力的毕业生提供了就业和深造以外的"创新之路"。

3. 发挥专业所长,注重综合素质

毕业生在择业时首先要考虑所学的专业,根据专业特点谋求职业,以做到专

特点与职业要求相匹配,发挥专业优势;同时也不能忽略综合素质和能力。大多数用人单位招聘人才的标准是:注重应聘者的个人能力和综合素质,至于专业是否完全对口并不过分计较。一味强调专业对口,会使毕业生在激烈的竞争中失去很多机会。一个具有开拓精神的毕业生,应看重行业的发展前景,并及时调整自己的择业方向,勇于选择与自己所学专业相近或相关的职业。学校的教育不仅仅是学习专业知识和技能,更重要的是培养了学生的综合素质和综合能力。

(二)转变就业观念

1. 从"城市"向"基层"转变

当前,一方面,高校毕业生就业面临着困难和一些问题;另一方面,广大基层特别是中西部地区、艰苦边远地区和艰苦行业以及广大农村还存在着人才匮乏的状况。但很多大学生放不下身段和"面子",不愿意到县区和农村以及艰苦地区。实际上,基层的天地广阔,蕴藏着众多的机会。随着国民素质的普遍提高和就业层次的下移,大学生下基层的现象会越来越多,这也是社会不断进步的表现。

大学生完全可以把到基层就业视为创业的起步、成才的开始。通过了解国情民意,积累经验,增长才干。将姿态"放低",将人生目标"抬高",着眼未来。在城市生存成本加大、就业已趋饱和的情况下,选择到基层就业和发展是理性而现实的。

2. 从"国企"向"私企"转变

在传统的职业观念影响下,人们都希望能够到政府机关、事业单位或国有大企业谋职、发展,而不愿意到民营企业或私营企业求职发展。但是,政府机关、科教文卫事业单位、科研院所、大型三资企业由于多种原因(如体制原因、产业结构原因等),吸纳大学毕业生的能力是有限的,很难大量接收毕业生就业。

随着改革的深入,经济新常态的发展,民营、私营企业单位大量增加,随之带来的是对人才的大量需求。特别是一些发达地区的民营企业飞速发展。人才市场薪资调查表明,民营企业的收入水平甚至已和三资企业不相上下,民企灵活的用人机制和激励手段为人才创造了比在其他单位更好的个人发展空间。随着社会养老保险、医疗保险、失业保险、住房公积金制度的建立和完善,在民企工作也不用担心"五险一金"交纳等个人保障问题。

3. 从"白领"向"蓝领"转变

在传统的就业观念中,很多大学生都想成为"白领",对于"蓝领",很多人在观念上把它看成是体力劳动。在当前技术飞跃发展的今天,"蓝领"已不再是以前的工作形式,知识型、技能型的"蓝领"正被社会越来越重视,社会地位和收入水平已大幅提高。"工匠精神"正成为国家的需要和大学生的新职业追求。

在今后的职业发展空间内，位于生产一线的大学生"蓝领"远比在办公室里的"白领"有更多升职加薪的机会。国内很多成功企业家的经历也说明，坐办公室是"坐不成"老总的，只有真正在生产线上摸爬滚打过的人，才有更全面的专业素质，也更熟悉企业各方面的运作，有望在职场竞争中脱颖而出。

4. 从"打工"向"创业"转变

从现阶段的就业形势看，国家宏观政策激励大学生自主创业，社会主义市场体制的建立和市场经济的发展，为广大毕业生的自主创业提供了良好的社会环境。创业——这包含机遇与挑战的字眼，已经成为无数大学生心中的梦想。中国也已经诞生了一大批大学生创业者，而且其中不乏成功的典范。

5. 从"终身"就业向"动态"就业转变

传统就业观念向来视稳定为生活的重要条件，而现代社会为人们提供了广阔的更加独立发展的空间，毕业生不必急于在短时间内找一个固定的"铁饭碗"，要打破一步到位、从一而终的就业观。

科学技术的迅猛发展和知识的快速更新、市场经济体制的变革和人才市场的发展，使得就业、失业和再择业成为今后大学生一生中经常会遇到的事情。第一份工作对于许多人来说，更多的是一种锻炼和实践经历、一种融入社会的渠道。每个大学生都要有多次就业择业的思想准备。市场经济既然把传统意义的"铁饭碗"打破，新时代的大学生就应努力练就职业技能，重铸自己的"金饭碗"。

6. 从"贪图享乐"向"艰苦奋斗"转变

当前，我国经济保持中高速发展，人们的物质生活水平不断提高，大学生是就业大军中的佼佼者，无疑会成为社会的宠儿和焦点。加上近几年大学生中独生子女占大多数，都是在娇生惯养的环境中成长的，因此许多大学生贪图享乐，缺乏吃苦耐劳、艰苦奋斗的精神。在选择职业时，他们大多不愿意到艰苦的环境和岗位上去。由于吃不了苦、缺乏敬业精神而"待业"或失业的不乏其人。历来成功人士的经历也告诉我们，只有坚持艰苦奋斗，才能获得事业的成功！因此，大学生在就业时首先应该做好吃苦耐劳的准备，树立爱岗敬业、艰苦创业的信念，为祖国的繁荣富强贡献自己的青春年华。

总结案例

沉着应变的小何

毕业生小何因为车晚点，待赶到某地人才交流会会场时，已是差不多结束收摊

之时，他真是懊悔极了。要知道，他这次专程来这里就是冲着 A 单位来的，他对 A 单位向往已久，曾经投过一份简历给该单位人力资源部负责人，该负责人表示对他的材料很感兴趣，并请他务必参加一个月后的一次人才交流会，到时现场见面后就可决定是否签约。可这次他偏偏迟到了，实在不凑巧。

此时，会场内不少单位已录满人员，撤摊而去，剩下的单位也在整理材料准备离场，他开始漫无目的地在场内瞎逛。突然 B 单位的摊位令他眼睛一亮，该单位他也曾向往过，只因为自己学历层次不够，未敢冒昧联系，今天既然来了，不妨就试试看吧。他郑重其事地递上了自己的一份材料，主动做了自我介绍并说明了今天晚来的原因，凭着自己之前对该单位的了解，他与负责招聘的人谈得非常投机。一周之后，他意外收到了 B 单位的正式面试通知，一个月不到便签订了正式协议。真是"山重水复疑无路，柳暗花明又一村"。

分析： 随着我国进入新的发展阶段，新技术、新业态层出不穷，产业升级和经济结构调整不断加快，各行各业对技术技能人才的需求越来越紧迫。机遇与挑战并存，高职毕业生要积极形成符合当代社会需求的就业心理，敢于竞争、不怕挫折，要适时应变，勇于面对挑战。

 活动与训练

分析区域就业形势

一、目标

分析自己拟就业区域的就业形势。

二、规则与程序

1. 通过调研，分析自己拟就业区域的就业形势。
2. 班级同学间交流并整理汇总。

提示：可登录人力资源和社会保障部专题网站查询中国劳动就业市场的动态数据。

 探索与思考

1. 当前高职学生的就业现状有哪些特点？影响高职学生就业的因素有哪些？
2. 转变就业观念需要从哪些方面入手？结合你的专业，谈一谈该如何树立正确的就业观。

模块六 了解就业形势与政策

6.2 就业政策和就业服务

名人名言

人之才行，自昔罕全。苟有所长，必有所短，若录长补短，则天下无不用之人；责短舍长，则天下无不弃之士。

——［唐］陆贽

学习目标

1. 了解我国的积极就业政策。
2. 了解我国的公共就业服务。
3. 能获取国家开展的公共就业专项行动计划的有关信息。

导入案例

为什么我总是找不到工作

小敏是广东某高职院校商务英语专业的毕业生，在校期间她表现平平，既没有什么特别的兴趣爱好，也不喜欢团体活动。从小到大她都被标签为"乖乖女"。这样的一个从不会令父母"烦恼"的女孩却在毕业前夕找工作时遇到了麻烦。原来小敏并不喜欢商务外贸类的工作，高考填志愿选择"商务英语"只是为了听从父母的意见，她最喜欢的专业是艺术设计，平时喜欢涂涂画画，喜欢看室内设计的杂志。

三年学习结束了，找什么工作好呢？小敏完全迷失了。她拿着学校派发的推荐表去人才市场，一身热汗出来后却毫无结果。她和同学一起在网上投递简历，也接到了几次面试通知，但对方不是嫌小敏的业务水平太差，就是嫌英语口语水平不够高。

在离校的当晚，小敏无奈地在微博上写着："我觉得现在工作很难找，竞争压力大，单位不是看学历就是看能力！我是学商务英语的，懂的东西不多，英语口语又差，人又内向，长相一般，朋友又少，找了很多工作，不是没人要就是自己不适合。

· 171 ·

我在学校又没有学到什么自己精通的技能。谁能告诉我，我该怎么办？"

分析： 从以上的案例分析可知小敏找工作失败的原因：一是对大学生就业市场了解不充分。小敏认为人才市场、网络、校园招聘就是寻找就业机会的全部途径，其实并不尽然。二是定位不准确。小敏对自己没有准确的定位。大公司她去不了，小公司又不愿意去；外贸工作她不擅长做，艺术设计她一知半解。三是专业技能差。小敏在校期间没有好好学习商务外贸知识，也没有锻炼口语能力，简单地把专业考试成绩当作考核专业技能的唯一标准。四是缺乏面试技巧。面试前的简历、面试中的着装、礼仪和面试后的跟进都是有技巧的，只有掌握了这些技巧和方法才能在面试过程中达到事半功倍的效果。

一、积极就业政策和公共就业服务

我国积极的就业政策产生于 2002 年，在借鉴其他国家经验和总结地方成功做法的基础上，形成了积极的就业政策框架。2005 年积极的就业政策得到延续、扩展、调整和充实。2007 年《就业促进法》的制定颁布使促进就业的政策体系、制度机制纳入法制化轨道。2008 年以来，在应对国际金融危机和重大自然灾害的过程中，政策内容进一步丰富完善，形成了更加积极的就业政策。

（一）政府促进就业的六项职责

促进就业和治理失业是各国政府的重要职责，在我国更是各级政府执政为民的重要体现。《就业促进法》对政府在促进就业中承担的重要职责做出了明确规定，主要包括：发展经济和调整产业结构，增加就业岗位；制定并实施积极的就业政策；规范人力资源市场；完善就业服务；加强职业教育和培训；提供就业援助 7 个方面。

（二）促进就业的十大政策

《就业促进法》将经过实践检验行之有效的积极就业政策上升为法律规范，主要从 10 个方面进行了规定，即有利于促进就业的经济发展政策、财政保证政策、税收优惠政策、金融支持政策和城乡统筹、区域统筹、群体统筹的就业政策，以及支持灵活就业、援助困难群体就业的政策和失业保险促进就业的政策。

案例6.2

高校毕业生就业促进周

为积极应对新冠肺炎疫情带来的影响，抢抓高校毕业生求职关键期，帮助更多 2022 届高校毕业生顺利就业，近日，教育部启动 2022 届高校毕业生就业促进周，在全国范围内集中开展专场招聘和供需对接等活动。千方百计拓岗位，攻坚克难促就业。就业促进周在河南郑州设主会场，在北京、吉林、山东、重庆、云南设 5 个分会场。活动以线上、线下方式同步启动。主会场和 5 个分会场同步开展区域性专场招聘会、人才供需对接会、就业育人主题教育等活动，为毕业生提供超过 60 多万个岗位。就业促进周期间，教育部将依托国家 24365 大学生就业服务平台，陆续推出系列"24365 校园招聘服务"线上专场招聘活动 30 余场、提供岗位超过 80 万个，其中教育部就业创业指导委员会将会同相关行业协会举办材料化工、能源动力、建筑地产等行业企业专场招聘 10 场。各地将广泛汇集地方资源，举办区域性、行业性、联盟性线上线下专场招聘会。全国各高校将举办各级各类线上线下招聘会预计超过 1.5 万场。

分析：就业促进周是大批量提供就业岗位的政策行为，高职生应该及时准备简历，积极参加与所学专业接近的招聘活动，以积极心态找工作。

（三）公共就业服务

我国公共就业服务体系的初步建立，在缓解就业压力、帮助失业人员再就业、维护劳动力市场秩序、树立市场服务标杆、促进人力资源合理流动和配置、维护劳动者权益等方面都发挥了重要作用。

1. 公共就业服务的法律、法规制度基本建立

我国的宪法和劳动法明确规定了公民平等就业的权利，规定了国家应该为公民创造劳动就业条件。从 20 世纪 90 年代起，国家对建立和完善公共就业服务体系提出了一系列要求，出台了大量的政策。

近年来，我国政府不断加强公共就业服务制度建设，包括政府促进就业的工作责任制度、公共就业服务和就业援助制度、劳动力市场规范管理制度、职业能力开发制度、失业保险和预防预警制度以及劳动关系协调、劳动争议调解仲裁和劳动保障监察等制度初步建立。公共就业服务机构对劳动者普遍实行了免费的公共就业服务，对就业困难人员开展了就业援助，依法维护劳动者的就业权利，服务对象已扩大至城乡全体劳动者，有力地促进了就业，保持了就业局势的稳定和劳动关系的和谐。

2. 公共就业服务组织体系

目前，我国已初步构建了中央、省、市、区县、街道（乡镇）、社区五级管理、六级服务的公共就业服务网络（如图 6-2 所示）。《就业促进法》规定，公共就业和人才服务机构应当免费为劳动者提供就业政策法规咨询、信息发布、职业指导、职业介绍、就业援助、办理就（失）业登记等事务 6 项基本服务，基本涵盖了求职者在求职就业过程中应当享有的主要服务内容。

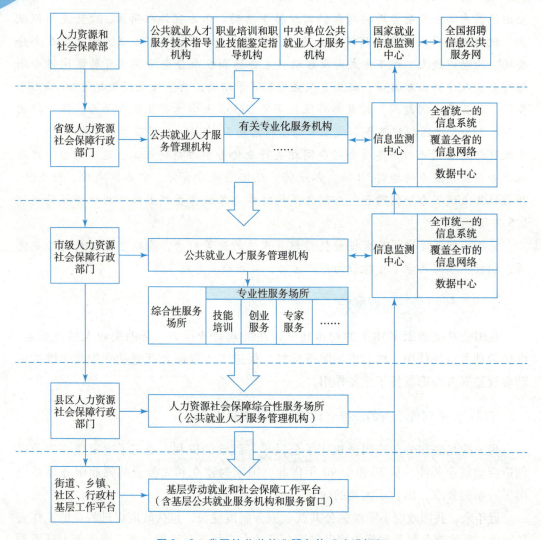

图6-2 我国的公共就业服务体系建设框架

全国人力资源市场高校毕业生就业服务周

近日,全国人力资源市场高校毕业生就业服务周活动暨首届长江经济带人力资源服务产业创新发展高峰对话会在武汉东湖高新区举办。全国15个省37个城市人社部门代表、人力资源服务产业精英齐聚江城,共商加强长江经济带城市群交流,提升人力资源服务能级,推动长江经济带人力资源优化配置和服务就业创业。峰会上,中国武汉人力资源服务产业园光谷园区正式揭牌,与10余家国内知名人力资源服务机构举行入驻签约仪式。光谷园区位于武汉东湖新技术开发区核心区域光谷中心城,建设面积6万平方米,园区服务武汉东湖国家自主创新示范区及周边辐射区域,重点为"光芯屏端网"、生命健康、数字经济与新消费等未来产业发展提供人力资源服务。当前,中央、省、市重大创新举措密集布局,需要一批推动创新变革的"创新合伙人"、促进产业创新的"富强合伙人"、增进民生福祉的"美丽合伙人"共同追梦前行。光谷大手笔谋划在光谷中心城总部集聚区划出一片区域,为人才提供集中服务,释放"千金买骨"的诚意,将一座甲级写字楼命名为"光谷人才大厦"。

分析: 高校毕业生应该及时调整自己的就业心态,改变就业方向,除了外卖、快递、跑滴滴外,现在越来越多人选择灵活就业,如直播、自媒体、电商等。选择以上就业方式比较适合大学生,相比于开公司、开店,轻资产创业风险小、门槛低、操作简单,更容易成功。各地开办的产业园区,将成为高职毕业生的职业发展平台。

活动与训练

分析各级政府出台的关于大学生就业的政策

一、目标

1. 网络搜寻近3年来国家和各地政府出台的有关推进大学生就业创业的相关政策,理解政府对大学生的期待和要求。
2. 分析政策的内容,明确自己的就业方向。

二、规则和程序

1. 将学生以6~8人为一组,分成若干小组,进行任务分工。
2. 通过网络进行搜索。
3. 小组讨论。学生根据搜索情况,按国家、省、市进行文件分类。
4. 分析文件内容,明确自己的就业方向。

建议时间:30分钟

探索与思考

1. 简述我国的积极就业政策和公共就业服务主要有哪些。
2. 如何获取国家和各地开展的公共就业专项行动计划的安排?

6.3 毕业去向和就业渠道

心欲小而志欲大，智欲圆而行欲方。

——《淮南子》

1. 了解高职生主要毕业去向及利弊。
2. 掌握科学就业观的内涵与树立途径。

投资黄金梦一场

小彭是广东某高职学院财经系大三的同学，毕业前找到了一份让人极其羡慕的工作：黄金投资。通过一名老乡的介绍，他到广东某投资有限公司工作，从事黄金境外投资操盘手一职。公司老总告诉他做这一行是高投资高回报，顾客有风险，但操盘手没有任何风险，一进一出挣的都是顾客的手续费。小彭是学财经专业的，对期货也有一定认识，虽然他对黄金期货买卖并不熟悉，但由于是熟人介绍，而且最关键的是公司办公地点在寸土寸金的市中心，月租都好几十万，他毫不犹豫地入了职。室友们都羡慕地看着他每天西装革履出入在甲级写字楼。谁知一个月后，小彭哭丧着脸找到了学校的就业指导中心，向老师哭诉他的遭遇。原来公司某老总告诉新入职的小彭他们，在成为正式的操盘手之前需要自缴考核金练习操盘，小彭东拼西凑了5万元投入了操作平台，结果这却是个黑平台，这个所谓的老总利用这个平台卷走了所有客户和员工的款项不翼而飞。

分析： 建议大家在新的"专业机构""新兴行业"涌入社会之时，一定要查清楚其专业资格和行业背景，不要轻易交付你们的信任，再三思量，谨防受骗。

模块六 了解就业形势与政策

一、高职生主要毕业去向

自从实行"自主择业、双向选择"的就业体制以来，大学毕业生就业走向了多元化的局面，形成了多种多样的就业方式。如：

升学深造（专升本），报考国家公务员，应聘或报考国有企事业单位，应聘民营企业和合资、外资企业，自主创业，参军或参选士官，出国留学或工作，自由职业等。

二、高职生到基层就业的主要项目

（一）农村教师特岗计划

特岗教师政策是中央实施的一项对西部地区农村义务教育的特殊政策，通过公开招聘高校毕业生到西部地区"两基"攻坚县、县以下农村学校任教，创新农村学校教师的补充机制，逐步解决农村学校师资总量不足和结构不合理等问题，提高农村教师队伍的整体素质，促进城乡教育均衡发展。

（二）"三支一扶"计划

2006 年，中央组织部、人事部（现人力资源和社会保障部）、教育部、财政部、农业部、卫生部、国务院扶贫办、共青团中央决定，联合组织实施高校毕业生"三支一扶"计划，引导和鼓励高校毕业生到西部去、到基层去，为促进农村基层教育、农业、卫生、扶贫等社会事业的发展、建设社会主义新农村和构建和谐社会做出贡献。

（三）大学生志愿服务西部计划

大学生志愿服务西部计划由共青团中央、教育部组织实施，财政部、人社部给予相关政策、资金支持。该项计划从 2003 年开始实施，按照公开招募、自愿报名、组织选拔、集中派遣的方式，每年招募一定数量的普通高等学校应届毕业生或在读研究生，到西部基层开展为期 1~3 年的教育、卫生、农技、扶贫等志愿服务。

三、高职毕业生就业求职的主要途径

（一）学校推荐就业

学校推荐是毕业生就业的主要途径，教育部规定每年 11 月 20 日以后用人单位可

以到高校招聘应届毕业生，学校推荐一般包括学校举办校园大型招聘会和企业专场招聘会等形式。

（二）参加社会招聘会

社会招聘会是由政府人力资源和社会保障部门的人才市场组织用人单位和求职者双方在同一时空直接进行交流洽谈的一种集市式招聘形式。招聘会上供需双方直接见面洽谈，双向交流，反馈及时，省略了许多不必要的中间细小环节，增加了洽谈的成功率，节省了宝贵的时间，提高了应聘的效率。另外，招聘会上就业信息集中、便于收集，应聘者在招聘会上可以同时和多家招聘单位见面洽谈，选择余地较大。

（三）通过网络渠道

信息技术的发展，使大学毕业生传统的求职择业方法慢慢发生了改变。大学毕业生可以通过互联网查询最新的社会需求信息，可以在网上建立自己的主页，发布自己的简历、介绍所学课程、拥有的技能、个人特长以及兴趣爱好等，进行自我推荐；在互联网上张贴自己的求职信息和希望寻找的工作单位等；在互联网上的人才信息库里储存个人基本情况和有关资料，以供用人单位查询。大型企业一般会有一个自己的网站，并且随时更新招聘信息，可以经常关注这些网站，随时把握动向，以便谋求到合适的职位。

案例6.3

常用的求职网站

智联招聘网：http://www.zhaopin.com

中华英才网：http://www.chinahr.com

前程无忧：http://www.51job.com

卓博网：http://www.jobcn.com

528招聘网：http://search.528.com.cn

全国大学生就业公关服务立体化平台：http://www.ncss.org.cn

中国人才热线：http://www.cjol.com

人才职业网：http://www.rencaijob.com

应届生求职网：http://www.yingjiesheng.com

易聘网：http://www.68hr.com

我的工作网：http://www.myjob.com

（四）利用亲友等社会关系求职

利用自己的亲友、同学、同乡等社会关系搜集就业信息和进行求职也是大学生就业的一个重要途径。许多用人单位尤其是中资企业也愿意录用经熟人介绍或者推荐引进的求职者。大学毕业生在求职的过程中，如果关键时刻有关键人物帮自己引荐，无疑效果会更好。因此，利用亲友关系求职也是一个不错的选项。

（五）自荐求职

在没有其他关系的介绍和推荐的情况下，大学毕业生可以带着自己的简历直接到一些自己选定的公司登门造访，勇敢地把自己介绍给对方，赢取用人单位的赏识和青睐。职业指导专家认为，求职中的主动表现在两个方面：一是主动为自己寻找机会，登门拜访来推销自己；二是在面试后主动做一些适当的工作。有很多实例说明，大学生的主动精神往往会打动用人单位的招聘者，并会让自己最终被录用。

四、利用大学生就业市场

就业市场是在市场经济条件下人力资源的配置市场，是按市场运行规律对人力资源进行配置。学生就业市场是为了适应社会主义市场经济发展的需要而建立起来的，专门为高校毕业生求职择业和用人单位挑选毕业生提供服务的场所。依据其外在的表现，可以分为两类：有形市场和无形市场。

五、大学生入伍的有关政策

（一）征集对象

男兵征集对象：大专、本科在校生，年龄为17～22周岁；大专毕业生，年龄为17～23周岁；本科毕业、研究生毕业及在校生，年龄为17～24周岁。

女兵征集对象：普通高中应届毕业生（含当年度新入高校就读的学生），年龄为17～19周岁；大学在校生及应届毕业生，年龄为17～22周岁。

（二）报名流程

大学生入伍报名流程包含网上报名、初审初检、体检政审、走访调查、预定新兵、张榜公示、批准入伍7个步骤。

(三) 服役期间的有关就学政策

1. 保留入学资格或学籍

（1）入伍高校新生可以申请保留入学资格。退役后两年内，可以在退役当年或者第2年高校新生入学期间，持保留入学资格通知书和高校录取通知书，到录取高校办理入学手续。

（2）现役军人入伍前已被普通高等学校录取或者是正在普通高等学校就学的学生，服役期间保留入学资格或者学籍，退出现役后两年内允许入学或者复学。

2. 享受学费补偿和国家助学贷款代偿

（1）应届毕业生享受学费补偿和助学贷款代偿。国家对应征入伍服义务兵役的高等学校毕业生在校期间缴纳的学费实行补偿。在校期间获得国家助学贷款的，学费补偿款必须首先用于偿还助学贷款本金及其全部偿还之前产生的利息。国家对每名高校毕业生每学年补偿金额最高不超过 8 000 元。

（2）在校大学生享受学费补偿和助学贷款代偿。国家对应征入伍服义务兵役的高等学校在校生在校期间缴纳的学费实行补偿，对退役后复学的原高校在校生实行学费资助。金额按实际缴纳的学费或获得的国家助学贷款金额计算，每人每年最高不超过 8 000 元。

（3）往届毕业生享受学费补偿和助学贷款代偿。简化学费补偿代偿及学费减免程序，将往届毕业生纳入资助范围。

（4）录取未报到新生享受学费补偿和助学贷款代偿。应征入伍服义务兵役前正在高等学校就读的学生（含按国家招生规定录取的高等学校新生），服役期间按国家有关规定保留学籍，退役后自愿复学的，国家实行学费减免。

3. 大学生士兵退役后享受升学优惠政策

（1）高职（专科）学生入伍经历可作为毕业实习经历。

（2）退役大学生士兵入学或复学后免修军事技能训练，直接获得学分。

（3）普通高校应届毕业生应征入伍服义务兵役，退役后3年内参加全国硕士研究生招生考试的，初试总分加10分，立二等功及以上的免试（指初试）。

（4）具有高职（高专）学历的，退役后免试入读本科。

（5）应征入伍的高校毕业生退役后报考政法干警招录培养体制改革试点招生时，教育考试笔试成绩总分加10分。

另外，大学生士兵退役后享受就业安置优惠政策详见各地有关规定，本书从略。

模块六 了解就业形势与政策

 总结案例

勇于奋斗的人，一定会成为赢家

他叫周滨，一个江苏盐城的农村家庭小伙子。他从小就梦想着成为一名军人，2012年高考时未能如愿考取军事院校，也未能考取一所本科院校，来到了无锡科技职业学院学习。在学校学习了一年后，从未放弃从军梦想的周滨决定从军。要放弃学业选择从军，父母坚决不同意，亲朋好友也都极力劝他放弃这个想法，认为放弃学业去当兵不值得，是浪费青春。而且由于视力原因，他也可能过不了身体检查这一关。面对来自各方面的压力，周滨没有放弃自己的梦想，终于在2013年9月走入了那个自己期待已久的军营。

由于在部队里过硬的个人军事素质和突出表现，2015年年初，周滨被推荐参加纪念抗战胜利70周年阅兵仪式训练，为了不被淘汰出局，他在阅兵村里经受住了艰苦、枯燥，甚至是无情的高强度训练，最终和战友们一起走过了天安门广场，接受党和国家领导人检阅。其间，他于2015年6月加入了中国共产党，也在阅兵训练考核中获得了"阅兵训练标兵"称号。

2015年9月受阅结束，光荣退伍的周滨就复学回到母校。作为一名退伍军人和共产党党员，他时刻牢记部队的优秀传统，以一名军人的标准严格要求自己，刻苦学习，积极参与各项社会工作，用自己的实际行为感染、引领着身边的同学，成为同学们学习的模范。

复学在校期间，周滨先后获得了全国大学生年度人物入围奖、江苏省年度人物提名奖、江苏省优秀共青团员，发起成立无锡科技职业学院复学军人党支部，并被《国防报》头条宣传。专科毕业后，周滨又考取了南京的一所本科院校，继续学习深造。大学本科毕业后，周滨担任了无锡少年迷彩军校的负责人，与青少年一起再圆军人梦，继续走在人生奋斗的路上。

分析：在成长的道路上，每个大学生都不会一直走在一条平坦的路上，做出选择、认准目标，通过不懈的坚持和奋斗，才能实现我们的梦想，才能成为赢家。同学们，你们准备好了吗？

 活动与训练

我找我查我抄抄抄

一、目表

找到身边的就业市场。

二、规则与程序

每组5个人。组内5人分好任务，可以分别或共同查找：隶属政府机关的大学生就业信息网至少10个，全国有口碑的综合就业信息网至少10个，来自各自生源地的人力资源管理部门的网站和实地办公地点、联系电话至少5个，来自求学地的省级、市级、区级人才市场的网站和实地办公地点、联系电话至少5个，本校校园网和同类院校校园网的就业网站至少5个。找到后用Excel表格输入。

三、评比

看哪一组查找到的信息最多、最完整即获胜。最后各组共享信息。

探索与思考

> 1. 国家"三支一扶"计划具体是哪"三支"？哪"一扶"？
> 2. 大学生村官是否属于公务员？
> 3. 大学生志愿者服务西部计划对自己的成长有什么作用？
> 4. 国家鼓励大学生基层就业的政策有哪些？

模块七　就业准备与求职指导

🌸 模块导读

就业信息是指通过各种媒介传递的有关求职就业方面的消息和情况，如就业政策、就业机构、供需双方的情况及用人信息等。就业信息对于每一位谋求工作的毕业生来说至关重要。择业决策的过程实质上就是一个与择业有关的信息搜集、处理和转换的过程。

对于即将面临就业的每个毕业生而言，当务之急的事情恐怕就是制作一份个人求职材料了。通过这些求职材料会被许多单位用来判断和评价毕业生的学习成绩、实践技能、工作潜力。想让用人单位认识自己、了解自己、选择自己，从而实现自身就业愿望，就必须利用各种途径和方法正确地宣传自己和展示自己。因此，求职材料准备得充分与否，关系着求职者能否成功就业。

笔试是用人单位对应试人员的一种考核办法，目的是考核应聘人员的文字能力、逻辑思维能力、创新能力、知识面和综合分析问题的能力。面试是一种经过精心设计的，在特定场景下，以考官对求职者的面对面交谈与观察等双向沟通方式为主要手段的，由表及里测评求职者的知识、能力、经验等有关素质的活动。面试是用人单位选拔人才的常用方式之一。毕业生们要做好充分准备。

本章全面介绍就业信息的获取、就业心理准备、准备求职材料、应对各类笔试和面试的有关内容。

简历制作

毕业生面试技巧

职场礼仪

个人形象设计

心理调适

7.1 获取和利用就业信息

名人名言

人的一生很像是在雾中行走,远远望去,只是迷蒙一片,辨不出方向和吉凶。可是,当你鼓起勇气,放下忧惧和怀疑,一步一步向前走去的时候,你就会发现,每走一步,你都能把下一步路看得清楚一点。往前走,别站在远远的地方观望,你就可以找到你的方向!

——罗兰

学习目标

1. 能有效地收集就业信息。
2. 能对各类招聘信息进行筛选分析和整理。
3. 能正确地处理就业信息。

导入案例

知己知彼是成功的开始

在某大学毕业生宿舍,小赵在电脑前不停地查找着各种招聘网站的信息,智联招聘、前程无忧……他根据自己的专业和兴趣选择着就业岗位。虽然现在是冬末春初,但仍有大滴大滴的汗从他额头滚落。而他邻床的杨阳已胸有成竹,手中早就握着几个单位的就业意向书,从国企到民企,杨阳虽在犹豫不决,但脸上有种灿烂的神情。

分析: 是什么让同一个专业、同一个宿舍的他们在就业的重要关头面临不同的情况呢?经了解,原因在于他们对于就业信息掌握的情况不同。小赵只是单一地将搜集就业信息定位在传统的网站搜索,杨阳则有更多的想法,他说:"我觉得自己能在就业上脱颖而出,主要是因为手头有很多就业信息可以选择。从综合学校就业指导中心提供的就业信息,到我自己去心仪企业的网站上搜集招聘信息,我尽可能多地搜集和利用了就业信息,我是赢在了起跑线上。"

模块七 就业准备与求职指导

一、就业信息的收集与整理

就业信息是指通过各种媒介传递的有关求职就业方面的消息和情况，如就业政策、就业机构、供需双方的情况及用人信息等。就业信息对于每一位谋求工作的毕业生来说至关重要。择业决策的过程实质上就是一个与择业有关的信息搜集、处理和转换的过程。在择业过程中，无论是职业目标的确定、求职计划的设计，还是决策方案的选择，就业信息的搜集和处理都是基础。

就业信息的来源与渠道主要有：国家政府部门、学校就业指导中心、人力资源市场、各类招聘会、各种媒体、人际关系网络等，社会实践、实习、见习、兼职等也是获得就业信息的途径。

用人信息具有广度、效度、信度等特征。广度是指信息渠道的多少、信息的角度和层次以及量的概念；效度是指信息的各种要求是否齐备，尤其是时间上的要求以及与切身利益相关的要素是否清晰；信度是指信息的可靠性、可信度和可行性。在获取用人信息的过程中，应力求做到"早""广""实""准"。

二、就业信息的分析、鉴别、筛选

（一）用人单位信息具体分析

毕业生选择单位时往往会出现这样一些错误：对用人单位情况不甚了解，又没有一定的对比，择业时带有很大的随意性和盲目性，如只挑选大城市而不问用人单位的性质、业务范围；盯着有"关系"的单位，企图靠"关系"得到提拔和重用，还有的只图单位名称好听就盲目拍板，等等。那么如何才能避免一些假象，做到对用人单位有个客观的评价呢？关键取决于对用人单位信息的掌握情况。

掌握用人单位的信息，不仅指在招聘广告和职业信息中选择出最适合自己的求职机会，而且应包括在初步确定了自己想应聘的职业或岗位后，对该招聘单位及应聘岗位工作要求有所了解。对招聘信息多掌握一点，求职的选择机会就多一点，对招聘单位多了解一点，求职的成功希望则会多一点。掌握和了解用人单位的信息量越大，判断准确率越高。

案例 7.1

有关用人单位资料的调查提纲

（1）企业是否得到工商部门认可。
（2）企业的性质、规模、固定资产总额、职工人数、人均收入等。
（3）主导产品、产品的市场占有率、生产总量与销售总额。

（4）企业内是否有适合自己兴趣的工作岗位。
（5）企业的福利、工资、津贴、住房、医疗保险、养老保险、生活设施等。
（6）晋升的机会。
（7）企业领导人的学历与人品。
（8）现企业职工对企业的评价。
（9）企业的社会知名度。
（10）企业效益是呈增长趋势，还是下降趋势。
（11）企业有没有濒临倒闭的风险。
（12）工作的劳动强度。
（13）工作环境：包括设备条件、安全保护、污染等。

（二）就业信息的鉴别

一条比较好的就业信息应该包括以下几个要素：
（1）用人单位的全称、性质及上级主管部门名称。
（2）用人单位的实力、远景规划、在行业中以及社会上的地位。
（3）对求职者年龄、身高、相貌、性别、体力等生理条件方面的要求。
（4）对求职者敬业精神、工作态度等方面的要求。
（5）对求职者学历、职业技能和其他才能的特殊要求。
（6）对求职者价值观、兴趣、气质等心理特征方面的要求。
（7）个人发展的机会、工资收入、福利待遇等。

对就业信息进行鉴别的目的主要是辨别其真伪及可靠性、实用价值等，鉴别的对象主要是前面阶段加工整理的资料。

三、就业信息的处理

（一）正确选择

择业的成败在很大程度上取决于对就业信息如何进行选择。选择是一门综合性的学问，其中也包括方法论科学。要选择得好，首先，必须能在较短的时间内查阅大量的信息，以便从中迅速发现最有用、最重要的信息；其次，要进行鉴别、判断，善于识别信息的准确性和可行性。信息在传递的过程中由于信息来源和人为的一些因素，造成有些信息的失真或污染，这是在所难免的。这就要求我们必须通过查询、核实来加以修正、充实，这是信息的准确性。同时，要依据各自实际情况和有关方针政策找到最适合自己的信息，这是信息的可行性。

（二）挖掘完善

许多就业信息的价值往往不是直观的，必须经过求职者深入思考，加以印证之后才能发现。由于经过最初的收集、筛选的信息在很大程度上具有简明扼要的特点，有限的文字不包括更多深入的细节。所以当缩小了范围之后，就应该尽快针对目标单位主动地、有意识地寻找更多的相关资料。

（三）迅速反馈

信息有很强的时效性，及时用之是财富，过期不用则变成垃圾。当求职者收集到广泛的就业信息并加以分析处理之后，就应该尽早决断，并向用人单位及时反馈信息。一是因为招工、应聘都有一定的时限，一旦超过用人单位的招聘时间，信息就会毫无用处；二是因为条件比较好的职业会吸引大量的求职者，但是录用指标却是有限的，所以，犹豫不决往往会使求职者错失良机。

（四）适当分享

当有些信息对自己不一定有用，但对他人也许十分有用时，应该拿出这些信息与他人进行沟通分享。他人的顺利就业不但减少了求职竞争对手，而且也增强了自己与他人的交流，也许能从中获取到对自己有用的就业信息。

总结案例

广撒网不如懂撒网

为了能在网上找到自己满意的工作，小桃用搜索引擎找到许多求职网站，上面有很多用人信息，按地区按工种都可查询，相当方便。小桃发简历时秉承"多多益善"的原则，对自己心仪的单位从经理级别的职位到业务员级别的职位一个不落地"全面发送"，觉得这样就可以增加保险系数，如果遇到特别中意的单位，在第一次发出简历没有面试消息后，她总会将简历重复发送几遍。一转眼，小桃上网求职已有一个多月，她每天都查看自己的电子邮件，但很长时间还是杳无音讯。

分析：许多毕业生与小桃一样，认为网上的信息来得方便，所以未加整理筛选，频频向招聘单位发简历。殊不知，毫无目的海量发送简历，其结果往往不尽如人意。求职者一定要结合自己的实际情况，对信息进行去伪存真、去粗取精的筛选，有目的、有重点、有针对性地进行分析处理，以便于自己准确有效地选择使用。

 活动与训练

筛选招聘信息

一、目标

通过互联网查找企业招聘信息。

二、规则和程序

1. 至少以3家企业为调研对象,最好和本专业相关,获取企业基本信息(如属于何种行业、发展概况、发展前景等)、了解企业用工情况(用工需求、学历要求、技能要求等)。

2. 信息筛选后,请完成表7-1。

表7-1 企业招聘信息表

	何种行业	发展概况	发展前景	企业文化
企业基本信息				
	用工需求	岗位设置	岗位用工标准	岗位职责
企业用工情况				

建议时间:20分钟。

 探索与思考

1. 如何有效地收集就业信息并进行处理?
2. 结合自己的体会谈谈和同学共享就业信息的利弊。

模块七 就业准备与求职指导

7.2 调适就业心理

名人名言

心理变，态度亦变；态度变，行为亦变；行为变，习惯亦变；习惯变，人格亦变；人格变，命运亦变。

—— [日] 安岗正笃

学习目标

1. 能识别就业过程中的心理特点和常见的心理问题。
2. 掌握塑造积极就业心态的方法、步骤。
3. 掌握进行就业心理调适应的常用方法。

带着老爸去应聘

在招聘会现场，也不乏在父母的陪同下来应聘的求职者。

"你准备应聘什么岗位？你对工资的期望值是多少？你觉得你有什么优势？"重庆某装饰有限公司市场部经理郑某在小唐递过简历后不断提问。

但是令郑某惊讶的是，小唐一言不发，唐父却一个劲地向其询问："你们公司每个月工资多少？工作环境怎么样？中午管不管伙食？"小唐有时候准备插上一两句却被父亲打断了，后来便索性玩起了手机。

分析：小唐的问题出在过分依赖他人上。其实，过于依赖他人是难以选择到一份满意的工作的。现在的大学生活得一帆风顺，没有经历过什么波折，再加上父母的过分呵护，客观上培养了他们的依赖心理。他们大多缺乏主见，自我意识模糊，在择业中常会茫然不知所措，因此在人才市场上，父母代替子女与用人单位洽谈的场面也就屡见不鲜了。难怪有用人单位对依赖性过强的毕业生说："你本人都要靠别人来推销，企业还能靠你来推销产品吗？"

大学生完成学业，从学生变成社会职业人，是人生中的一次重要转折过程，它不仅表现为一个人的身份转变，其内心世界也会随之发生种种反应、变化。作为一名即将毕业的大学生，需要了解影响就业的心理因素，自觉加强就业心理准备，努力提高自我的就业心理调适能力，塑造积极的就业心态，为顺利就业做好准备。

一、大学生就业的心理特点

（一）择业标准方面

在当前大学生多元的择业价值取向中，有两个取向最为突出：一是毕业生普遍看中经济待遇，关注生存条件；二是毕业生择业时越来越注重自身价值的实现。毕业生在求职过程中，除了就业单位的待遇外，更多考虑的是个人兴趣、爱好和专长的发挥。绝大多数毕业生认为"事业使生命之树常青"。他们已经懂得只有将职业价值与个人需要、社会价值和自我价值有机结合起来，一切从实际出发，去认识职业，去认识自己，才能在择业过程中实现自己的人生价值。

（二）择业意识方面

大学生的择业过程是一个复杂的心理过程，它受到个体心理、群体心理以及社会心理等因素的影响与制约。随着社会主义市场经济和高校就业制度改革的稳步推进，大学生参与就业市场自由选择职业的心态已经成熟。绝大多数学生能正确地认识与分析当前就业形势，调整好择业心态，主动地适应就业市场的变化，具体表现在择业自主意识、竞争意识和风险意识明显增强。

（三）择业心理方面

大学生就业群体有自己鲜明的特征。有学者研究认为，大学生具有"五高峰、四最、三敢、两缺乏、一个中心"的特点，即体力高峰、智力高峰、社会需求高峰、特殊行为高峰、成就高峰；最积极、最富有生气、最肯学习、最少保守思想；敢说、敢想、敢干；缺乏社会生活经验、缺乏政治斗争经验；常常以崇尚自我为中心。大学生择业群体的这些主导特征，主要体现在职业选择中，他们崇尚自我、以个人为中心、注重个人奋斗、强调自我价值的实现；在职业活动中只愿当主角，不愿当配角，总担心自己被埋没、被大材小用，等等。

二、大学生就业求职中的心理问题

"双向选择、自主择业"是国家把大学毕业生作为一种人力资源，通过市场调控，使用人单位能够录取到满意的人才，毕业生也能找到适合自己的工作单位，实施优化配置的一项就业政策。在这种双向选择中，毕业生要想找到自己理想的工作单位，必须与其他毕业生展开激烈的竞争，加上主客观各种因素的影响，大学生们承受着前所未有的就业压力，导致在求职过程中出现种种心理问题。

（一）焦虑与恐惧心理

焦虑是一种紧张不安并带有恐惧体验的情绪状态，多半是由于不能实现目标或是不能避免某些威胁而引起的。一般学生表现的焦虑程度较轻，主要有不安、忧虑及某些正常心理反应。

但也有很多同学产生了焦虑心理。如：成绩优秀的同学担心找不到理想的工作，体现不出自己的价值；成绩较差的同学担心没有单位接收自己；女同学担心自己受到性别歧视；年龄大的同学担心自己没有竞争优势；冷门专业的同学更是担心自己学了三四年根本找不到用武之地；等等。在面对理想与现实、就业与失业、签约与违约、就业与升学等矛盾以及各种选择和诱惑时，大学生们常会感到难以取舍、无所适从、焦虑烦躁。轻度的焦虑是正常的，适度的焦虑还可以使人产生压力感，催人奋进，但过度的焦虑就会影响人的正常生活。就业焦虑发展到严重阶段，就可能产生"就业恐惧"。

（二）自卑与自负心理

1. 自卑心理

自卑是一种轻视自己或低估自己能力的心理倾向。在求职问题上，主要表现为缺乏自信心，缺乏勇气，不敢竞争。有自卑心理的大学生面对激烈的竞争，胆小、畏缩、悲观失望，不能很好地表现自己，往往错失良机。这些学生可分为四类：第一类是性格内向的学生，他们不善交际，结果在面试过程中，面对用人单位的面试交谈，紧张得面红耳赤，语无伦次，准备好的说辞也忘得一干二净，不能充分地展示自己的才华，也就不能很好地推销自己；第二类是择业受挫的学生，他们在就业中经过几轮拼杀后败下阵来，从此一蹶不振，开始怀疑自己的能力，有的甚至产生了轻生的念头；第三类是女生，部分女生在面对择业中存在的性别歧视时感到束手无策，常常自卑气馁；第四类是在校期间降级的学生或受过处分的学生，他们明显感觉到低人一等，不能坦然面对择业。

2. 自负心理

与自卑心理相反，自负心理是缺乏客观的自我分析和自我评价的表现。许多大学生都有一种精英意识和特殊身份意识，在职业选择时往往体现出对职业的过高期望，追求完美。在求职中，追求最优工作，把工作地域、工作环境、工资待遇等作

为自己的择业标准。有的大学生不切实际地自我欣赏，在求职中期望值偏高，好高骛远，不能从实际出发，而是这山望着那山高，总认为自己什么工作都能胜任。"是我去择业，而非职业择我"的错误观念根深蒂固，因此自负武断。一旦未能如愿，情绪一落千丈，最终易导致孤独、失落、抑郁等心理现象。由于高等教育已经从"精英教育"转变为"大众教育"，大学生不再是有优越感的特殊群体，而应该是千百万就业劳动大军中的普通一员。有了合理的自身角色定位，大学生才能正视自己的身份，摒弃过分追求完美的心态，找到适合自己的位置。

（三）从众与攀比心理

1. 从众心理

从众心理是指一个人的观念或行为，由于群体压力的影响，在认知、判断、信念与行为等方面与群体多数人保持一致的现象。"宁要浦西一张床，不要西部一套房"就是这种心理的写照。从众心理在求职择业中会常常遇到，部分大学生缺乏社会实践锻炼，独立性不强，容易接受暗示，在困难和矛盾面前不知所措，不敢果断地做出选择和决定，在压力下觉得还是"随大流"有把握些。所以，出现了招聘会上有的单位门前人山人海，有的单位门可罗雀的现象。实际上，这种人云亦云的做法在一定程度上给大学生求职增加了难度，也影响了大学生个人的发展。

2. 攀比心理

攀比心理指大学生在求职过程中，不从自身实际出发，不考虑所选单位是否适合自己，而是盲目攀比，攀比工作的地点与环境，攀比收入和待遇，攀比职位和行业，等等。这种攀比心理导致很多大学生迟迟没有签约就业。在这种心理的支配下，有的同学会因为工作的某一方面不如其他同学的好，就放弃很适合自己发展的工作，从而错失很多好的就业机会。

（四）依赖与懈怠心理

大学生中独生子女较多，他们在生活和学习中的事情，大多都是家长、老师做主，缺乏独立自主的意识，主动性、计划性较差，缺乏对困难的自我处理能力。在就业过程中，一些大学生信心和勇气不足，在机会面前顾虑重重，不能主动地参与就业市场的竞争，向用人单位展示自我，推销自我，真正依靠自身的努力去赢得竞争、赢得用人单位的青睐，而是期望依靠外部条件或力量促成顺利就业。

受这种依赖心理的影响，有的大学生渐渐失去进取心和魄力，最终，将会在激烈的人才竞争中被淘汰出局。

(五)挫折与嫉妒心理

1. 挫折心理

挫折心理是指在从事有目的的活动时遇到障碍所表现出来的情绪反应。当一个人产生挫折心理后,就可能陷入苦闷、焦虑、失望、悔恨、愤怒等多种复杂的情绪体验之中,甚至产生悲观情绪。大学生由于生活经历比较简单,没有经受过挫折的考验,所以心理承受能力和自我调节能力较差,情绪波动性大,情感较为脆弱,缺乏应对挫折的准备。

2. 嫉妒心理

嫉妒心理的主要特征是把别人的优越之处视为对自己的威胁,因而感到心理不平衡,甚至是恐惧和愤怒,于是借助贬低、诽谤以至其他恶劣手段来求得心理的补偿或摆脱恐惧和愤怒的困扰。

在求职过程中受环境、机遇以及其他诸多因素的影响,对于同等资历的求职者来说,求职结果也会产生落差,反映到自身就会产生一定的嫉妒心理。有些同学常常会拿自己身边同学的择业就业标准来定位自己的择业就业标准,看见别人找到了好工作,觉得自己必须找个更好的工作才行,否则很没有面子;还有些同学,在择业过程中,由于种种原因,一直没有找到满意的工作,感到目标渺茫,就业无望,于是情绪一落千丈,变得愤世嫉俗,对社会、学校产生不满和埋怨情绪。

(六)问题行为

问题行为,即违背社会行为规范的不良行为。毕业前,一些大学生因某些主体需要不能满足或受到强度较大的挫折,加之平日缺乏应有的品德与个性修养,可能发生各种各样的问题行为。常见的有逃课、损坏东西、对抗、报复、迁怒于人、进行不良交往、过度消费、嗜烟、酗酒等。问题行为的存在,不仅会影响学生的顺利择业,严重的还有可能导致违纪与违法。

(七)躯体化症状

躯体化症状是由于心理压力和生活方式而导致的异常的生理反应。毕业前的大学生,由于心理应激水平高、心理冲突强度大、挫折体验多,加之部分大学生性格上本来就不十分健全,容易导致某些躯体化症状,如头痛、头昏、血压不正常、消化紊乱、背痛、肌肉酸痛、口干、心慌、尿频、饮食障碍或睡眠障碍等。这些症状若不及时排除,就会危及学生的身体健康和心理健康。

从以上种种反应可以看出,大学生在求职择业中产生的心理障碍,具有适应性障碍的特征。但这种现象只属于发展过程中的适应不良,只要大学生主动适应就业环境,各方面引导得当,这些心理障碍就会随着时间的推移而逐渐消失,大多数人不会形成心理疾患。

三、学会就业心理调适

就业本身就是我们认识和适应社会的一个过程,在求职过程中遇到困难,甚至经过几次挫折才最后成功是正常的;在就业中遇到许多心理冲突、困惑,产生一些不良情绪也是正常的。遇到就业问题时,要学会调节自己的心态,使自己能从容、冷静地面对就业这一人生重大课题,并做出正确、理智的选择。如果你遇到了就业心理困扰,可以试着从以下几个方面来调节:

(一)接受客观现实,调整就业期望值

就业市场化、自主择业给大学生带来了机遇与实惠,但许多大学生对"市场"残酷的一面认识不足,对就业市场的客观实际了解不够。经过对就业市场、就业形势的客观了解与深刻体验后,我们必须明白现实情况就是如此,无论是抱怨还是气愤都没有用,这种就业情况不可能一时半会儿就改变。与其成天怨天尤人,浪费了时间、影响了自己的心情,还不如勇敢地承认和接受当前所面临的现实,彻底打破以往的美好想象,脚踏实地地寻求解决问题的好办法。

(二)充分认识职业价值,树立合理的职业价值观

传统的观念认为人们工作就是为了满足生存需要,但是对于现代社会的人来说,职业对个体的意义已经远不是如此简单,职业可以满足人们从低层次到高层次的多方面需要。如最近有人对职业价值结构进行初步研究,发现了交往、义利、挑战、环境、权力、成就、创造、求新、归属、责任、自认 11 个类别的因子。因此,职业的价值是丰富的,我们要充分认识到职业对个体发展、社会进步所起到的重要作用。

(三)认识与接受职业自我,主动捕捉机遇

大学生就业中的许多心理困扰都与大学生不能正确认识和接受职业自我有关,因此正确地认识自我的职业心理特点并接受自我,是调节就业心理的重要途径,并可以帮助自己找到适合的职业方向。许多同学通过亲身的求职活动后就会发现自己的能力与水平并不像自己以前想象的那么高,并容易出现各种失望、悲观、不满情绪。因此在认识自我的特点后还要接受自我,要用发展的观点来看待自己。

大学生就业中的机遇因素也是非常重要的,因此了解并接受了自我特点以后,还要学会抓住属于自己的机遇,主动出击,不能犹豫,也不要害怕失败,应有敢试敢闯的精神。

（四）坦然面对就业挫折，提高心理承受力

面对市场竞争、就业压力，大学生的求职总会遇到许多困难、挫折甚至是委屈，其实，就业的过程也是大学生重新认识自我、认识社会，并主动调整自我适应社会的过程。如果能通过求职而增强自我心理调节与承受能力，对大学生今后的职业生活都是非常有用的。在求职中遇到挫折时，要用冷静和坦然的态度对待之，客观地分析自己失败的原因，进行正确的归因。自己求职失败并不一定就是因为自己的能力不行。出现求职失败有许多原因，可能是因为你选择求职单位的方向不对，也可能是因为你的价值观与单位的企业文化不符合，还有可能是其他一些偶然因素。

（五）调整就业心态，促进人格完善

在求职时，身边的同学出现一些不健康的心态是正常的，没有必要过度担心，害怕自己也有心理障碍。当然对于这些不良心态也要学会主动调适，必要时还可以寻求心理专家的帮助。进行自我心理调适的方法有很多，如：

（1）可进行积极的自我心理暗示，鼓励自己、相信自己，帮助自己渡过难关。

（2）可以向朋友、老师倾诉，寻求他们的安慰与支持。

（3）还可以通过体育锻炼、听音乐、郊游等方式转移自己的注意力，排解心中的烦闷，放松自己的心情。

有关问题其实是暴露得越早越好，关键是要在发现问题的基础上，积极改变自己、发展自己，使自己的人格更加成熟，才能使自己将来的人生道路更顺利。

（六）开拓进取，勇于创业

大学生是青年中的佼佼者，思维活跃，创新意识强，在政府多项优惠政策的激励下，完全可以走自我创业的道路。"大众创业、万众创新"目前成为社会发展的主流，因此大学生要有自主创业的打算，这既可以在毕业后马上实现，也可以通过一定的社会积累后再实行。据不完全统计，大学生创业在美国高达25%，在日本有10%，我国大学生自主创业也呈快速上升的势头。作为新时代的大学生，应有敢闯敢干的精神，树立自主创业意识。

四、塑造积极的就业心态

就业心态就是个人在求职过程中对自己、对单位、对同学、对问题的看法和观点。一个人通过积极的心态付诸行动，便可获得充实向上的人生。以下是培养积极心态的八种方法。

1. 从言谈举止上变得积极起来

由于人的情绪是有波动周期的，在某段时间，很多人都会有一种做事情没热情的感觉。一个人只有积极地行动起来，才能逐渐摆脱颓废、懒惰、悲观等消极情绪，让思维活跃起来，从而塑造一种积极的心态。

心态是紧跟着行动的，一个人从言谈举止上变得积极起来，才能感染自己的内心，成为一个心态积极者。而消极的人，永远是等着感觉把自己带向行动。

2. 心怀必胜的积极想法

美国著名的企业家和成功学大师卡耐基说过："一个对于自己的内心有完全支配能力的人，对他自己有权获得的任何其他东西也会有支配能力。当我们开始用积极的心态做事并把自己看成一个成功者时，我们就开始收获成功了。"

追求成功就像农民播种，一个人必须在心里撒下积极的种子，然后在每件事情面前都抱着积极、乐观的想法，让积极的种子生根发芽，慢慢扩散，逐渐占据你的内心，那么消极思想就没有机会在你的心灵土壤上滋长。

3. 用美好的感觉、信心和目标去影响别人

人们总是喜欢和积极乐观者在一起，一个心态积极的人有一种吸引力，他能很好地感染周围的人。这种良好的心态会体现在他的每一个行动中，让人在行动中获得对于生活的满足感，有了这种满足感，就会信心倍增，人生目标也越来越明确。别人靠近你，能从你身上感受到一种力量，那就是积极的心态带给人的信心和目标感。

4. 让每个人都感到自己很重要和被需要

当别人认为你把他看得重要的时候，他同样会增加你在他心中的分量。人与人之间是相互的，你怎样对别人，别人就会怎样对你。每个人都希望自己是最重要的、受人关注的。而这种自我满足感通常来自他人对自己的需要。当我们被需要、被感激，我们就会意识到自己的作用，从而产生一种自我认同感，这时候就会建立起一种无比积极的心态。你只有给予对方积极肯定的态度，别人才会以同样的态度对待你。正如19世纪美国著名的思想家兼文学家爱默生说的："人生最美丽的补偿之一，就是人们真诚地帮助别人之后，同时也帮助了自己。"

5. 心存感激

一双流泪的眼是看不见满天星光的，一个心怀仇恨和抱怨的人不可能发现人生中美好的东西。当你怀着感恩之心时，你会发现自己拥有的很多，不要等到失去后

再悔恨。学会珍惜自己所拥有的,你也会是一个幸福的人。

6. 学会称赞他人

莎士比亚说过:"赞美是照在人心灵上的阳光。没有阳光,我们就不能生长。"在人与人的交往中,适当的、发自内心的赞美,会让他人产生一种成就感,能够改善人际关系,拉近你与他人的距离。

真诚地赞美别人,是对别人价值的一种肯定,它是一股滋润心灵的甘泉,让人内心舒畅,并有着不可思议的力量。当一个人被赞美时,他就会产生一种责任感,他会按照别人赞美的样子去努力甚至全力以赴,为了达到人们心中期望的样子,他会做出改变。尤其是一个很少有人夸赞的人,他会因此期待得到更多的赞美。

7. 在求职过程中学会微笑

英国有一句谚语说:"一副好的面孔就是一封介绍信。"一张微笑的脸就如同一幅赏心悦目的画,让人心情愉快。我们的面孔生来如此,是父母的恩赐,我们自己是没有办法改变的,但是表情却是由你自己支配的。一个面带微笑的人,传达的是一种自信和友好、乐观和坚强,它能以最简单、最快捷的方式感染人。微笑含义深远,他是一个人智慧和品格的沉淀。

微笑以一种潜移默化的方式融化人与人之间的坚冰,拉近彼此的距离,打开友谊的大门,让人际交往变得轻松顺畅,让我们的心态积极健康。因此,微笑是一种人人都应学会的身体语言。

8. 不计较小事

一个人的精力是有限的,如果在无关紧要的事情上浪费掉时间,就会偏离大的目标和重要事项,得不偿失。一个有着积极心态的人,绝不会允许这种偏离产生,他懂得轻重缓急,从来不会无缘无故地小题大做。一个优秀的人,总是把最重要、最能创造价值的事情排在前面,把一些无所谓的事情丢弃掉,这样他才能保证自己有限的时间和精力被充分利用。心态积极者必定拥有豁达的心胸;一个人为多大的事情发怒,就能看出他的心胸有多大。

小许的成功

小许性格内向,不敢与用人单位交流,每次匆匆放下简历就走。她在面试前更是紧张得睡不好觉,在现场也不能很好地发挥。眼看毕业临近,她的就业问题还没解决，由于心理压力过大，只好去心理咨询中心寻求帮助。

老师听了她的倾诉后，首先教给她一些舒缓情绪的方法，然后帮她一起分析、挖掘自身的优势，告诉她吃苦耐劳的品质、朴实无华的内在素质，是不少企业看重的。老师的话给她很大启发，回去后她在同学面前演练，解决面试紧张的问题。一周后，重新有了自信的小许又开始参加招聘会，最后终于顺利签约了。

分析：就业成功的关键是要能够正确地评价自己。有时要纠正过低的自我评价，发挥自己的优势，大胆地去尝试。不要觉得谁都比自己优秀，要克服自卑心理，树立自信，要知道"天生我才必有用"，不要总拿自己的弱项和别人的强项比。

  活动与训练

腹式呼吸法

一、目的

舒缓心理压力。

二、规则和程序

边听班得瑞的 *Golden Wings*，边做腹式呼吸法。

1. 深吸气 3~5 秒，吸气深长而缓慢，腹部慢慢鼓起。请注意一定是用鼻吸气。
2. 屏息 1 秒。
3. 慢慢呼气 6~10 秒，同样是深长而缓慢，腹部逐渐凹进去。呼气可以用鼻也可以用口。
4. 再次屏息 1 秒。

如此循环，每次进行 10~15 分钟。

  探索与思考

> 1. 面对当前严峻的就业形势和激烈的求职竞争，你认为毕业生需要具备什么样的心理素质？
> 2. 在校期间应提升自己的心理素质，你是如何安排的？
> 3. 如果即将面临就业，你在心理方面需要做哪些准备？
> 4. 求职遇到挫折时，你认为该如何应对？

模块七 就业准备与求职指导

7.3 准备求职材料

名人名言

业精于勤而荒于嬉,行成于思而毁于随。

——[唐] 韩愈

 学习目标

1. 了解求职材料的构成和装订规则。
2. 掌握求职信的写作格式、方法和技巧。
3. 掌握个人简历的内容、制作原则和方法。

 **导入案例**

败在华丽 成于简约

小王学的是阿拉伯语,大学前3年都在一家贸易公司做兼职翻译,负责国际贸易的总经理曾对她许诺:毕业后直接来上班就行!大四求职高峰时,单位却告诉她,因为和埃及那边的合作取消,公司已经不需要阿拉伯语专业的人了。不知所措的小王立即制作个人简历。花费1 000元钱做了10套装潢华丽的简历,每一套都是厚厚一叠。招聘会热火朝天,小王看中一家大集团的海外贸易部。负责招聘的HR人员快速翻着简历,皱着眉头说:"你什么专业,到底要应聘什么部门,有什么特长啊,写这么多干吗!等电话吧!"说完把简历摞在了一尺多高的简历堆里,高声叫道:"下一个!"一个礼拜过去了,小王没接到任何面试的电话。而同专业的某男生却成功应聘到小王心仪的那家大集团海外贸易部。他告诉小王,他的简历只做了两页,一页介绍自己的基本情况(包括各科成绩),一页是大学4年的社会活动简介。他一说完,小王顿时傻眼了。

分析:从这个案例中要吸取两个教训:一是简历制作应简单明了,突出重点和优势;二是投简历时应注意专业对口,有的放矢。

一、求职材料的构成

对于应届毕业生来说,求职材料通常包括求职信(自荐信)、毕业生推荐表、个人简历、成绩单、在校期间各种证书和其他辅助材料。毕业生的求职材料应多侧面、多角度准确全面地反映自己的专业水平、组织能力、领导能力和综合素质等多方面的能力。

(一)求职信

求职信,也称自荐信,是毕业生在收集需要的信息后有目的地向用人单位做的自我介绍。它是针对特定单位(岗位)的特定人写的,主要表述求职者的主观愿望和特长,以求吸引招聘者的注意力,取得面试机会。

(二)个人简历

简历,顾名思义是反映求职者个人的简要经历,是一个人生活、学习、工作的经历与成绩的概括和总结。它提供给阅读者的信息量应该是全面而直接的。用人单位从求职者的简历中,能够看出该求职者在业绩、能力、性格、经验方面的综合表现。在通常情况下,用人单位都是通过简历来了解求职者的经历,如受教育程度、兴趣、特长等,形成一个初步的印象,从而决定求职者能否参加下一轮的面试。从某种意义上说,简历决定着求职者的前程。

(三)就业推荐表

就业推荐表是学院就业指导中心发给每位毕业生填写的并附有学校意见(鉴定、评价等)的书面推荐表格。该表一般由3部分组成:一是毕业生本人的情况介绍;二是毕业生所在院系的推荐意见;三是毕业生所在学校就业主管部门的推荐意见。一般来讲,这个表格是学校正式向用人单位推荐毕业生的书面材料,因此具有较大的权威性和可靠性。用人单位往往对该表比较重视,因此,要求毕业生认真填写,妥善保管。

(四)成绩单

成绩单是大学毕业生学习成绩的证明,通常应由学校教务部门出具并盖章。

(五)证件与证书

证件与证书是毕业生求职的资格证,是企业招聘、录用人才的主要依据。它会帮助你获得更多的就业机会,是就业的敲门砖。证书有外语等级证书、计算机等级证书、各类奖学金及其他获奖证书、各种技能证书、各种职业证书等。

(六) 参加社会实践、实习的鉴定材料

参加社会实践能让毕业生体验社会生活，为毕业后踏进社会做好充分的准备，积累相关经验，提高自身的实力。鉴定材料是社会实践单位和实习单位给予的评价，对日后就业有一定的帮助。

(七) 封面

简历封面是简历的门面，就像一个人的脸面，它折射出一个人的喜好和素养。一份精心包装的简历封面能起到吸引招聘者眼球的作用，从而大大提高求职成功率。通常设计专业人员的简历使用精美的简历封面能让对方感觉你很有创意，普通简历的精美封面也能充实内容和表达自己的诚意。

(八) 其他材料

如院系教师的推荐信、公开发表的文章及其他成果复印件或证明等。

二、求职材料的装订

大学毕业生求职时一般需要将求职材料装订成册。需考虑用人单位对求职材料各种信息的需求心理，按照求职材料所反映信息的重要程度来安排装订顺序。常见的装订顺序为：封面、求职信、个人简历、就业推荐表复印件、在校成绩单、其他证明材料（包括各种证书的复印件、各种作品或成果的复印件）。

求职所有材料切忌歪斜，所有纸张应该整洁干净，纸张大小尽量一致（建议统一用 A4 纸张），切忌用松动的透明文件夹，以免散页、掉页。

三、撰写求职信（自荐信）

求职信是简历的附信，属于商业信函，可放在简历的前面，也可放在简历的后面。求职信能够很好地补充简历本身缺乏描述性词语的不足。

(一) 求职信的格式与内容

1. 求职信的写作格式

（1）称呼。要顶格写。如"尊敬的招聘主管""尊敬的单位领导"等。

（2）开头。以问候语开头。

（3）正文。介绍你应聘工作的条件，要注意表现你的成绩，突出你的优势。

（4）结尾。强调你的愿望并致敬。

(5) 附件。选用的证明材料要有盖章和签名。

2. 求职信的内容

求职信通常为一页，有开头、主题和结尾三部分。求职信内容格式并不固定，一般包括三到五个简短的段落，下面按五段的书写格式介绍一下求职信的写作要点。

第一段应该能够引起招聘人员对你作为候选人的兴趣，并激发阅读者的热情。阅读者为什么要读这封信？你能够为他（她）做什么？

第二段必须推销你的价值。你那些能够满足阅读者需要和工作要求的技能、能力、资质和自信是什么？

第三段展示你突出的成就、成果和教育背景，它们必须能够直接有力地支持第二段的内容。如果可能的话，量化这些成就。

第四段必须写清将来的行动。请求安排面试，或者告诉阅读者你将在一周内打电话给他们，商谈下一步进程。

第五段应该是非常简短的一段，结束这封信并表示感谢。

（二）求职信的写作技巧

1. 开头

求职信的开头部分，除了称呼和问候语外，还需要自我介绍、是从什么渠道得知该招聘信息的以及所要应聘的具体职位等内容。

2. 正文

求职信的正文部分一般分为3方面内容：你对招聘单位的认识和理解、你的综合能力即你的求职资格、你能为公司做出什么样的贡献。

（1）描述你对招聘单位的理解和认识。这方面内容通常是说招聘单位有什么好的方面吸引你，对他们进行适当的赞赏，让他们知道你很愿意在此服务。如果对方是一家大公司，那么可以说说他们的名声、销售业绩、影响力、公司文化或其他任何让他们感到骄傲的地方；如果对方是一家中小企业，那么可以说说所处行业及公司前景。

（2）描述你的综合能力。这是求职信的核心部分。你需要有的放矢地说明你的个人技能和个性特征如何能满足公司的要求，要让招聘方明白为什么你是最好的人选。

对于你的教育背景、知识技能、工作经验等，通常在简历中会做翔实的介绍。为此，在求职信中，你只需要针对与招聘单位及所应聘岗位的应聘要求，围绕你简历中的两三个要点进行发挥，突出你的知识技能和工作能力，以引起招聘单位的兴趣。

（3）强调你能为招聘单位做出什么贡献。上面所描述的能力是从你自身情况而言的，而招聘单位更为看重的是你能为公司做出什么样的贡献。这里有一个误区，很多求职者为了表示自己的谦虚，在求职信中大书特书自己的不足，并表示希望能够在将来的工作中得到学习提高的机会。事实上，这种谦虚是没有必要的，每个公司都会对自己的员工进行培训，但是这并不是公司招聘员工的初衷，他们招聘你，是看重你能为公司带来的贡献。

3. 结尾

求职信结尾部分的内容可以包括以下几个方面：
（1）再次强调你对于此职位的兴趣。
（2）表明你希望得到面试机会。
（3）向对方表示谢意和祝福，署名日期和联系方式。

案例7.2

求职信模板

尊敬的招聘主管：

您好！请恕打扰。

我是一名刚从××学院会计专业毕业的大学生，很荣幸有机会向您呈上我的个人资料。在投身社会之际，为了找到符合自己专业和兴趣的工作，更好地发挥自己的才能，实现自己的人生价值，谨向各位领导做一下自我推荐。

现将自己的情况简要介绍如下：

作为一名会计专业的大学生，我热爱自己的专业并为之投入了巨大的热情和精力。在几年的学习生活中，我所学习的内容包括了从会计学的基础知识到运用等许多方面。通过对这些知识的学习，我对这一领域的相关知识有了一定程度的理解和掌握。此专业是一种工具，而利用此工具的能力是最重要的，我在与课程同步进行的各种相关实践和实习中，掌握了一定的实践操作能力和技术，并在社团工作中加强锻炼处事能力，学习管理知识，吸收管理经验。

我知道计算机和网络是将来的工具，在学好本专业的前提下，我对计算机产生了浓厚的兴趣并阅读了大量的相关书籍，能够熟练操作 Windows XP、Office、金蝶财务、用友财务等应用软件，并通晓VC语言等程序语言。

我正处于人生中精力充沛的时期，渴望在广阔的天地里展露自己的才能。我不满足于现有的知识水平，期望在实践中得到锻炼和提高，因此我希望能够加入贵单位。我会踏踏实实地做好属于自己的一份工作，竭尽全力地在工作中取得好的成绩。

我相信经过自己的勤奋和努力，一定会做出应有的贡献。

感谢您在百忙之中所给予我的关注，愿贵单位事业蒸蒸日上，屡创佳绩，祝您的事业百尺竿头，更进一步！

希望各位领导能够对我予以考虑，我热切期盼你们的回音。谢谢！

此致

敬礼！

自荐人：×××
××××年××月××日

四、个人简历的制作

一份好的简历，对于找到工作至关重要，有时甚至起到决定性的作用。

（一）个人简历的内容

1. 个人的基本情况

主要指姓名、年龄、性别、籍贯、学历、政治面貌、联系方式（电话号码和电子邮箱）等。个人信息模块的写作应该简单、直观、清晰并且没有冗余信息。

2. 教育背景

按照次序，写清所读学校名称、专业、学习年限及相关证明等，让招聘单位迅速了解求职者的学习背景，以判断与应聘职位的相关性。

3. 工作或社团经验

大学生一般都没有工作经验，但经常会利用假期等时间勤工俭学、兼职或积极参加各类性质的社团活动，可充分提供在校期间的打工经验、社团经验，说明自己担任的工作、组织的活动以及特长等经验，供招聘单位参考。

4. 爱好特长

无论是所学专业还是单纯个人兴趣发展出来的特长，只要与工作性质有关，都应在简历上写出来。这将有助于招聘单位评估求职者与应聘工作的要求是否相符。

5. 知识、技能水平

所学的主要课程、外语和计算机水平以及其他技能方面的证书等。

6. 求职意向

求职简历上需清楚地表明自己倾向就业的地域、行业、具体岗位等，以便招聘单位了解求职者的志向与追求，从而做出正确的选择。

7. 联系方式与备注

很简单，就是要确保招聘单位能通过简历中的联系方式迅速联系到求职者。

（二）简历的撰写原则

1. 真实性原则

求职材料是对自己大学生活的全面总结和反映，在内容上必须真实，切忌为赢得用人单位的好感而弄虚作假。

2. 规范性原则

这一原则的确立，是对毕业生所有文字材料的基本要求，求职择业材料可以说是对毕业生大学生活的一个全面总结，在材料中既要全面反映自身的基本情况，又要反映自身优势、特长、爱好；不仅要突出自己的优点、成绩，还要说明自身存在的缺点；不仅要说明自己对用人单位职位感兴趣的原因，还要表达自己努力工作的决心。求职材料不仅格式要规范，而且填写术语要规范。

3. 富有个性原则

这一原则主要是要求求职者的材料要体现求职者的个性，不能"千人一面"，更不能"张冠李戴"，而且，由于不同的用人单位对求职者的要求不尽相同，求职材料的准备也应根据不同的单位有所差异。

4. 突出重点原则

求职材料必须讲求简明扼要，突出重点，要让想了解你的人能很快地、明确地看到你的基本情况。有些同学的求职材料做工精巧，设计美观，但就是没有突出重点，前面很多页全是一些无关紧要的东西，有些用人单位如果投递材料的人比较多，这样的求职材料一般不会去看。这会影响你的求职成功率。

5. 全面展示原则

一个好的求职材料是在突出重点的情况下还可以全面展示自己。一个全面的材料至少应包括几方面内容：封面（写有姓名和联系电话）、照片、个人简历、求职信、推荐表、成绩单、外语等级证书复印件、技能证书复印证（计算机、驾照等）、获奖证书复印件。

6. 设计美观原则

一般而言，求职择业材料，无论是文字的还是表格的，都应采用 A4 复印纸打印或复印，复印件不要放大或缩小。并进行必要的版面设计。学习理工类专业的毕业生，求职材料的版面要讲究自然、朴实、理性、洁净的风格；学习文学、艺术、管理、软件设计等专业的毕业生，求职材料要富有创意。

7. 杜绝错误原则

所有的材料要杜绝一切错误，无论是语法上的、文字上的、用词上的、标点符号还是打印错误。

若想你的简历脱颖而出，让招聘经理注意到，并且相信你有可能是他们正需要的合格、合适的人，产生把你叫来面试、进行一番"试用"的想法，就需要你在书写简历时，如同营销经理一样，运用合适的"营销组合"，对自己加以营销。

个人简历（范例）

【个人概况】

姓名：×××

性别：女

民族：汉

健康状况：良好

毕业学校：××职业学院

学历：高职专科

宿舍电话：××××××

移动电话：×××××××××

电子信箱：××××××@qq.com

邮编：××××××

【教育背景】

2019 年 9 月—2022 年 7 月就读于××××学院电气工程系。

专业：通信工程。

【主修课程】

程控交换技术、光纤通信、移动通信、电磁场、通信电子电路、数字信号处理、数字电路、通信原理、电视原理、计算机网络工程、多媒体教程、C 语言、电子线路、电子测量等。

【专业能力】

熟练掌握通信系统的基本原理、网络设计及有关技术，熟悉 GSM 系统、CDMA 无线通信系统、SDH，特别对移动通信、GPRS 技术进行了深入广泛的学习，能较好地运用相关知识，对移动数据通信新技术如 Bluetooth 等有一定的认识。

【工作经历】

2019 年 7 月在桂林国际会展中心"2016 年国际电子展览会"上，为台湾世纪股份有限公司做软件产品展示员，介绍网络应用软件"沟通大师"和"沟通精灵"。

2020 年 3—4 月，独立完成清华同方计算机有限公司技术培训教程 Data Warehouse Introduction 的翻译工作。

2021—2022 年担任学院校园网的维护员。

【外语水平与 IT 知识技能】

国家英语四级成绩优秀。

全国计算机等级考试二级（C 语言）合格，××地区计算机应用水平测试（C 语言）成绩优秀。

能熟练使用 Office 软件，熟练掌握动画软件 3DMAX。

具有较好的英文阅读、写作能力。

【获奖及成绩情况】

综合测评本专业第五名，学习成绩本专业第三名，平均分为 85.4 分。第一学年获校"优秀团员"称号和三等奖学金，第三学年被评为"三好学生"。

【自我评价】

个性坚忍，能吃苦耐劳，工作认真，有突出的钻研开拓精神，为人热情乐观，兴趣广泛，适应性强，人际关系和睦。有较强的组织、协调能力。善于沟通，有良好的团队精神。

【求职意向】

在电子行业企事业单位从事通信技术开发工作、通信网络维护工作。

五、其他求职材料的准备

（一）简历封面

简历的封面信息通常包括学校名称、专业名称、学历、姓名、联系方式。这是通过简历简单掌握一个人基本情况的要素，因此，求职简历的封面应当含有这些内容。按照人们长期形成的快速阅读习惯，文件（或文件中的某一段落）的头和尾通常是阅读的焦点，因此在这两部分务必体现出最为重要的数据。

（二）学校就业推荐表与成绩单

就业推荐表是"毕业生双向选择就业推荐表"的简称，是学校向用人单位推荐毕业生的书面材料，表中所填内容反映了学生个人信息、学习成绩、奖惩情况、社会实践经历等方面的情况，是用人单位选择人才的重要依据，直接关系毕业生的切身利益。

成绩单是由学校的教务部门出具并盖章的成绩证明，在应届毕业生求职时是必须具备的。用人单位可通过成绩单了解毕业生的学业水平和具体科目的情况。

（三）各种获奖证书和技能证书材料

1. 外语水平和计算机水平证书

英语水平证明，如大学英语四、六级证书或成绩单（未取得证书时），公共英语等级考试的证书，计算机二、三级考试的证书，参加IT类培训的证明等。

2. 职业技能等级证书（或职业资格证书）

在求职应聘的道路上，多一种职业资格证书，就可能多一条就业门路。职业资格证书表明持证者接受该职业所需要的职业知识与技能的教育，并具备了这方面的能力，如电工证书、驾驶证、律师资格证书、教师资格证书等都是职业资格证书。

3. 获奖证明

大学期间各种获奖证书，奖学金证明或优秀学生干部证书等。

4. 推荐信

推荐信也是求职过程中不可忽视的环节。推荐信并不是那种找关系、托人情"走后门"的"条子"，而是权威人士实事求是、认真负责的推荐。有的单位是比较重视推荐信的，而写推荐信的权威人士也是十分珍惜自己的声望的，真正的学者、教授或某一领域的权威不会滥用别人对自己的信任做不负责任的推荐。

如何在网上投递出吸引HR的优秀简历

一、如何在网上投递简历

满怀期待投出简历，千盼万盼，却盼不来一个电话，是因为自己能力不够吗？不一定！很可能是在投递时出了错，从而使它"失联"了。今天我们就来说说如何把简历安全送到HR的手上。

（一）选用常见且稳定的电子邮箱

不要用学校内部邮箱或是其他小服务商提供的邮箱系统，以免简历夭折在发送的路上。发完简历后，过几分钟再查看一遍邮箱，看是否有退信，若有，查明原因后再重新发送。

（二）忌只用附件形式发送简历

只发附件，很可能让HR对你的简历视而不见，因为在邮箱爆满时，打开附件不仅是对耐心的极大考验，还要承担电脑感染病毒的风险。建议先将简历贴入正文，再添加附件作为补充（以便HR保存和归档）。

（三）心仪岗位可以隔周重复投递

很多HR表示，虽未谋面，但是从投简历的方式中也能"识人"。在几分钟之内，连续发出两份以上相同的简历，显得谨慎有余，自信不够，若无特别，不做考虑；在最近一段时间内连续发出一份相同的简历，表明求职者看重这份工作及应聘单位，若条件符合，可重点考虑。

（四）错开"高峰"，把握投递时间

（1）避开招聘信息发布的前两天（投递简历的最高峰），以免你的简历因HR邮箱爆满而遗失。

（2）不要在晚上19：00—22：00投递，这时你的简历很容易淹没在成堆的垃圾邮件中。

（3）不要在下午17：00，也就是下班前夕投递，这时阅读率非常低，HR也要准备下班回家吃饭啦。

（4）最佳时间：早上7：00—8：00，下午13：00—14：00，这时既能避开投递高峰，又能让HR在上班第一时间就能看见你的简历，岂不妙哉？

二、如何凸显简历关键词

预设指标→快速扫描→搜索关键词→职位匹配→存档转发，这就是多数HR筛选简历的大致过程。HR会根据学历、专业、工作经验等预设的硬性指标，过滤掉大量不符合条件的应聘者，只有当简历出现让他感兴趣的关键词时，他才会认真阅读。那么应该如何凸显关键词，瞬间抓住HR的眼球呢？

（一）投其所好，按需设词

如何设定关键词？最聪明的做法就是投其所好，根据招聘信息的要求，对应自身情况制定简历关键词，突出优势。

（二）字体要醒目

关键词设置一定要醒目，以方便快速浏览。对于自己的优势条件，可将相关字体加粗加黑，并在发送邮件的主题上主动提及，以便在快速扫描阶段"先声夺人"。

（三）重要信息放在前面

将HR最关注的信息，如毕业院校、专业技能、实践经历等放在不拖动滚动条就

能看到的位置。

（四）提炼邮件主题关键词

这一点千万不能忘。HR 最先看到的是邮件主题，要吸引他点击，邮件主题就一定要突出你的竞争优势。比如你应聘的岗位是建筑工程师，要求专业对口，而你的邮件主题是"土木工程专业毕业生应聘建筑工程师"，是不是很诱人？

活动与训练

个人简历设计大赛

一、目标

掌握个人简历的制作技巧，能够设计适合自己的个人简历。

二、规则与程序

1. 学生利用课余时间制作个人简历，然后在课堂上展示。
2. 学生投票评选出优秀作品 4 个，制作者走上讲台介绍自己的简历。
3. 其他同学提问和点评。
4. 教师现场颁发奖品予以鼓励。

建议时间：课外＋课上 30 分钟。

探索与思考

1. 一份完整的求职材料都有哪些内容？
2. 求职信包括哪几个主要部分？怎样有针对性地写好求职信？
3. 个人简历包括哪几个主要部分？怎样撰写个性化的个人简历？

模块七 就业准备与求职指导

7.4 准备笔试与面试

天下难事，必作于易；天下大事，必作于细。

——老子

1. 能够做好笔试的准备工作。
2. 了解面试的类型并做好准备工作。
3. 掌握面试的着装、仪容、语言技巧和行为禁忌。

用执着敲开成功之门

　　天津某外企本想招一个有丰富工作经验的资深会计人员，有一个女大学生因为没有工作经验，在面试一关就遭到了拒绝，但她并没有气馁，一再坚持。她对主考官说："请再给我一次机会，让我参加完笔试。"主考官拗不过她，就答应了她的请求。结果，她通过了笔试，由人事经理亲自复试。

　　人事经理对她颇有好感，因她的笔试成绩最好。不过，找一个没有工作经验的人做财务会计不是他们的预期，经理决定收兵："今天就到这里，如有消息我会打电话通知你。"女孩从座位上站起来，向经理点点头，从口袋里掏出两元钱双手递给经理："不管是否录取，请都给我打个电话。"经理从未见过这种情况，问："你怎么知道我不给没有录用的人打电话？""您刚才说有消息就打，那言下之意就是没录取就不打了。"经理对这个女孩产生了浓厚的兴趣，问："如果你没被录取，我打电话，你想知道些什么呢？""请告诉我，在什么地方我不能达到你们的要求，在哪方面不够好，我好改进。""那两元钱……"女孩微笑道："给没有被录用的人打电话不属于公司的正常开支，所以应该由我付电话费，请您一定打。"经理也笑了："请你把

211

两元钱收回,我不会打电话了,我现在就通知你:你被录用了。"

分析: 仅凭两元钱就招了一个没有经验的人,是不是太感情用事了?经理说:"不是。这些面试细节反映了她作为财务人员具有良好的素质和人品,素质和人品有时比资历和经验更为重要。第一,她一开始便被拒绝,却一再争取,说明她有坚毅的品格。财务是十分繁杂的工作,没有足够的耐心和毅力是不可能做好的;第二,她能坦言自己没有工作经验,显示了一种诚信,这对搞财务工作尤为重要;第三,即使不被录取,也希望能得到别人的评价,说明她有直面自己不足并追求完美的精神,我们接受失误,却不能接受员工自满不前;第四,女孩自掏电话费,反映出她公私分明的良好品德,这更是财务工作不可或缺的。"

一、笔试及其准备

笔试是用人单位对应试人员的一种考核办法,目的是考核应聘人员的文字能力、逻辑思维能力、创新能力、知识面和综合分析问题的能力。

(一) 常见的笔试种类

(1) 专业考试。主要是检验求职者担任某一职务时是否能达到所要求的专业知识水平和相关能力。从答卷中可看出求职者的文字表达、问题分析和逻辑思维等方面的能力。

(2) 心理测试。求职者的心理素质如何,也是招聘者关心的。因此,有的单位会请求职者完成一套心理测试题,来判断求职者的心理素质。

(3) 命题写作。目的在于考察求职者的文字表达能力、分析问题能力和逻辑思维能力,比如根据背景材料限时写出一份请示报告、会议通知或工作总结。

(二) 笔试的技巧

笔试的主要内容首先是基础知识和专业技能知识,其次是心理及能力测试,最后是与专业知识有关及与用人单位有关的某些知识。参加笔试要特别注意以下几点:

(1) 增强自信心,保持良好状态。临考前,要适当减轻思想负担,保证充足的睡眠,适当参加一些文体活动,从而使高度紧张的大脑得到放松休息,以充沛的精力去参加考试。

(2) 做好笔试前的准备。提前熟悉考场环境,有利于消除应试时的紧张心理。除携带必备的证件(如身份证、学生证、准考证等)外,一些考试必备的文具(如钢笔、铅笔、橡皮、直尺、中、英文字典等)也要准备齐全。

(3) 进行简单的复习。一般说来笔试都有个大体的范围,可围绕这个范围翻阅一些有关的图书资料。有些课程内容，因学习时间已久，可能淡忘，经过简单的复习，有助于恢复记忆。知识可分为主要靠记忆掌握的知识和必须通过不断地运用来掌握的知识。从用人单位的角度看，主要目的是为考核求职者对所学知识的运用能力。因此，在复习过程中一定要善于将知识运用到实际问题的解决中去，学以致用。

（4）掌握科学的答卷方法。拿到考卷后，首先应通览一遍，了解题目的多少和难易程度，以便掌握答题深度和速度。最后，要尽可能留出时间对易出错的地方进行复查，特别注意不要漏题。

二、面试的方法与技巧

面试是用人单位招聘时最重要的一种考核方式，是供需双方相互了解的过程，是一种经过精心设计，以交谈与观察为主要手段，了解应试者信息和能力的一种测评方式。掌握面试技巧，是大学毕业生求职择业面临的新课题。

（一）面试的主要类型

根据面试的实施方式，可将面试分为5类：

（1）一对一的个别面试。常用于第一轮面试，目的是排除一些素质相对较差者。

（2）多对一的主试团面试。由多个部门组成主试团，考核应聘者的人格素养、业务素质、行为风格等。

（3）多对多的小组面试。面试对象有多个，便于对应聘者进行比较。

（4）小组讨论面试。由应聘者组成一个临时工作小组，讨论给定的问题并且做出决策。目的是考核应聘者的领导能力、组织能力、口头表达能力、说服力、洞察力、处理人际关系的技巧等。

（5）评估中心面试。专业化程度高的外企通常会用一两天的时间通过评估中心进行人才选拔。评估中心将进行一系列综合性的考核，包括在公众人物前发表演讲、无论题的讨论、团队面试场景创建游戏、辩论等，目的是考核应聘者的适应能力及在一个全新的、毫无准备的情境中处理问题的能力。

（二）面试前的准备

面试是求职的关键环节，需要事先做好准备，主要包括以下几个方面：

（1）研究用人单位。俗话说："知己知彼，百战不殆"，面试前对用人单位进行充分的了解，对于能否通过面试是非常重要的。求职者要通过多种渠道（如宣讲会、网站、社会关系等），设法了解自己所应聘公司和职位的情况，特别是企业文化。

（2）审视自己。面试最重要的还是充分了解自己，面试前要梳理一下自己的情况，对照应聘岗位的招聘要求，问一问自己：我是否对这个岗位感兴趣？我参与竞争的优势是什么，劣势是什么？如果被问到劣势方面，应如何应对？

（3）物品准备。面试前，应把自己准备带去参加面试的文件包整理好，带上必需用品。带好求职简历、求职信、各种荣誉证书和成绩单的复印件等。多带一份简历，有备无患。

（4）面试训练。应届毕业生缺乏面试经验，在面试前有必要进行面试的学习和训练，先了解各种面试形式，学习他人的经验，并可向学长请教，还可以3~5人一组，轮流扮演面试官和求职者，模拟面试的过程，锻炼展示自我的能力，积累面试的实战经验。

（5）心理准备。面试的过程，是一个复杂的心理变化过程，成功的关键在于自己优秀的素质以及良好的临场发挥。择业前要进行心理调适，克服紧张情绪，并排除心理干扰。面试时要放松，这样才能发挥出最佳的水平，取得理想的面试效果。还要注意保证足够的睡眠，保持良好状态。

（三）面试着装和仪容准备

服装和外貌同交谈一样，是面试官了解应聘者的重要内容。从某种程度上说，这绝不亚于面试中的语言对白。如果一个应试者能镇定自若，注意仪态；穿着得体，面试时就能脱颖而出。所以，应试者在面试出发之前应着重对自己的外观进行一番打扮，使自己在面试时有一个良好的外表和精神面貌。

大学毕业生在求职过程中的着装可以不像社会人员那样庄重，但是整体上要求给人以整洁、大方的感觉。大学应届毕业生求职着装的原则是不追求名牌、高档服装，以平整得体、款式朴素、简练、精干、不碍眼为原则。最好不穿新买的衣服，穿平时熟悉、有自信的服装。颜色以中性为主，避免夸张、刺眼的颜色。

（四）面试中的语言技巧

面试场上你的语言表达艺术标志着你的成熟程度和综合素养，对求职应试者来说，掌握语言表达的技巧无疑是重要的。

1. 认真聆听，流利回答

考官介绍情况时，应试者要专注，对其所提的问题要逐一回答，口齿清晰，发音准确，语言文雅、大方。交谈时还要注意控制说话的速度，以免磕磕巴巴，影响语言的流畅；答话要简练、完整，尽量不要用简称、方言、土语和口头语，以免对方难以听懂。对方在谈话时一般情况下不要打断，可以在适当的时候点头或适当提问、搭话。

2. 语气平和，语调恰当，音量适中

面试时要注意语言、语调、语气的正确运用。语气是指说话的口气，语调则是

指语音的高低轻重配置。打招呼、问候时宜用上升语调,加强语气并带拖音,以引起对方的注意。自我介绍时,最好多用平缓的陈述语气。音量的大小要根据面试现场情况而定,以每个考官都能听清自己的讲话为原则。

3. 注意听者的反应,及时调整

求职者面试不是演讲,更接近于一般的交谈。交谈中应随时注意听者的反应。根据对方的反应,适时地调整自己的语言、语调、语气、音量、修辞,包括陈述内容,这样才能取得良好的面试效果。

4. 面试语言的忌讳

(1) 缺乏自信的问语。

"你们要几个?"这种问法显得应聘者信心不足。对用人单位来讲,问题不在于招几个,而在于应聘者有没有较强的竞争力。

"你们要不要女生?"这样的询问首先给自己打了"折扣",这是一种缺乏自信的表现。面对已露怯意的女生,用人单位正好顺水推舟,予以回绝。

"外地生源要不要?"一些外地毕业生出于坦诚,或急于知道结果,一见用人单位的招聘人员就劈头问这么一句,弄得面试人无话可说。这么草率的一问,极可能得到同样草率的答复。

(2) 开口就问待遇。

"你们的待遇怎么样?"这样的问话很可能招致如下回答:"工作还没干就先提条件了,何况我们还没说要不要你呢!"谈论报酬,这本是无可厚非。只是要看时机,一般是在双方已有初步意向时才委婉地提出。

(3) 不合逻辑的答语。

面试人问:"请你告诉我你的一次失败。""我没有失败过。"这样的搪塞之语在逻辑上是讲不通的。又如:"你有何优缺点?""我可以胜任一切工作。"这样回答既不符合逻辑,也不符合实际。

(4) 报熟人。

拉近乎的"套语",如"我认识你们单位某某""某某经理和我关系很不错"等,这种话面试人听了会反感,如果面试人与你所说的那个人以往关系就不怎么好,甚至有矛盾,那么这种拉关系的话语引出的结果可能就会更糟。

(5) 拿腔拿调的语言。

有一个应聘者,虽然从未在国外待过,可是洋腔洋调倒是学了不少。在应聘一家著名酒店公关经理的面试中,每当面试人向她介绍一些内容时,她便从鼻腔深处拿腔拿调地发出"嗯哼"的声音,最终给人留下"过于做作"的印象。

(6) 不切实际的"洋话"。

一家企业招聘一名仓储经理,面试时求职者在回答问题时不断地夹杂一些英语单词,由于主持面试的企业部门经理表示英语不甚精通,但这位应聘者全然不予理会,继续慷慨陈词。很显然,这样的应聘者是不受欢迎的。

(7) 不识时务的反问。

当面试人问:"关于薪金你的期望值是多少?"应聘者反问:"你们打算给多少?"这样反问有点像在市场上买东西讨价还价,显得很不礼貌,容易引起面试人的不快,进而影响到求职者的应聘效果。

(8) 本末倒置的话语。

面试快要结束时,面试人向应聘者问道:"请问你有什么问题要问我们吗?"一个应聘者欠了欠身,开始发问:"请问你们的投资规模有多大?中外方比例各是多少?""请问你们董事会成员中外方各有几位?""你们未来五年的发展规模如何?""你们对住房的贷款政策如何?"这样已经显然超出了应当提问的范围,很容易使面试人产生反感。因此,参加求职面试时,应聘者一定要把自己的位置摆正。

(五) 面试行为的忌讳

1. 忌迟到失约

迟到和失约是面试中的大忌,这种行为不但反映出求职者没有时间观念和责任感,更会令面试官觉得求职者对这份工作没有热忱,印象分自然大减。守时不但是美德,更是面试时必须做到的事。如因有要事迟到或缺席,一定要尽早打电话通知该公司,并预约另一个面试时间。另外,匆匆忙忙到公司,心情还未平静便要进行面试,自然表现也会大失水准。

2. 忌数落别人

切勿在面试时当着面试官数落现任或前任雇主、同事、同学、老师的不是。这样做不但得不到同情,反而会令人反感。

3. 忌说谎邀功

面试时说谎,伪造自己的所谓辉煌历史,或将不属于自己的功劳据为己有,即使现在能瞒天过海,也难保谎言将来不会被揭穿。因此,面试时应实话实说,可以扬长避短,但决不能以谎话代替事实。

4. 忌长篇大论或少言寡语

切勿滔滔不绝、喋喋不休。面试官最怕求职者长篇大论,说个没完没了。面试时只需针对问题,重点回答。与此相反,有些求职者十分害羞,不懂得把握机会表现自己,无论回答什么问题,答案往往只有一两句,甚至只回答"是、有、好、可以"等,这同样不可取。

5. 忌语气词过多

使用太多"呢、啦、吧"等语气词或口头禅,会把面试官弄得心烦意乱。语气词或口头禅太多,会让面试官误以为求职者自信心和准备不足。

(六)回答问题的技巧

1. 把握重点,简洁明了,条理清楚,有理有据

一般情况下回答问题要结论在先,议论在后,先将自己的中心意思表达清晰,然后再做叙述和论证。否则,长篇大论,会让人不得要领。面试时间有限,神经有些紧张,说的话太多,容易走题,反倒会将主题冲淡或漏掉。

2. 讲清原委,避免抽象

用人单位提问总是想了解一些应试者的具体情况,切不可简单地仅以"是"和"否"作答。应针对所提问题的不同,有的需要解释原因,有的需要说明程度。不讲原委、过于抽象的回答,往往不会给主试者留下具体的印象。

3. 确认提问内容,切忌答非所问

面试中,如果对用人单位提出的问题一时摸不到边际,以至不知从何答起或难以理解对方问题的含义时,可将问题复述一遍,并先谈自己对这一问题的理解,请教对方以确认内容。这样才会有的放矢,不致答非所问。

4. 有个人见解,有个人特色

用人单位有时接待应试者若干名,相同的问题问若干遍,类似的回答也要听若干遍。因此,用人单位会有乏味、枯燥之感。只有具有独到的个人见解和个人特色的回答,才会引起对方的兴趣和注意。

5. 知之为知之,不知为不知

面试遇到自己不知、不懂、不会的问题时,回避闪烁、默不作声、牵强附会、不懂装懂的做法均不足取,诚恳坦率地承认自己的不足,反倒会赢得好感。

(七)消除紧张的技巧

1. 面试前可翻阅一本轻松活泼、有趣的杂志或书籍

这时阅读书刊可以转移注意力,调整情绪,克服面试时的怯场心理,避免等待

时紧张、焦虑情绪的产生。

2. 面试过程中注意控制谈话节奏

进入面试场致礼落座后,若感到紧张,先不要急于讲话,而应集中精力听完提问,再从容应答。一般来说,人们精神紧张的时候讲话速度会不自觉地加快,讲话速度过快,既不利于对方听清讲话内容,又会给人一种慌张的感觉。当然,讲话速度过慢、缺乏激情、气氛沉闷,也会使人生厌。为了避免这一点,一般开始谈话时可以有意识地放慢讲话速度,等自己进入状态后再适当加快语速。这样,既可以稳定自己的紧张情绪,又可以扭转面试的沉闷气氛。

3. 回答问题时,目光可以对准提问者的额头

有人在回答问题时眼睛不知道往哪儿看。经验证明,目光游移不定的人,使人感到不诚实;眼睛下垂的人,给人一种缺乏自信的印象;两眼直盯着提问者,会被误解为向他挑战,给人以桀骜不驯的感觉。如果面试时把目光集中在对方的额头上,既可以给对方以诚恳自信的印象,也可以鼓起自己的勇气,消除紧张情绪。

面试经典问题回答思路

以下是"中国人才指南网"(www.cnrencai.com)针对面试中经常出现的一些典型问题总结、归纳出的回答思路和参考答案。读者无须过分关注分析的细节,关键是要从中"悟"出面试的规律及回答问题的思维方式,达到"活学活用"。

1."请你自我介绍一下。"

思路:

(1)这是面试的必考题目。

(2)介绍内容要与个人简历相一致。

(3)表述方式上尽量口语化。

(4)要切中要害,不谈无关、无用的内容。

(5)条理要清晰,层次要分明。

(6)事先最好以文字的形式写好背熟。

2."谈谈你的家庭情况。"

思路:

(1)近况对于了解应聘者的性格、观念、心态等有一定的作用,这是招聘单位问该问题的主要原因。

(2) 简单地罗列家庭人口。

(3) 宜强调温馨和睦的家庭氛围。

(4) 宜强调父母对自己教育的重视。

(5) 宜强调各位家庭成员的良好状况。

(6) 宜强调家庭成员对自己工作的支持。

(7) 宜强调自己对家庭的责任感。

3. "你有什么业余爱好？"

思路：

(1) 业余爱好能在一定程度上反映应聘者的性格、观念、心态，这是招聘单位问该问题的主要原因。

(2) 最好不要说自己没有业余爱好。

(3) 不要说自己有哪些庸俗的、令人感觉不好的爱好。

(4) 最好不要说自己仅限于读书、听音乐、上网，否则可能令面试官怀疑应聘者性格孤僻。

(5) 最好能有一些户外的业余爱好来"点缀"你的形象。

4. "你为什么选择现在的学校和专业？"

回答：高考填报志愿时，当然有好几个高校是我理想的选择。按高考成绩进入现在的学校，它是我的选择之一，当然这个专业是我喜欢的专业。喜欢的或感兴趣的专业，也是我学习的动力之一，事实上，通过四（或三）年的学习生活，我对我在学校所学的专业感觉很好。

点评：回答这一问题时，要对自己的学校和所学的专业有一种崇高和热爱的心情，并应抱有信心。随意菲薄母校和所学的专业是一种极不负责的态度，会引起别人的反感，甚至让人怀疑应试者是否有真才实学。

5. "你的学习成绩如何？"

回答："还不错，在班级中排在××位置。""一般。我在学校里除课堂上学习的知识外，比较喜欢扩充自己其他方面的知识，对××类的书也看了不少。"

点评：对自己的学习成绩一定要如实回答。如果成绩优秀，应该用平和的口气，实事求是地介绍，决不可自我炫耀，让人觉得轻浮；如果成绩不好则应说明理由，或者哪门课程不好，隐瞒或欺骗，只会暴露自己的不良品行。总之，应表现出对学习的态度是认真的、努力的，对成绩又看得比较客观。这样即使你的成绩不太理想，主试人的反应也不会太强烈。

6. "你在学校里学了哪些课程？这些课程对所应聘的工作有些什么帮助？"

回答：回答时只要将所学过的重要课程以及与所应聘的工作岗位有关的课程说出来就行了，不必把每一门课程都罗列出来。可稍为详细地介绍一下与应聘岗位有关的科目。

点评：不要强调所学科目会对今后的工作会有极大的作用，只着重强调打好了理论和技能基础。

7."你最崇拜谁？"

思路：

（1）最崇拜的人能在一定程度上反映应聘者的性格、观念、心态，这是面试官问该问题的主要原因。

（2）不宜说自己谁都不崇拜。

（3）不宜说崇拜自己。

（4）不宜说崇拜一个虚幻的或是不知名的人。

（5）不宜说崇拜一个明显具有负面形象的人。

（6）所崇拜的人最好与自己所应聘的工作能"搭"上关系。

（7）最好说出自己所崇拜的人的哪些品质、哪些思想感染着自己、鼓舞着自己。

8."你的座右铭是什么？"

思路：

（1）座右铭能在一定程度上反映应聘者的性格、观念、心态，这是面试官问这个问题的主要原因。

（2）不宜说那些易引起不好联想的座右铭。

（3）不宜说那些太抽象的座右铭。

（4）不宜说太长的座右铭。

（5）座右铭最好能反映出自己的某种优秀品质。

（6）参考答案——"只为成功找方法，不为失败找借口。"

9."谈谈你的缺点。"

思路：

（1）不宜说自己没缺点。

（2）不宜把那些明显的优点说成缺点。

（3）不宜说出严重影响所应聘工作的缺点。

（4）不宜说出令人不放心、不舒服的缺点。

（5）可以说出一些对于所应聘工作"无关紧要"的缺点，甚至是一些表面上看是缺点，从工作的角度看却是优点的缺点。

10."谈一谈你的一次失败经历。"

思路：

（1）不宜说自己没有失败的经历。

（2）不宜把那些明显的成功说成是失败。

（3）不宜说出严重影响所应聘工作的失败经历。

（4）所谈经历的结果应是失败的。

(5) 宜说明失败之前自己曾信心百倍、尽心尽力。

(6) 说明仅仅是由于外在客观原因导致失败。

(7) 失败后自己很快振作起来，以更加饱满的热情面对以后的工作。

11."你为什么选择我们公司？"

思路：

(1) 面试官试图从中了解你求职的动机、愿望以及对此项工作的态度。

(2) 建议从行业、企业和岗位这三个角度来回答。

(3) 参考答案——"我十分看好贵公司所在的行业，我认为贵公司十分重视人才，而且这项工作很适合我，相信自己一定能做好。"

12."在五年的时间内，你的职业规划？"

提示：这是每一个应聘者都不希望被问到的问题，但是几乎每个人都会被问到，比较多的答案是"管理者"。但是近几年来，许多公司都已经建立了专门的技术途径。这些工作职位往往被称作"顾问""参议技师"或"高级软件工程师"等。当然，说出其他一些你感兴趣的职位也是可以的，比如产品销售部经理、生产部经理等一些与你的专业有相关背景的工作。要知道，考官总是喜欢有进取心的应聘者，此时如果说"不知道"，或许就会使你丧失一个好机会。最普通的回答应该是"我准备在技术领域有所作为"或"我希望能按照公司的管理思路发展"。

13."如果公司与另外一家公司同时录用你，你将如何选择？"

回答：

(1) 贵公司是我的第一选择。

(2) 我不敢奢望有两家公司同时看上我，即使有此情况，我还是首选贵公司。

点评：无论你到哪家公司应聘，都应这么回答，在未确定最后的归属前，回答这个问题不能有丝毫犹豫。

14."对这项工作，你有哪些可预见的困难？"

思路：

(1) 不宜直接说出具体的困难，否则可能令对方怀疑应聘者不行。

(2) 可以尝试迂回战术，说出应聘者对困难所持有的态度——"工作中出现一些困难是正常的，也是难免的，但是只要有坚韧不拔的毅力、良好的合作精神以及事前周密而充分的准备，任何困难都是可以克服的。"

15."如果我录用你，你将怎样开展工作？"

思路：

(1) 如果应聘者对于应聘的职位缺乏足够的了解，最好不要直接说出自己开展工作的具体办法。

(2) 可以尝试采用迂回战术来回答，如"首先听取领导的指示和要求，然后就有关情况进行了解和熟悉，接下来制订一份近期的工作计划并报领导批准，最后根据计划开展工作。"

16．"与上级意见不一时，你将怎么办？"

思路：

（1）一般可以这样回答："我会给上级以必要的解释和提醒，在这种情况下，我会服从上级的意见。"

（2）如果面试你的是总经理，而你所应聘的职位另有一位经理，且这位经理当时不在场，可以这样回答："对于非原则性问题，我会服从上级的意见，对于涉及公司利益的重大问题，我希望能向更高层领导反映。"

17．"我们为什么要录用你？"

思路：

（1）应聘者最好站在招聘单位的角度来回答。

（2）招聘单位一般会录用这样的应聘者：基本符合条件、对这份工作感兴趣、有足够的信心。

（3）如"我符合贵公司的招聘条件，凭我目前掌握的技能、高度的责任感和良好的适应能力及学习能力，完全能胜任这份工作。我十分希望能为贵公司服务，如果贵公司给我这个机会，我一定能成为贵公司的栋梁！"

18．"你能为我们做什么？"

思路：

（1）基本原则是"投其所好"。

（2）回答这个问题前应聘者最好能"先发制人"，了解招聘单位期待这个职位所能发挥的作用。

（3）应聘者可以根据自己的了解，结合自己在专业领域的优势来回答。

19．"你是应届毕业生，缺乏经验，如何能胜任这项工作？"

思路：

（1）如果招聘单位对应届毕业生的应聘者提出这个问题，说明招聘单位并不真正在乎"经验"，关键看应聘者怎样回答。

（2）对这个问题的回答最好要体现出应聘者的诚恳、机智、果敢及敬业。

（3）如"作为应届毕业生，在工作经验方面的确会有所欠缺，因此在读书期间我一直利用各种机会在这个行业里做兼职。我也发现，实际工作远比书本知识丰富、复杂。但我有较强的责任心、适应能力和学习能力，而且比较勤奋，所以在兼职中均能圆满完成各项工作，从中获取的经验也令我受益匪浅。请贵公司放心，学校所学及兼职的工作经验使我一定能胜任这个职位。"

20．"你希望与什么样的上级共事？"

思路：

（1）通过应聘者对上级的"希望"可以判断出应聘者对自我要求的意识，这既是一个陷阱,又是一次机会。

(2) 最好回避对上级具体的希望,多谈对自己的要求。

(3) 如"作为刚步入社会的新人,我应该多要求自己尽快熟悉环境、适应环境,而不应该对环境提出什么要求,只要能发挥我的专长就可以了。"

21."你在前一家公司的离职原因是什么?"

思路:

(1) 最重要的是:应聘者要使招聘单位相信,应聘者在过去单位的"离职原因"在此家招聘单位里不存在。

(2) 避免把"离职原因"说得太详细、太具体。

(3) 不能掺杂主观的负面感受,如"太辛苦""人际关系复杂""管理太混乱""公司不重视人才""公司排斥我们某某员工"等。

(4) 但也不能躲闪、回避,如"想换换环境""个人原因"等。

(5) 不能涉及自己负面的人格特征,如不诚实、懒惰、缺乏责任感、不随和等。

(6) 尽量使解释的理由为应聘者个人形象添彩。

(7) 如"我离职是因为这家公司倒闭。我在公司工作了三年多,对公司有较深的感情。从去年开始,由于市场形势突变,公司的局面急转直下。到眼下这一步我觉得很遗憾,但还要面对现实,重新寻找能发挥我能力的平台。"

同一个面试问题并非只有一个答案,而同一个答案并不是在任何面试场合都有效,关键在于应聘者掌握了规律后,对面试的具体情况进行把握,有意识地揣摩面试官提出问题的心理背景,然后投其所好。

22."请问你还有问题要问吗?"

回答:这个问题,大有学问。

(1) 你可以将你在面试中还没有机会提出的相关问题提出来。

(2) 进一步强调一下你在面试过程中没有机会谈到的个人优势。如果实在没有什么可以说的,也不要说没有问题。你可以问面试者下一次的面试(如果有的话)是什么时间?或者问面试者什么时候可以得到结果,以及什么时候可以打电话给他。如果你非常想得到这份工作,这个时候你就应该对面试者这么说:"我很想得到这份工作,我认为我完全能够胜任这份工作,请给我这个机会。"最后,对面试者表示致谢、握手、告别。

点评:一般当面试者要结束面试时,常常会问这个问题。

活动与训练

人际沟通能力测试题

下面是一组沟通能力的小测试,请选择一项适合你的情形。

1. 在说明自己的重要观点时，别人却不想听你说，你会（   ）。

   A. 马上气愤地走开

   B. 于是你也就不说了，但你可能会很生气

   C. 等等看还有没有说的机会

   D. 仔细分析对方不听自己说的原因，找机会换一个方式去说

2. 去参加老同学聚会回来，你很高兴，而你的朋友对聚会的情况很感兴趣，这时你会（   ）。

   A. 详细诉说从你进门到离开时所看到和感觉到的以及相关细节

   B. 说些自己认为重要的

   C. 朋友问什么就答什么

   D. 感觉很累了，没什么好说的

3. 你正在主持一个重要的会议，而你的一个下属却在玩弄他的手机并有声音干扰会议现场，这时，你会（   ）。

   A. 幽默地劝告下属不要玩手机　　B. 严厉地叫下属不要玩手机

   C. 装作没看见，任其发展　　　　D. 给那位下属难堪，让其下不了台

4. 你正在跟老板汇报工作时，你的助理急匆匆地跑过来说，有你一个重要客户的长途电话，这时你会（   ）。

   A. 说你正在开会，稍后再回电话过去　　B. 向老板请示后，去接电话

   C. 说你不在，叫助理问对方有什么事　　D. 不向老板请示，直接跑去接电话

5. 去与一个重要的客人见面，你会（   ）。

   A. 像平时一样随便穿着　　　　B. 只要穿得不要太糟就可以了

   C. 换一件自己认为很合适的衣服　D. 精心打扮一下

6. 你的一位下属已经连续两天下午请了事假，第三天上午快下班的时候，他又拿着请假条过来说下午要请事假，这时你会（   ）。

   A. 详细询问对方因何事要请假，视原因而定

   B. 告诉他今天下午有一个重要会议，不能请假

   C. 你很生气，什么都没说就批准了他的请假

   D. 你很生气，不理会他，不批假

7. 你刚应聘到一家公司就任部门经理，上班不久，你了解到本来公司中就有几个同事想就任你的职位，老板不同意，才招了你。对这几位同事，你会（   ）。

   A. 主动认识他们，了解他们的长处，争取成为朋友

   B. 不理会这个问题，努力做好自己的工作

   C. 暗中打听他们，了解他们是否具有与你进行竞争的实力

   D. 暗中打听他们，并找机会为难他们

8. 与不同身份的人讲话，你会（   ）。

   A. 对身份低的人，你总是漫不经心地说

   B. 对身份高的人说话，你总是有点紧张

C. 在不同的场合下，你会用不同的态度与之讲话

D. 不管是什么场合，你都是一样的态度与之讲话

9. 在听别人讲话时，你总是会（　　）。

　　A. 对别人的讲话表示感兴趣，记住所讲的要点

　　B. 请对方说出问题的重点

　　C. 对方老是讲些没必要的话时，你会立即打断他

　　D. 对方不知所云时，你就很烦躁，就想去做别的事

10. 在与人沟通前，你认为比较重要的是，应该了解对方的（　　）。

　　A. 经济状况、社会地位　　　B. 个人修养、能力水平

　　C. 个人习惯、家庭背景　　　D. 价值观念、心理特征

评分方法：题号为 1、5、8、10 者，选 A 得 1 分、选 B 得 2 分、选 C 得 3 分、选 D 得 4 分；其余题号选 A 得 4 分、选 B 得 3 分、选 C 得 2 分、选 D 得 1 分；将 10 道测验题的得分加起来，就是你的总分。

分析：如果你的总分为 11～20 分，因为你经常不能很好地表达自己的思想和情感，所以你也经常不被别人所了解；许多事情本来是可以很好解决的，正是你采取了不适合的方式，所以有时把事情弄得越来越糟；你需要严格地训练自己，以提升沟通技能。但是，只要你学会控制好自己的情绪、改掉一些不良的习惯，你随时可能获得他人的理解和支持。

如果你的总分为 21～30 分，你懂得一定的社交礼仪、尊重他人；你能通过控制自己的情绪来表达自己，并能实现一定的沟通效果；但是，有较多地方需要提高，你缺乏高超的沟通技巧和积极的主动性，许多事件只要你继续努力一点，你就可大功告成。

如果你的总分为 31～40 分，你很稳重，是控制自己情绪的高手，所以，他人一般不会轻易知道你的底细；你能不动声色地表达自己，有很高的沟通技巧和人际交往能力；只要你能明确意识到自己性格的不足，并努力优化之，定能取得更好的成绩。但要记住：沟通艺术无止境。

探索与思考

1. 笔试前需做好哪些准备？
2. 面试前需做好哪些准备？
3. 查阅资料回答：什么是无领导小组面试，应如何准备和应对？

模块八　就业程序与就业权益

模块导读

就业作为大学毕业生需要亲自完成的过程，不仅受到国家法律、就业法规与政策的约束，还必须遵循一定的原则和程序。毕业生要了解各就业部门的工作程序及就业流程，以便顺利地完成就业中各个环节。

就业协议是明确毕业生、用人单位、学校三方在毕业生就业工作中的权利和义务的书面表现形式，能解决应届毕业生户籍、档案、保险、公积金等一系列相关问题。就业协议的签订，意味着求职找工作的过程结束。协议在毕业生到单位报到、用人单位正式接收后自行终止。就业协议书由教育部统一制定式样。就业协议书具有法律效力，一经签订，各方就必须严格履行。

大学生落实了工作或与用人单位确定了工作意向，并不意味着就此完成就业。对于初涉职场的大学生来说，与用人单位签订劳动合同是一个关键环节，它是劳动者合法权益得到有力保障的重要举措之一。

本模块重点介绍了大学生就业中享有的权利和应尽的义务、就业协议和毕业程序、劳动合同和就业权益的维护以及派遣制员工、干部身份、转正定级与工龄计算、社保和公积金等常识。

就业权益保护

这20个证书，人社部网站能查了

模块八 就业程序与就业权益

8.1 就业协议与就业程序

名人名言

能够摄取必要营养的人要比吃得很多的人更健康，同样地，真正的学者往往不是读了很多书的人，而是读了有用的书的人。

——亚里斯

学习目标

1. 了解就业协议签订与解除程序。
2. 了解毕业生派遣、档案和户口迁移相关的知识和办理程序。
3. 了解人事代理等基本的就业常识。

导入案例

小赵大意失"沪籍"

小赵是某校国际经济与贸易专业毕业生，他来自安徽，毕业后想到上海工作。小赵专业成绩在班上名列前茅，年年获得奖学金，并担任学院学生会学习部部长。小赵在求职过程中并没有太多的悬念，上海张江工业园区一家国内著名的商贸公司于当年5月向他发出了录取通知函。当年9月，小赵与公司签订了正式协议，老总还让他参加了一个重要的与国外的合作项目，这样一忙就到了12月底，他也出色地完成了公司交给的任务。就在这时，一个他没有料到的事情发生了，小赵从同学处得知，外地毕业生在上海就业需要办理"蓝表"审批手续，他这才模模糊糊地想起学校还有一些手续，由于忙于公司的项目，一直拖延未办。于是，他向公司请了假，急急忙忙赶回学校办理相关手续。学校老师告诉他，按照当年的政策规定，进沪手续已经在10月底截止，而以后若想解决上海户口，就只能通过复杂的人才引进手续来办理了。听老师这么一说，小赵后悔不已！

分析： 毕业生要及时了解就业地的有关政策，及时办好户口、档案等迁移事项、关注社保等办理情况。

一般来说，毕业生就业要经过以下流程（见图8-1）：

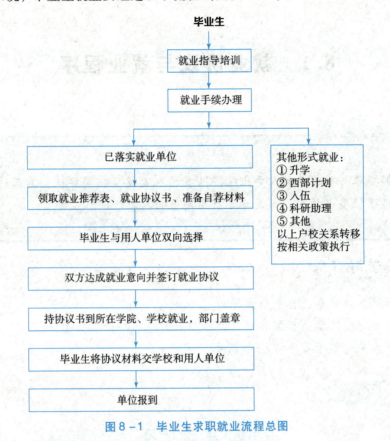

图8-1 毕业生求职就业流程总图

一、毕业生的就业权利和义务

（一）权利

我国在《宪法》《劳动法》《高等教育法》《普通高等学校毕业生就业工作暂行规定》等法律、法规和政策中均规定了毕业生应有的权利。主要包括以下内容：

1. 获取信息权

就业信息是毕业生择业成功的前提和关键，只有在充分占有信息的基础上，才能选择用人单位。毕业生获取的信息应该是公开、及时、全面的。

2. 自主选择权

根据双向选择、自主择业的原则，高校毕业生可以自主地选择用人单位，学校、其他单位和个人均不得干涉。把任何个人意志强加于毕业生，均被视为侵犯毕业生选择权的行为。

3. 接受就业指导权

接受就业指导是每个毕业生都具有的权利。《高等教育法》规定，高等学校应当为毕业生提供就业指导和服务。《普通高等学校毕业生就业工作暂行规定》中明确指出，高等学校的一个主要职责就是对毕业生开展就业教育和就业指导工作。

4. 被推荐权

高等学校的一个重要职责就是向用人单位推荐毕业生。历年工作经验证明，学校的推荐在很大程度上影响到用人单位对毕业生的取舍。毕业生享有被推荐权包含以下几个方面的内容。

（1）如实推荐

即高校对毕业生进行推荐时实事求是，根据毕业生本人的实际情况向用人单位进行介绍、推荐。不能故意贬低或随意捧高对毕业生在校表现的评价。

（2）公正推荐

学校对毕业生进行推荐时应做到公平、公正，应给每一位毕业生推荐就业的机会。公正推荐是学校的基本责任，也是毕业生享有的最基本的权利。

（3）择优推荐

学校根据毕业生的在校表现，在公正、公平的基础上，还应择优推荐，用人单位录用毕业生也应坚持择优标准。

5. 公平受录用权

女生就业难仍然是困扰女性毕业生就业的一大问题。公平受录用权是毕业生最为迫切需要得到维护的权益。

6. 违约求偿权

毕业生、用人单位签订协议后，任何一方不得擅自毁约。如用人单位无故要求解约，毕业生有权要求对方严格履行就业协议，否则用人单位应对毕业生承担违约责任，支付违约金，毕业生有权利要求用人单位进行补偿。

（二）义务

1. 回报国家、社会的义务

我国《宪法》规定，劳动对于公民来说，既是权利也是义务，是权利和义务的结合和统一。对于毕业生而言，不仅要履行作为公民必须履行的劳动义务，而且要积极地回报国家、社会和家庭，承担起自己应尽的义务。

2. 服从国家需要的义务

虽然毕业生在择业过程中有相当大的自主权，但作为当代大学生，上大学还不完全是一种投资于未来发展的个人行为，国家和社会为大学生的成才付出了很大的代价。因此，大学生就业不仅仅是个人行为，还应服从国家的需要。

3. 如实介绍自己情况的义务

毕业生在求职择业过程中应如实向用人单位介绍自己的情况，这是基本的择业道德要求，也是自己应尽的义务。毕业生在填写推荐表、撰写自荐书、与用人单位洽谈介绍自己时，必须实事求是，不得弄虚作假。

4. 遵守和履行就业协议的义务

毕业生与用人单位通过双向选择签订协议，以约束双方的行为。遵守协议是就业工作顺利进行的保证。一经签订协议，就不能随便违约，一旦违约，不仅影响学校正常的就业秩序，而且会损害用人单位、学校、其他同学等各方面的利益。

5. 按时到工作单位报到的义务

《普通高等学校毕业生就业工作暂行规定》要求，毕业生办理完离校手续后，应持报到证按时到用人单位报到。如果自离校之日起，无正当理由超过3个月不去就业单位报到的，由学校报主管毕业生就业部门批准，不再负责其就业。

二、关于就业协议

就业协议（又称"三方协议"）是《全国普通高等学校毕业生就业协议书》的简称，它是明确毕业生、用人单位、学校三方在毕业生就业工作中的权利和义务的书面表现形式，能解决应届毕业生户籍、档案、保险、公积金等一系列相关问题。协议在毕业生到单位报到、用人单位正式接收后自行终止。就业协议书由教育部统一制定式样。就业协议书具有法律效力，一经签订，各方就必须严格履行。

就业协议书签订样本如图8-2所示。

就业协议一旦签署，就意味着第一份工作就基本确定。因此，应届毕业生要特别注意签约事项。毕业生签就业协议前，须认真查看用人单位的隶属，国家机关、事业单位、国有企业一般都有人事接收权。民营企业、外资企业则需要经过地方人事局或人才交流中心的审批才能招收职工，协议书上要签署他们的意见方能有效。应届毕业生还要对不同地方人事主管部门的特殊规定有所了解。现行的就业协议书中主要包括以下3部分内容：

模块 八

就业程序与就业权益

签约须知

根据国家规定，普通高校毕业生（以下简称"毕业生"）就业实行"市场导向、政府调控、学校推荐、学生与用人单位双向选择"的就业机制，为维护国家就业方案的严肃性，规范毕业生、用人单位、学校三方在毕业生就业工作中的权利和义务，特制定本协议书：

一、本协议书的使用范围：国家计划内统招非定向毕业生（含高职（高专）毕业生、本科毕业生、毕业研究生）；定向生、委培生按定向委培协议就业，不使用就业协议书。

二、签约各方必须遵守国家的有关法律、法规和教育部的有关规定，坚持公开、公平、公正和诚实守信原则。

三、毕业生应按国家和省毕业生就业政策规定就业，向用人单位如实介绍自己的情况，了解单位的用工意图，表明自己的就业意向，在规定时间内到用人单位报到。

四、用人单位要如实介绍本单位的情况，明确对毕业生要求及使用意图，做好各项接收工作。凡取得毕业资格的毕业生，用人单位不得以学习成绩为由提出违约；未取得毕业资格的结业生者与用人单位签订本协议，用人单位应同时出具同意接收结业生的证明。

五、学校要如实向用人单位介绍毕业生的情况，做好推荐工作，用人单位签订协议后，由学校审核汇总并报省毕业生就业主管部门鉴证或国家教育部批准，列入就业方案下达执行，学校负责对毕业生就业主管部门办理派遣手续。

六、毕业生、用人单位如有其他约定，必须在"双方约定"中明确，并视为本协议书的一部分。

七、毕业生、用人单位、学校中有一方要变动协议，需征得另外两方同意，由违约方承担毕业生、用人单位双方约定的违约责任及政府有关部门规定的违约责任。

八、本协议一式四份，毕业生、用人单位、学校各执一份，省毕业生就业主管部门留存一份，复印件无效。

全国普通高等学校毕业生就业协议书

编号：_____

条码区

毕业生姓名：_____

用人单位：_____

学校名称：_____

国家教育部高校学生司制表

辽宁省高校毕业生就业信息服务厅
微信平台：ln91work
关注微信，获得更多就业信息推送
扫描"就业协议"了解更多相关事项

辽宁省大学生就业市场
微信平台：bestjob521
找工作、转人才，更多服务敬请关注
招聘会、就业岗位信息实时发布

用人单位情况	单位名称		组织机构代码	
	通讯地址		单位所在地	
	安排岗位	单位所属行业	邮 编	
	联系人	联系电话	E-mail	
	单位性质	国有企业/其他企业/机关事业单位/医疗卫生/教育/科研/其它		
毕业生档案、户口	档案接收单位名称		联系人	
	档案转寄详细地址		邮 编	
党团关系接收	户口接收单位		接收单位电话	
	党、团组织关系接收单位			
毕业生情况	姓 名		身份证号		性 别		民 族	
	政治面貌		学 号	专 业				
	毕业时间		学 历	学位类别				
	联系方式	/	E-mail					
	家庭地址		QQ					
	应聘方式	学校招聘会/政府举办招聘会/人才市场/网络签约	应聘时间					
	应聘意见：							
		毕业生签名： 年 月 日						
用人单位意见	用人单位上级主管部门或所属地人社局意见							
	签章 年 月 日	签章 年 月 日						
院（系）意见	校（院）就业部门意见							
经办人： 签章 联系电话： 年 月 日	经办人： 签章 联系电话： 年 月 日							

双方约定	毕业生对用人单位约定	签章： 年 月 日
	用人单位对毕业生约定	签章： 年 月 日

图 8-2　就业协议书签订样本

（一）签约须知

就业协议是依据教育部颁布的《普通高等学校毕业生就业工作暂行规定》制定的。《暂行规定》第二十四条规定："经供需见面和双向选择后，毕业生、用人单位和高等学校应当签订毕业生就业协议书，作为制定就业方案和派遣的依据。"签约须知中明确了七项内容，摘要如下：

（1）毕业生应按国家规定就业，向用人单位如实介绍自己的情况，了解单位的使用意图，表明自己的就业意见，在规定的时间内报到，若遇到特殊情况不能按时报到，需征得用人单位同意。

（2）用人单位要如实介绍本单位的情况，明确对毕业生的要求及使用意图，做好各项接收工作。凡取得毕业资格的毕业生，用人单位不得以学习成绩为由提出违约。未取得毕业资格的结业生，本协议无效。

（3）学校要如实向用人单位介绍毕业生的情况，做好推荐工作。用人单位同意录用后，经学校审核列入建议就业方案，报毕业生就业主管部门批准。学校负责办理派遣手续。

（4）学校应在学生毕业前安排体检，体检不合格者不派，本协议自行取消，由学校通知用人单位。如用人单位对毕业生身体条件有特殊要求，原则上应在签订就业协议书前进行单独体检，否则，以学校体检为准。

（5）毕业生、用人单位、学校三方如有其他约定，应在备注中注明，并视为本协议书的一部分。

（6）本协议经各方签字、盖章后生效，三方都应严格履行本协议。若有一方提出变更协议，须征得另两方同意，由违约方承担违约责任，并在备注栏中注明。

（7）本协议一式四份，毕业生、用人单位、学校、省毕业生就业主管部门各执一份，复印无效。

（二）签署意见与签字盖章

这部分包括了3个方面的内容。

1. 毕业生的情况及意见

这部分内容是由毕业生本人填写，毕业生的情况包括姓名、性别、年龄、民族、政治面貌、培养方式、健康状况、专业、学制学历和家庭地址。在上述各栏中，特别注意在"培养方式"一栏中，对属于国家计划招收的毕业生要填写"统招"。在毕业生意见一栏中，由毕业生填写自己的应聘意见，同时也应将与用人单位在洽谈中达成的基本条件写明，以避免日后发生争议。

2. 用人单位的情况及意见

这部分内容由用人单位填写，用人单位的情况包括单位名称、单位隶属、联系人、联系电话、单位性质和毕业生档案转寄详细地址。在用人单位意见一栏内包括两方面的内容：用人单位的意见和用人单位上级主管部门的意见。

3. 学校意见

学校意见中主要包括两级意见：学院（或系部）意见和学校就业主管部门意见。

（三）毕业生与用人单位双方约定

双方约定栏是为毕业生、用人单位、学校三方共同约定的其他条款所设计的。在双方约定中，毕业生与用人单位约定的条款如果不涉及学校的有关规定，不违反政策，并只在毕业生与用人单位之间约定，学校是不予干涉的。

（四）签订协议时应注意的问题

1. 查明用人单位的主体资格

签订就业协议的当事人必须具备合法的主体资格，一般而言，用人单位必须具有从事各项经营或管理活动的能力，单位应有录用指标和录用自主权。

2. 按规定的程序签订协议

毕业生凭学校发放的就业协议书，在与用人单位签约后交学校就业部门盖章。此程序由学校最后把关，更有利于维护学生的合法权益。

3. 有关条款的内容必须明确

毕业生与用人单位签约时，尽量采用示范条款。如确有必要进行变更或增加，亦应在内容上明确。

4. 注意与劳动合同的衔接

由于毕业生就业协议签订在先，为避免日后订立劳动合同时产生纠纷，应尽可能将劳动合同的主要内容体现在就业协议的约定条款中，并明确表示在日后订立劳动合同时应予以确认。

5. 对合同的解除条件做事先约定

毕业生就业协议一经订立，就对当事人具有约束力，不得随意解除，否则应承担违约责任。

(五) 就业协议订立的原则

1. 主体合法原则

签订就业协议的当事人必须具备合法的主体资格。对毕业生而言，就是必须取得毕业资格。如果学生在报到时未取得毕业资格，用人单位可以不予接收而无须承担法律责任。对用人单位而言，必须具有从事各项经营或管理活动的能力，单位应有录用指标和录用自主权，否则毕业生可解除协议而无须承担违约责任。对高校而言，应根据用人单位的要求如实介绍毕业生的在校表现，也应将所掌握的用人单位信息发布给毕业生。高等学校在毕业生签订就业协议书的过程中应进行监督和指导。

2. 平等协商原则

就业协议的当事人在签订就业协议时的法律地位是平等的，一方不得将自己的意志强加给另一方。学校也不得采用行政手段要求毕业生到指定单位就业（不包括有特殊情况的毕业生），用人单位亦不应在签订协议时要求学生缴纳高数额的风险金、保证金。当事人如有其他约定事项，可在协议书"备注"栏中加以补充确定。

(六) 签订就业协议的程序与步骤

1. 要约和承诺

用人单位收到毕业生材料、对毕业生进行考察后，表示同意接收毕业生，即为要约。毕业生持学校统一印制的就业推荐表或复印件参加各地供需洽谈会（人才市场招聘会），进行双向选择或向用人单位寄发书面材料，应为要约邀请。签订就业协议时要约是法定程序。毕业生收到用人单位的用人邀请后从中做出选择，与用人单位签订协议，即为承诺。

要约是向特定的人做出的意思表示，同时要约内容必须具体明确。要约到达受要约人时生效，受要约人做出承诺时合同即告成立。因此用人单位在做出同意毕业生到单位工作后就业协议即成立，不能随意变更。

2. 签订就业协议的程序

(1) 毕业生本人填写就业协议书。

(2) 用人单位签署意见并加盖单位公章。必要情况下，上级主管单位栏应填写人社局或教育行政部门意见，以便派遣和迁移户口档案。若招聘单位是部队、中央单位、省管企事业单位，只需加盖单位公章即可。毕业生于非公有制单位就业或自主创业，暂时无法办理户口、档案转移手续，可凭借与单位签署的劳动用工合同或工商营业执照，到当地毕业生就业主管部门或人才就业服务机构办理人事代理关系，签订就业协议书。

（3）用人单位或毕业生本人将就业协议书交至学校院系，由学校院系签署意见并加盖公章，纳入就业计划派遣。

（4）用人单位或毕业生本人将就业协议书交至学校招生就业处或就业中心，由学校就业主管部门签署意见并加盖公章。

（5）毕业生、用人单位各留一份，学校留两份（其中一份交至学校所属毕业生就业主管部门）。

（七）无效就业协议

无效协议是因指欠缺就业协议的生效要件而导致无效协议。主要有以下两种情形：

1. 一方采取欺诈手段签订的就业协议无效

如用人单位不如实介绍本单位情况，或根本无录用指标而与毕业生签订就业协议，或毕业生在订立就业协议时对个人情况有重要隐瞒等情况。无效协议产生的法律后果由有欺诈行为的一方承担责任。

2. 就业协议未经学校审查同意时无效

就业协议未经学校审查同意时无效，学校将不予列入就业方案，不予办理就业报到手续。学校经审查认为该协议对毕业生显失公平，或违反公平竞争、公平录用的原则，或不符合国家有关政策规定，学校有权拒签。就业协议被确认为无效的法律后果由责任方承担违约责任，并赔偿经济损失。

（八）就业协议的解除

1. 就业协议的解除分为单方解除和三方解除

（1）单方解除。

单方解除包括单方擅自解除和单方依法或依协议解除。单方擅自解除协议，属违约行为，解约方应对另两方承担违约责任。单方依法或依协议解除，是指一方解除就业协议有法律上或协议上的依据，如学生未取得毕业资格，用人单位有权单方解除就业协议；毕业生录取研究生后，可解除就业协议；或依协议规定，毕业生未通过用人单位所在地组织的公务员考试，用人单位有权解除协议，此类单方解除，解除方无须对另两方承担法律责任。

(2) 三方解除。

三方解除是指毕业生、用人单位、学校三方经协商一致，解除原订立的协议，使协议不发生法律效力。此类解除因是三方当事人真实意思表示一致的体现，三方均不承担法律责任，三方解除应在就业计划上报主管部门之前进行，如就业派遣计划下达后三方解除，还须经主管部门批准办理调整改派。

就业协议书一经毕业生、用人单位、学校签署即具有法律效力，任何一方不得擅自解除，否则违约方应向权利受损方支付协议条款所规定的违约金，从实际情况来看，就业违约大多为毕业生违约。

2. 毕业生违约的后果

毕业生违约，除本人应承担违约责任、支付违约金外，往往还会造成其他不良的后果，主要表现在以下几个方面：

第一，就用人单位而言，用人单位往往为录用毕业生做了大量的工作，有的甚至对毕业生将要从事的具体工作也有所安排。同时，毕业生就业工作时间相对比较集中，一旦毕业生因某种原因违约，势必使用人单位的录用工作付之东流，用人单位若另起炉灶，选择其他毕业生，在时间上也不允许，从而给用人单位工作造成被动。

第二，就学校而言，用人单位往往将毕业生违约行为认为是学校的行为，从而影响学校和用人单位的长期合作关系。用人单位由于毕业生存在违约现象，而对学校的推荐工作表示怀疑。从历年情况来看，一旦毕业生违约，该用人单位在几年之内不愿到学校来挑选毕业生。面对激烈的就业竞争，用人单位的需求就是毕业生择业成功的前提，如此下去，必定影响今后学校的毕业生就业工作。同时影响学校就业计划方案的制定和上报，并影响学校的正常派遣工作。

第三，就其他毕业生而言，用人单位到校挑选毕业生，一旦与某毕业生签订就业协议，就不可能再录用其他毕业生。若日后该毕业生违约，有些当初希望到该用人单位工作的其他毕业生由于录用时间等原因，也无法补缺，造成就业信息的浪费，影响其他毕业生就业。因此，毕业生在就业过程中应慎重选择，认真履约。

第四，就毕业生本人来说，既浪费金钱又浪费时间。建议毕业生签约的时候要仔细考虑，减少违约。希望毕业生从我做起，注重诚信，共同维护毕业生良好的社会声誉：签约前要谨慎，签约后要信守承诺。

3. 解约手续的流程

毕业生一旦与用人单位签订就业协议，双方就已构成契约关系。毕业生如因故需要终止与原签约单位的协议，必须按所在学校规定办理解约手续。（本书从略）

三、就业工作流程

大学生就业管理机构大致由3部分组成:教育部负责制定全国毕业生就业的相关政策;各省、自治区、直辖市和中央有关部委的毕业生就业工作主管部门负责属地内所有高校毕业生的就业工作;各高等院校的毕业生就业工作主管部门负责本院校毕业生的就业工作。大学生就业主要的工作流程如下:

(一)核对毕业生资源信息

毕业生资源信息是指学校每年需要列入就业计划的毕业生的基本信息,如毕业生的姓名、身份证、学号、专业、入学时间、生源所在地、培养方式等。这些基本信息需由学生提供给本院系,由院系统一录入数据库,再由学校就业工作部门汇总上报到省(自治区)教育厅(或直辖市教委)进行资格审查,经审批通过后,毕业生资源信息才可以正式列入就业计划,为以后继续编写毕业生的就业信息,形成毕业生的就业方案做好准备。

(二)填写就业推荐表

就业生推荐表是学校为帮助毕业生就业,专门向用人单位出具的一份正式的推荐函,该表对毕业生和单位都很重要:一个毕业生只能持有一份原件,若需联系不同的单位,请用复印件,待确定单位后,再将原件交就业单位。

(三)填写毕业生登记表

毕业生登记表是学生毕业档案材料之一,其内容包括了学生基本情况、学习经历、社会关系、自我鉴定、班委鉴定、院系意见及学校意见等,是就读大学的重要证明。登记表由毕业生本人按"填表说明"认真填写。自我鉴定内容是自己在学校期间思想政治、学习等方面的表现,必须如实填写。登记表填写后,由班委根据填写内容及"自我鉴定"情况对该同学学习期间的总体表现进行民主评议,并将结论写在"班委鉴定"栏中,班长签字后报院系审核并加盖公章后,由校级主管部门确认"学校意见",盖学校公章后封入学生档案。

(四)户口迁移

学生在校的户口是临时户口,如果毕业时没有落实接收单位,必须办理暂缓就业手续或将户口迁回原籍。不办理暂缓就业又不将户口迁回原籍者,如被公安局注销其户口则责任自负。办理户口迁移手续的毕业生凭报到证到学校户籍管理部门领取户口迁移证(如图8-3所示),认真核实后交到接收单位。

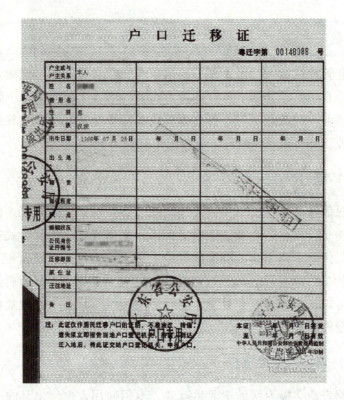

图8-3 户口迁移证样式

✈ （五）党组织关系接转

毕业生党员离校前与其签约单位党组织联系确定组织关系转移去向，各支部根据毕业生就业计划填写《毕业生党员组织关系转出情况登记表》，并安排专人到学校办理相关手续。因组织关系转移去向不明，暂时无法统一办理的，由毕业生党员本人于毕业当年7月10日前到学校党办办理相关手续；对毕业离校时未落实就业单位、户口转至入学前户籍所在地的毕业生党员，其组织关系则要转到入学前户籍所在地县（市）级以上的党组织；凡属不就业继续升学或办理出国手续的毕业生党员，其党员组织关系原则上要及时转出。凡是将档案和户口转到各地县级以上人才交流服务中心的，其党员组织关系可以转到相应的人才交流中心党组织。

✈ （六）升学深造

升学深造要以获得录取通知书为依据，不能以毕业生提出申请为依据。考取研究生和普通专升本的毕业生不签发报到证。免试推荐或考取研究生、普通专升本的毕业生，在学校就业方案上报后提出不再攻读的，省级毕业生就业主管部门不再授予其调整改派等手续。

（七）出国留学

符合国家规定申请自费出国留学的毕业生，必须在学校规定的时间内（一般为每年5月底或6月初）向学校就业工作部门提出书面申请。经批准后，学校不再将其列入就业方案及派发就业报到证，毕业时将其档案和户口直接转回生源地。超过规定时间，学校不再受理自费留学申请。申请自费留学不参加就业的毕业生，不能办理申请暂缓两年就业手续。办理了暂缓就业手续的毕业生，在暂缓就业期限内提出出国申请的，由省级毕业生就业主管部门办理派遣手续，将其派遣回生源地，到生源地有关部门办理申请出国手续。

四、毕业生档案

毕业生档案是学生毕业前家庭情况、学习成绩、政治思想表现、身体状况等情况的文字记载材料，是用人单位选拔、聘用毕业生的重要依据。用人单位往往根据毕业生人事档案中反映的德、能、才以及专业特长，将其安排到适当的工作岗位上。因此，学生毕业后，其档案能否准确、及时、安全地送达用人单位是非常重要的。

（一）毕业生档案的作用及内容

档案是确定本人身份、家庭情况、社会关系、学习经历等历史资料，是评定职称、出国、升学、生育等手续办理的凭据。

毕业生档案包括以下内容：高考录取档案；学生学籍卡；高等学校毕业生登记表；记录在校期间所学全部课程及实验、实习、设计、劳动等成绩的学习成绩登记表；实习鉴定表；大学期间的奖惩材料；入团、入党志愿书；大学体格检查表；报到证副本。

（二）毕业生档案的转递

1. 档案去向

已有就业单位的毕业生的人事档案由学校毕业生档案管理部门分别按报到证的去向或就业协议书上的档案交寄地址，填写档案投递地址，投寄到毕业生工作单位所归属的人事档案管理部门；专升本毕业生按学生考取所在学校地址投递档案；办理了暂缓就业的毕业生的人事档案由省级毕业生就业主管部门统一保管；已办理出国的毕业生按其生源地地址将其档案转回生源地人事档案管理部门；既没有就业单位，也没有办理暂缓就业的，则转回生源地就业主管部门保管。

2. 档案投寄方式

毕业生的档案根据学校就业工作部门的就业方案统一办理转递手续。毕业生离校后，学校一般在一个月左右的时间内将档案转递出去，用人单位也可以开具证明，派人到学校调取，毕业生本人不得携带档案。

3. 查询档案

毕业生在报到后3个月内，应向接收单位人事主管部门了解本人档案是否已交寄到单位。若单位未接收毕业生档案，毕业生可凭单位人事部门证明到学校查询，或由接收单位人事部门向学校毕业生档案管理部门查询。

五、暂缓就业

暂缓就业是在每年5月底学校向省高校毕业生就业指导中心上报毕业生就业计划时，部分毕业生未落实就业单位，又不愿把户口、人事关系迁回原生源地，将人事关系暂寄存在省级毕业生就业主管部门，将户口暂留学校的一种办法。暂缓就业可以延长毕业生找工作的时间，为部分被用人单位要求先实习后签约的毕业生，提供了缓冲时间。

案例8.1

该不该办理暂缓就业

5月底，就读广东省某大专的应届毕业生阿诗还在忙于找工作，她最近听到同学说，还没落实就业单位的，可办理暂缓就业，这样户口能留在学校。阿诗很纳闷，按照目前自己的情况，在6月份定下工作有些难度，家里人也不想她把户口迁回家乡。目前她一心忙着找工作，人事档案、户口根本就没想到如何处理。见不少同学都办理了暂缓就业手续，她决定也办理。

分析：暂缓就业在一定程度上延长了找工作的时间，毕业生可以有更长的时间来选择；准备考研的同学，档案、户口可以暂时不迁回生源地；为部分被用人单位要求先实习后签约的毕业生提供了缓冲时间。但需要注意的是，毕业生在暂缓就业期间既不是在校学生，也不是社会人，身份比较尴尬，造成有些证件或证明无法办理，需要办理这些证件还是需要取消暂缓。暂缓就业的毕业生因错过应届毕业生就业最佳时期，将会面临更大的就业压力。不仅可能会受到用人单位的歧视，还须与更多的毕业生竞争。

六、人事代理

人事代理是指由政府人事部门所属的公共就业和人才服务机构，按照国家有关人事政策法规要求，接受单位或个人委托，在其服务项目范围内，为多种所有制经济尤其是非公有制经济单位及各类人才提供人事档案管理、职称评定、社会养老保险金收缴、出国政审等全方位服务，是实现人员使用与人事关系管理分离的一项人事改革新举措。

公共就业和人才服务机构可在规定业务范围内接受用人单位和个人委托，从事下列人事代理服务。

（1）流动人员人事档案管理。

（2）因私出国政审。

（3）在规定的范围内申报或组织评审专业技术职务任职资格。

（4）转正定级和工龄核定。

（5）大中专毕业生接收手续。

（6）其他人事代理事项。

按照《人才市场管理规定》的有关规定，人事代理方式可由单位集体委托代理，也可由个人委托代理；可多项委托代理，也可单项委托代理；可由单位全员委托代理，也由可部分人员委托代理。

单位办理委托人事代理，需向代理机构提交有效证件以及委托书，确定委托代理项目。经代理机构审定后，由代理机构与委托单位签订人事代理合同书，明确双方的权利和义务，确立人事代理关系。

总结案例

违反就业协议需付违约金

冯同学是某大专2022年毕业生，在毕业前2个月，小冯从激烈的竞争中脱颖而出，被广州A公司录取。此时，经亲戚介绍，小冯得知广州B公司也在招聘，于是他匆匆和A公司签订了就业协议书后又应聘了B公司。他认为反正就业协议不是劳动合同，对自己没有约束力。随后，小冯又被B公司录取，当他兴冲冲地跑到A公司请求解除就业协议时，该公司告知小冯，解除就业协议可以，但小冯必须按照就业协议的约定向公司交付违约金。初出校门的小冯为自己法律意识的缺乏懊悔不已。

分析： 就业协议书是毕业生和用人单位关于将来就业意向的初步约定，对于双方的基本条件以及即将签订劳动合同的部分基本内容大体认可，并经用人单位的上

级主管部门和高校就业部门同意和见证,一经毕业生、用人单位、用人单位主管部门签字盖章,即具有一定的法律效应,是编制毕业生就业计划和将来可能发生违约情况时的判断依据。

 活动与训练

就业流程梳理

一、目标

掌握就业流程。

二、规则与程序

1. 请同学们根据本次课程所学知识,结合所在省(市、自治区)的具体规定,画出本校毕业生办理就业手续流程图,并列出办理各项手续的具体地点和联系人。

2. 运用绘图软件工具绘制。

3. 选出一份优秀的、美观的、完整的流程图进行讲解。

建议时间:30分钟。

 探索与思考

1. "自主创业也要办就业手续",这种说法对吗?

2. 专升本的学生放弃攻读本科,应如何办理有关手续?

模块八 就业程序与就业权益

8.2 劳动合同与就业权益保护

名人名言

立志是一件很重要的事情。工作随着志向走，成功随着工作来，这是一定的规律。立志、工作、成功是人类活动的三大要素。立志是事业的大门，工作是登堂入室的旅程，这旅程的尽头就有个成功在等待着，来庆祝你的努力结果……

——巴斯德

学习目标

1. 了解劳动合同的必备条款及对毕业生就业权益的保护。
2. 识别和防范常见的就业陷阱。
3. 了解劳务派遣用工的有关情况。

就业和实习的争议

河南某大学与某市某企业签订了实习协议，双方约定：该大学向这家企业提供实习学生58名，企业对实习学生进行实习教学，实习期限为当年5月8日至11月7日。同年5月，郑某等3人被学校委派到该企业实习，从事技术员工作。7月1日，3位学生在学校正常领取了大学毕业证书。随后3人提出，他们已经属于毕业生，而不再是学校委派的实习生，企业应当给予他们正常劳动者的待遇，但此要求遭到企业拒绝。学校和企业都认为只有实习期满才能获得正式员工的待遇。9月24日，3位毕业生决定离开该企业，但该企业坚持不向3人发放9月份工资，双方为工资给付等问题产生了劳动争议。此后，3位毕业生向该市劳动争议仲裁委员会申请仲裁，该委员会认为此案不属于其受理范围，于10月23日发出不予受理通知书。10月26日，3人向该市人民法院提起诉讼。法院受理后，办案法官最终使双方达成调解协议，郑某等3位毕业生拿到了应得的工资。

分析:《劳动合同法》第七条规定:"用人单位自用工之日起即与劳动者建立劳动关系。"第十条规定:"建立劳动关系,应当签订书面劳动合同,已建立劳动关系,未同时签订劳动合同的,应当自用工之日起一个月内订立书面劳动合同。"这一规定改变了以往以签订劳动合同作为建立劳动关系的标志,而以用工事实发生作为劳动关系的起始时间。因此,只要企业用工开始,即认为劳动者与企业已经确定了劳动关系,不管双方是否签订书面劳动合同,劳动者都应享受正式员工的待遇。

一、劳动合同

劳动合同,是指劳动者与用人单位之间确立劳动关系、明确双方权利和义务的协议。订立和变更劳动合同,应当遵循平等自愿、协商一致的原则,不得违反法律、行政法规的规定。劳动合同依法订立即具有法律约束力,当事人必须履行劳动合同规定的义务。根据协议,劳动者加入某一用人单位,承担某一工作和任务,遵守单位内部的劳动规则和其他规章制度。企业、事业、机关、团体等用人单位有义务按照劳动者的劳动数量和质量支付劳动报酬,并根据劳动法律、法规和双方的协议,提供各种劳动条件,保证劳动者享受本单位成员的各种权利和福利待遇。

大学生落实了工作或与用人单位确定了工作意向,并不意味着就此完成就业。对于初涉职场的大学生来说,与用人单位签订劳动合同是一个关键环节,它是劳动者合法权益得到有力保障的重要举措之一。

(一)劳动合同的订立、履行、变更、解除和终止

1. 劳动合同的订立原则

(1)合法原则。

合法原则包括劳动合同的主体合法、劳动合同的内容合法、劳动合同订立的程序和形式合法3个方面。

第一,劳动者主体合法即劳动合同的当事人必须具备合法资格,劳动者应是年满16周岁,身体健康,具有劳动权利能力和劳动行为能力的公民,可以是中国人、外国人、无国籍人。用人单位应是依法成立或核准登记的企业、个体经济组织、国家机关、事业组织、社会团体,具有用人的权利能力和行为能力。

第二,劳动合同的内容合法指劳动合同期限、工作内容、劳动保护和劳动条件、劳动报酬、劳动纪律、劳动合同终止的条件、违反劳动合同的责任等必备条款,及

试用期条款、保守商业秘密和技术秘密条款、禁止同业竞争条款等可备条款。除以上必备条款和可备条款外，我国《劳动法》还规定了禁止双方当事人约定的条款，即用人单位在与劳动者订立劳动合同时，不得以任何形式向劳动者收取定金、保证金（物）或抵押金（物）。对违反规定的，由公安部门和劳动保障行政部门责令用人单位立即退还给劳动者本人。

第三，劳动合同订立的程序和形式必须符合法律规定，未经双方协商一致、强迫订立的劳动合同无效。劳动合同的形式依规定应当采用书面形式订立。

（2）平等自愿、协商一致的原则。

平等是指在订立劳动合同的过程中，双方当事人的法律地位平等，不存在命令与服从的关系。自愿是指劳动合同的订立及其合同内容的达成，完全出于当事人自己的意愿，是其真实意思的表示，任何一方不得将自己的意愿强加于对方，也不允许第三者非法干预。协商一致是指经过双方当事人充分协商，达成一致意见，签订劳动合同。

2. 劳动合同的必备条款

劳动合同的必备条款为：劳动合同期限、工作内容、劳动保护和劳动条件、劳动报酬、劳动纪律、劳动合同终止的条件、违反劳动合同的责任。双方还可以协商约定劳动合同的补充条款。

其中，违反劳动合同的责任条款比较重要，因为《劳动法》和《违反〈劳动法〉有关劳动合同规定的赔偿办法》规定双方可以协商约定责任的认定、赔偿的范围、计算方法和承担方式，所以用人单位提供的格式合同的"霸王条款"常见于此，一旦发生纠纷，用人单位常常持此"尚方宝剑"提请仲裁。

3. 劳动合同的履行

劳动合同的履行是指劳动合同的双方当事人按照合同规定，履行各自承担义务的行为。依法订立的劳动合同具有法律约束力，当事人必须履行合同约定的义务，任何个人或者第三方不得非法干涉劳动合同的履行。履行劳动合同一般应遵循以下原则：亲自履行原则、全面履行原则、协作履行原则。

4. 劳动合同的变更

劳动合同的变更是指双方当事人对尚未履行或尚未完全履行的合同，依照法律规定的条件和程序，对原劳动合同进行修改或增删的法律行为。劳动合同变更应遵循平等自愿、协商一致的原则，不得违反法律、行政法规的规定。任何一方不得擅自变更劳动合同，否则要承担相应的法律责任。

劳动合同的变更一般是协议变更，双方当事人就变更的内容及条件进行协商，

达成一致意见,应签订书面协议。我国《劳动法》规定,提出变更劳动合同的一方,给对方造成经济损失的,应当承担赔偿责任。

5. 劳动合同的解除

劳动合同的解除是指劳动合同当事人在劳动合同期限届满之前依法提前终止劳动合同关系的法律行为。劳动合同的解除可分为协商解除、用人单位单方面解除、劳动者单方面解除以及自行解除等。

6. 劳动合同的终止

劳动合同的终止是指符合法律规定或当事人约定的情形时,劳动合同的效力即行终止。我国《劳动法》规定:"劳动合同期满或者当事人约定的劳动合同终止条件出现,劳动合同即行终止。"

(二)签订劳动合同的注意事项

1. 正确行使订立劳动合同过程中的知情权

《劳动合同法》第八条规定:"用人单位招用劳动者时,应当如实告知劳动者工作内容、工作条件、工作地点、职业危害、安全生产状况、劳动报酬,以及劳动者要求了解的其他情况。"也就是说,在应聘时,大学毕业生有权了解用人单位的基本情况、自己的工作内容和劳动报酬等。此外,用人单位还应当根据劳动者的要求,及时向其反馈是否录用的情况。

2. 劳动合同应采用书面形式订立

劳动合同是劳动者与用人单位确立劳动关系、明确双方权利和义务的协议,也是维护劳动者和用人单位合法权益的法律保障;劳动合同可以对劳动内容和法律未尽事宜做出详细、具体的规定,使双方明了权利和义务,促进双方全面履行合同,防止因一方违约而给另一方带来损失;劳动合同在发生劳动争议时也是解决纠纷的重要证据,使用人单位和劳动者解决纠纷更为便利,降低争议解决成本和社会耗损费用。因此,签订一份完备、公平合理的劳动合同对于企业和员工来说都很重要。

3. 劳动合同中要约定试用期

一些单位为了逃避责任,在试用期内,往往不与职工签订劳动合同。一旦试用期满,就找种种借口辞退员工。根据劳动合同期限的长短,《劳动合同法》规定:"劳动合同期限三个月以上不满一年的,试用期不得超过一个月;劳动合同期限一年以上不满三年的，试用期不得超过二个月；三年以上固定期限和无固定期限的劳动合同，试用期不得超过六个月。"

用人单位违反规定与劳动者约定试用期的，由劳动行政部门责令改正；违法约定的试用期已经履行的，由用人单位以劳动者试用期满月工资为标准，按已经履行的超过法定试用期的时间向劳动者支付赔偿金。

4. 禁止设定担保和收取抵押金

《劳动合同法》中明确规定：用人单位招用劳动者，不得扣押劳动者的居民身份证和其他证件，不得要求劳动者提供担保或者以其他名义向劳动者收取财物。

用人单位违反规定，扣押劳动者居民身份证等证件的，由劳动行政部门责令限期退还本人，并依照有关法律规定给予处罚。用人单位违反规定，以担保或者其他名义向劳动者收取财物的，由劳动行政部门责令限期退还本人，并以每人500元以上2 000元以下的标准处以罚款；给劳动者造成损害的，应当承担赔偿责任。

二、毕业生签订劳动合同后的法律保护

毕业生权益保护的另一个重要方面就是毕业生签订劳动合同后的法律保护。毕业生应了解目前国家和省、市关于毕业生就业的有关方针、政策和规则，熟悉毕业生在就业过程中的权利和义务，这是毕业生权益自我保护的前提。毕业生应自觉遵循有关就业规则，接受其制约，保证自己的就业行为不违反就业规则，不侵犯其他毕业生和用人单位的合法权益。根据《劳动法》及《劳动合同法》的有关规定，毕业生在签订劳动合同后发生劳动争议的，应注意以下的法律事宜：

1. 毕业生与用人单位发生劳动争议的原因

（1）因确认劳动关系发生的争议。
（2）因订立、履行、变更、解除和终止劳动合同发生的争议。
（3）因除名、辞退和辞职、离职发生的争议。
（4）因工作时间、休息休假、社会保险福利、培训以及劳动保护发生的争议。
（5）因劳动报酬、工伤医疗费、经济补偿或者赔偿金等发生的争议。
（6）法律、法规规定的其他劳动争议。

2. 解决方法

发生劳动争议后，当事人双方可以协商解决，也可以直接向劳动争议调解委员会申请调解。当事人申请劳动争议调解，可以书面申请，也可以口头申请。口头申请的，调解组织应当当场记录申请人基本情况、申请调解的争议事项、理由和时间。调解劳动争议，应当充分听取双方当事人对事实和理由的陈述，耐心疏导，帮助其

达成协议。经调解达成协议的,应当制作调解协议书。调解协议书由双方当事人签名或者盖章,经调解员签名并加盖调解组织印章后生效,对双方当事人具有约束力,当事人应当履行。自劳动争议调解组织收到调解申请之日起15日内未达成调解协议的,当事人可以依法申请仲裁。

3. 申请仲裁的程序和时效

毕业生与用人单位发生劳动争议后应向劳动争议仲裁委员会提交仲裁申请。仲裁申请人应当提交书面的仲裁申请,并依照被申请人的数量提交副本。

书写仲裁申请确有困难的,可以口头申请,由劳动争议仲裁委员会记入笔录,并告知对方当事人。

劳动争议申请仲裁的时效期间为一年。仲裁时效期间从当事人知道或者应当知道其权利被侵害之日起计算。此外,法律还规定,劳动关系存续期间因拖欠劳动报酬发生争议的,劳动者申请仲裁不受一年的仲裁时效期间的限制;但是,劳动关系终止的,应当自劳动关系终止之日起一年内提出。根据法律规定,劳动争议发生后,必须经过仲裁,一方对仲裁结果有异议的可以向人民法院提起诉讼。

三、就业协议与劳动合同的区别

就业协议书与劳动合同都是与就业相关的文件,但有本质上的区别。就业协议书是教育部统一印制的,由毕业生、用人单位及毕业生所在高校三方签订的就业协议书,是在毕业生派遣之前签订的;而劳动合同是劳动者与用人单位之间签订的关于权利义务的法律文书,受《劳动法》的约束与保护,并且是在毕业生到单位报到后签订的。两者都具备法律效力,不论是毕业生还是用人单位,都应当按照约定履行。

(一)内容不同

在毕业生就业协议当中,毕业生的义务是向用人单位如实地介绍自己的情况,并按时到用人单位报到。用人单位的义务是如实向毕业生介绍自己的情况,负责办理毕业生的有关手续。学校的义务则是负责完成有关的派遣工作。毕业生就业协议是毕业生分配的具体体现。劳动合同是劳动者与用人单位确立劳动关系,明确双方的权利和义务的合同。

(二)主体不同

就业协议书主体有3方:毕业生、用人单位、高等院校。毕业生和用人单位是人才市场上的平等主体,双方经过供需见面、双向选择而达成协议。劳动合同的主体双方是劳动者和用人单位，用人单位和劳动者之间是管理和被管理的关系。

（三）法律依据不同

毕业生就业协议是无名合同，适用《民法通则》、《合同法》、国家有关毕业生就业分配的法律法规和其他相关政策规定，协议一经签订，各方应严格履行，任何一方要变动协议，需提前一个月取得另外两方面的同意，否则按违约处理。劳动合同是有名合同，适用《劳动法》《劳动合同法》《劳动争议调解仲裁法》等法律规范。

（四）签订时间不同

一般来说，就业协议签订在前，劳动合同订立在后。如果毕业生与用人单位在工资待遇、住房等方面有事先约定，可在就业协议的约定条款中注明，附后补充，日后订立劳动合同时对此内容应予以认可。

（五）适用的人员不同

劳动合同可以适用于各类人员。凡是中华人民共和国公民，只要有劳动能力并符合法律规定的条件，经过供需见面、双向选择，一经录用，都可以与用人单位签订劳动合同。就业协议只适用于高校毕业生。

（六）纠纷解决方式不同

如因就业协议发生纠纷，任何一方均可向人民法院提起诉讼，不能提请劳动争议仲裁。若因劳动合同发生纠纷，任何一方均可向当地的劳动争议仲裁委员会申请仲裁，当事人对仲裁裁决不服的，可以向人民法院提请诉讼。仲裁是诉讼的前置程序，如当事人就劳动争议直接向人民法院起诉的，人民法院不予受理。

案例8.2

关于派遣制员工

劳务派遣又称人才派遣、人才租赁、劳动派遣、劳动力租赁，是指由劳务派遣机构（用人单位）与被派遣劳动者订立劳动合同，并将劳动者派遣到用工单位工作的用工方式。由实际用工单位向被派遣劳动者给付劳务报酬，劳动合同关系存在于劳务派遣机构与被派遣劳动者之间，但劳动力给付的事实则发生于被派遣劳动者与用工单位之间。

劳务派遣是一种新的用人模式。2008年《中华人民共和国劳动合同法》正式把劳务派遣作为一种用工方式确定下来，之后劳务派遣如雨后春笋般发展起来了。目前，国有企业使用劳务派遣工的比例最大，其次是外资企业，机关事业单位也普遍使用劳务派遣工。

目前，灵活用工模式在国外非常成熟，发达国家年均达到25%。我国产业结构的变革正带来用工方式根本性的变化，因灵活用工（劳务派遣制用工）为企业带来更低的用工成本和更高的产能效率，灵活用工在我国呈现飞速增长的趋势。

2016年3月《劳务派遣暂行规定》正式施行，明确规定"用人单位使用的被派遣劳动者不得超过其用工总量的10%"。企业通过灵活用工可以规避用工风险，降低用工成本。新规的出台意味着那些能够在合规背景下，解决企业弹性用工需求的服务，将更受青睐，并将逐步取代传统派遣。

总结案例

关于试用期的权益，你都了解了吗？

试用期总让人有些不安全感：到底什么时候才能转正？公司延长试用期怎么办？公司能随意辞退试用期员工吗？试用期期间能请假吗？在试用期离职的话，应该提前多长时间向公司正式提出呢？千万不要因为身在试用期，就如履薄冰地什么都不敢问，什么都不敢争取。每一次跳槽，都意味着要开始一段新的试用期，所以，你一定要清楚你的种种试用期权益！

问题1：试用期到底应该多长：1个月？2个月？还是6个月？

根据《劳动合同法》第十九条规定："劳动合同期限三个月以上不满一年的，试用期不得超过一个月；劳动合同期限一年以上不满三年的，试用期不得超过二个月；三年以上固定期限和无固定期限的劳动合同，试用期不得超过六个月。"

据某招聘网站"安全跨越试用期"的调查中，92%的受访者都表示自己所在企业约定的试用期不超过6个月；试用期超过6个月的有6%。但具体计算试用期，还是要依据所签订的劳动合同期限来设定。《劳动合同法》第十九条规定中的"以上"包含本数，"不满"不包含本数。即，若是劳动合同期限为1年的，试用期可约定为2个月，但不能超过2个月。

需要注意的是，"以完成一定工作任务为期限的劳动合同或者劳动合同期限不满三个月的，不得约定试用期"。还要注意的是，试用期应包含在劳动合同期限内。劳动合同仅约定试用期的，则试用期不成立，该期限应计为劳动合同期限。

问题2：试用期内如被公司调岗，还要重新设置试用期吗？

根据《劳动合同法》第十九条规定："同一用人单位与同一劳动者只能约定一次试用期。"

试用期是与公司在劳动合同上协商确定的，如果试用期已经过了，调换工作岗位，不能重新设立试用期。如果在试用期内调整了工作岗位，之前已经消耗的试用期不用重新再来一遍，只要继续履行剩余试用期即可。如果因为调换了部门，双方协商一致，依法变更试用期长短的话，之前已经履行的部分试用期也不用重新再来一遍，而是按新的试用期长短履行剩余的试用期。

——资料来源：中人网

活动与训练

校友就业经验交流分享会

目标：了解常见求职陷阱及其应对措施，掌握求职面试技巧。

建议时间：120分钟。

活动过程：

1. 邀请3~5位已工作两年以上的优秀毕业生回学校进行主题演讲，分享就业经验和教训，深度剖析常见求职陷阱及其应对措施，介绍面试的关键技巧。

2. 演讲后，毕业生和在校学生进行互动，就业指导中心教师进行点评分析。

探索与思考

1. 就业协议与劳动合同有哪些区别？
2. 劳务派遣制用工对毕业生有哪些影响？
3. 如何防范就业陷阱？

模块九　职场适应与职业发展

❀ 模块导读

经历了毕业前找工作的艰辛，大学生跨出校门，迈向社会，走上了向往已久的工作岗位。许多同学初涉职场，意气风发，满怀激情，正欲一展身手的时候，却发现现实与自己的想象差距很大。校园与职场是截然不同的环境和文化，如何适应这一环境转变，顺利度过职业适应期，将是摆在每一位大学毕业生面前的现实问题。

大学生过惯了相对单纯、清静、被动的校园生活，投身社会走上工作岗位后，一接触实际，常常会感觉到自身与社会之间存在着一些矛盾，工作当中有许多的困难。这些矛盾和困难导致了大学生对社会和工作的不适应。在这些矛盾和困难面前，是面对现实、不怕挫折、积极适应，还是逃避现实、一蹶不振、消极退缩？这是大学生踏上工作岗位后首先应该思考的一个问题。

这时，大学生如果能客观地审时度势，尽快地完成从大学生到职场人的角色转换，顺利地渡过这个转换的适应期，那么，未来工作的展开就会得心应手，越来越好。

职业素养提升

从学生到职业人的过渡

工作中应注意的因素

模块九 职场适应与职业发展

9.1 角色转变和职业适应

名人名言

一个有事业追求的人,可以把"梦"做得高些。虽然开始时是梦想,但只要不停地做,不轻易放弃,梦想能成真。

——虞有澄

学习目标

1. 学会如何实现角色转换并顺利入职。
2. 学会培养良好的职业道德。
3. 了解如何建立自己良好的人际关系。

导入案例

第一份工作

王文强,毕业于某职业学院文秘专业,在财经类媒体负责杂志活动和推广的工作,职位是大客户主管,核心工作是征订杂志,增大发行量。他在工作中遇到的问题是杂志征订量太少,影响个人收入,很难过上所期望的生活。

小王刚开始的时候制定了一个详细的营销方案,当时他满怀信心,但鉴于报社的工作程序复杂,此计划并没有得到按期有效的实际执行,更多的还是和客户口头交流而没有明确的书面文件。

后来他改变策略,变被动为主动,能自己做主就自己做主,尽量少和报社官方发生联系,但征订工作仍没有什么起色,小王仍拿着很低的底薪生活。家庭、生活、追求,下一份工作何去何从,小王难以抉择。

分析: 小王是一个刚参加工作的职场新人,他的困境也是所有职场新人要经历的状态。小王的心态,验证了大学生从毕业之初到转换角色的完整工作状态。

一、认知角色和转变

(一) 角色认知

角色,本义是专指演员扮演的剧中人物,也比喻戏曲演员专业分工的类别。社会学对角色的定义是"与社会地位相一致的社会限度的特征和期望的集合体"。通俗讲就是我们在生活中的人际关系和肩负的责任集合体。家人、朋友、同事及其他人际关系和责任构成了我们在生活中的角色。人的一生要扮演很多角色,即使是同一阶段,在同一个人身上,也有可能扮演多重角色,如父母、子女、兄长、长者、晚辈、上司、下属、邻居、朋友、老师、学生,等等。

角色认知是指角色扮演者对社会地位、作用及行为规范的实际认识和对社会其他角色关系的认识。只有在角色认知十分清晰的情况下,才能扮演好角色。

(二) 学生角色与职业人角色的区别

大学生完成学业,步入工作岗位,实际上就是一个人由学生角色向职业人角色转换的过程。这两种角色之间存在着很大的不同,主要体现在社会责任、社会规范、社会权利、面对的环境、人际关系、对社会的认识等几个方面,见表9-1。

表9-1 学生角色和职业人角色的区别

内容	学生角色	职业人角色
社会责任不同	遵守纪律,勤奋学习,接受教育,储备知识,掌握本领,有限度地参与社会实践,逐步完善自己,成为对社会有用的人。在学校里为了学习,什么事情都可以去尝试,哪怕是错误的尝试,无需承担过多的社会责任	以特定的身份去履行自己的职责,依靠自己的本领或技能独立作业,为社会付出,服务于社会。如果在工作中犯了错误,是没有挽回的机会的,就要承担成本和风险的责任,承担相应的社会责任
社会规范不同	通过国家制定的《大学生行为准则》和各学校制定的《大学生手册》来规范。违反角色规范时,主要是以教育帮助为主	对职业角色的规范因职业的不同而不同,非常具体,而且要严格执行。一旦违背就必须承担相应的责任,扣减薪水,甚至追究法律责任
社会权利不同	主要是依法接受教育,并取得经济生活的保证或资助。也就是说生活上遇到困难可以依赖家长,学习上遇到问题可以请教老师	依法行使职权,开展工作,运用自己的知识和能力,向外界提供自己的劳动,并在履行义务的同时取得报酬。脱离对家庭的依赖,处于完全的独立状态,自己支付生活所需的一切费用。有自己的社会交往圈子,独立面对和处理工作以及生活中的种种问题

续表

内容	学生角色	职业人角色
面对的环境不同	生活环境简单：寝室—教室—图书馆—食堂四点一线；学习时间可弹性安排，有较长的节假休息日；学术上多鼓励师生讨论甚至争论	承受不同地域的生活环境和习惯，工作节奏紧张，规定上下班时间，不能迟到早退，经常加班加点，节假日很少；领导通常对讨论不感兴趣，一切以经济利益为导向
人际关系不同	人际关系是比较简单的。可以保持个性，孤芳自赏，可以不喜欢同学、老师，那只是个人的事。竞争只是促进学习的手段，没有太大的利益冲突	人际关系是较为复杂的。与同事关系不好，就会影响团队的合作和业绩，成为出局的人。竞争的胜败关系到利益的分配，谁能在竞争中取胜，谁就能获得相应的收益
对社会的认识不同	学生对社会认识和了解的途径是间接的，主要来自书本，来自课堂。认识的内容主要是理论性的，他们对社会的期望值很高，有完美的理想，充满着浪漫的色彩	从业者认识的途径是直接的，他们是通过亲身的实践来加深对社会的认识和了解的。认识的内容是具体的，带有现实主义的色彩

二、如何成功实现角色转换

要想更好地实现学生角色向职业角色的转换，可以从以下几个方面来努力：

（一）树立良好的第一印象

大学生就业后，在新的工作环境中树立的第一印象十分重要。在心理学上，第一印象可叫前摄作用，即通常说的"先入为主"，它具有光环作用（晕轮效应）、定势作用，即第一印象如何，会对以后的发展形成一个固定的趋势——别人可能已据此决定了以后对你的态度。具体来讲，我们应该做到以下几点：

1. 衣着整洁，讲究仪表

初到工作单位，一定要注意衣着。服饰要同自己的身份相符，同工作单位的习惯相一致。衣服不一定时髦、高档，但应保持整洁。男士不宜蓬头垢面或油头粉面，女士不宜浓妆艳抹，要体现整洁、朴素、大方。

2. 言谈举止要得体

要体现亲切、热情、礼貌、理智，冒失莽撞、木讷呆板、过于随便、夸夸其谈、过于谦卑，皆不可取。

3. 遵章守纪，讲究信誉

遵守时间，讲求信用，与人交往不失约、不失信，这既是工作关系中的纪律要求，又是人际交往中的一种美德。初到工作单位，提前上班，稍晚下班，严格遵守单位的规章制度，积极主动地做好力所能及的事情，工作要紧张、有序、高效。这些，无疑会有助于树立良好的第一印象。相反，没有时间观念，不遵守劳动纪律，不守时，不守信，消极被动地等待工作，显然不可能赢得别人的信赖和尊敬。

4. 严守秘密，待人真诚

有些保密性强的单位对工作人员的纪律要求比较严，到这些单位工作的大学生，应当严守机密，不随便向外人透露内部情况。在同事相处中，要以诚相待，平等待人，不自惭形秽，也不傲慢无理。

同时，还应当注意做到"三勤"：嘴勤，多请教，多交流；眼勤，能够做到眼里有活儿，主动做事；手勤，多做力所能及的事。

5. 踏踏实实，安心本职

许多大学生进入工作岗位后静不下心来，"身在曹营心在汉"，"这山望着那山高"，挑肥拣瘦，拈轻怕重，难以进入工作角色，这对角色的转换非常不利。毕业生应尽快从大学生活中脱离出来，踏踏实实工作，努力地适应新环境，全身心地投入工作中去，才能尽快完成角色转换。

（二）了解新集体

对每个大学毕业生来说，要更好地融入新的集体，必须首先对新集体有一个全面的了解。这里以公司为例，具体阐明如何了解新集体。

1. 理解公司企业文化

企业文化是一个公司长期以来形成的，具有纲领性和指导作用的一系列精神原则和行为规范的总和。公司的企业文化通常来源于高层领导者的思想和理念，它反映了他们对于管理、客户服务、员工的价值和金钱等的观点和想法。也许你在面试时就已经感受到了这些，但真正领会这个公司的理念和做事的原则，还要花上几个月的时间。从长远来看，工作满意度取决于你个人的思想和价值观与公司企业文化的契合程度。

2. 学习企业规章制度和"潜规则"

除了员工手册上已有的成文的规章制度，你还需要领会的三件事情是：哪些规章制度需要严格遵守？哪些需要改进？公司里不成文的"规章制度"又是什么？这些"潜规则"会使你在日后的工作中"碰钉子"，并且你永远意识不到你是在犯错误。因此，所有的这些你必须事先弄清楚，而不能靠你的直觉。

3. 掌握初到职场的处事原则

——找出单位里被大家所认可的礼仪和习惯，这对你会很有帮助，否则一旦"出错"，"忽略"不能被视为原谅你的理由。总之，以你希望别人对你的方式来对待别人是不会有错的。

——尽快学习业务知识与技能。员工必须具备丰富的知识和卓越的能力才能完成工作赋予你的使命。这些更实际的东西与学校所学的大不相同，学校里所学的是书上的理论知识，而工作更多需要的是实践经验。

——在预定的时间内完成工作。一项工作从开始到完成，必定有预定的时间，而初入职场的你必须在这个时间内将它完成，决不可借故拖延。如果能提前完成，那是再好不过了。

——在工作时间内避免"走私"。不能把丝毫个人的东西带进工作场所，哪怕是拿自家的事情与同事进行闲聊。

4. 执行工作任务要点

——上司所指示的事务中，有些事情不需要立刻完成，这时，你就应该从重要的事情着手，但是，要先将应做的事情一一记录下来，以免遗忘。

——若无法暂停手头正在进行的工作，在完成上司临时交给的任务时，你要学得灵活一点，应该立即提出，以免误事。

——外出收款、取文件或购物时，要问清金额、物品数量和质量等重要细节，然后再去，否则出了差错，后果就担在你的头上了。

——在充分了解上司所交代的事情前，要问清楚后再进行，不能自作主张。

——离开工作岗位时要收妥资料。有时工作正在进行当中，因为上司召唤、客人来访或其他临时事故要暂时离开座位。碰到这样的情况，即使时间再短促，也必须将桌上的重要文件或资料等收拾妥当。

（三）甘于吃苦，乐于奉献

大学毕业生走上工作岗位以后，应当从一开始就要甘于吃苦，严格要求自己，树立主人翁意识，增强社会责任感和归属感，培养无私奉献的精神，任劳任怨，不计较个人的得失，努力承担岗位责任，主动适应工作环境，促使自己更好、更快地完成角色转换。

（四）克服不良心理品质（略）

三、如何顺利入职

企业招聘录用新员工的根本目的，在于让新员工尽快融入新的工作环境、遵守新的工作规则和程序，并尽早为公司做出贡献、实现绩效。为了达到这个目的，企业势必会采用多种方式引导职场新人尽快熟悉、适应新的工作环境，尽快融入新的团队。各种研究表明，"入职前三天"的积极投入对于一个职场新人来说至关重要。

（一）入职前3天积极投入的重要性

1. 有利于职场新人尽快实现"组织社会化"

新员工的组织社会化过程是一个不断给员工灌输企业所期望的态度、标准、价值观以及行为模式的过程。只有这个过程完成，他们才能全力为企业做出贡献。现在企业基本上都认识到了入职前3天的有效引导对于职场新人短时间内实现"社会化"的意义，基本都会开展相应的活动帮助新员工尽快适应工作。

2. 有利于职场新人快速对企业产生认同感和归属感

企业一般都会让职场新人尽快了解企业的发展历史、战略发展目标、组织结构和管理方式、企业文化、工作的流程与制度规范，明确企业的经营竞争目标及工作中的职责、程序、标准等，帮助新人更快地适应新的工作环境和岗位要求，建立良好的人际关系，增进员工间的团队意识与合作精神。

3. 对职场新人的个人职业发展产生深远影响

入职前3天，是企业引导员工、员工融入企业的过程，也是企业考核员工、员工展示自我的过程。职场新人一定要以认真的态度把握好这样一次充实自己、表现自己和提升自己的良机。事实证明，很多毕业生就是因为入职初期显露才华、表现出色而被委以重任的。

4. 有利于职场新人尽快进入职业岗位稳定发展期

职业岗位适应期分为兴奋好奇期、矛盾冲突期、协调平衡期、稳定发展期四个阶段。在兴奋好奇期时，职场新人刚走向工作岗位，心情异常兴奋，对新的环境充满新鲜感和好奇感，渴望全面了解职业岗位的特点、待遇、发展前途，希望能在岗位上大显身手。在矛盾冲突期时，好奇心理逐渐消失，随之而来的是矛盾和冲突，产生了职业社会与学业社会、理想与现实等一系列的矛盾。在协调平衡期时，一些人会灰心丧气，不能面对现实，若不及时调整，就会变得意志消沉，或逃避现实，或怨天尤人，产生退却的念头。进入稳定发展期后，职场新人逐步适应所处的职业环境，职业理想和兴趣开始形成并逐步稳定，对周围的人际环境开始认同，能主动地把自己融合到环境中去，在心理上成为集体中的一员。

5. 使职场新人能尽快了解职业岗位的特点

入职前3天的积极投入，使职场新人能尽快了解职业岗位的特点、待遇及发展前途等，确定自己的发展目标，为顺利地开展新的工作奠定良好的基础，进入良性的发展轨道，即使遇到各种困难，也能及时调整心态，稳步发展，尽快进入职业岗位稳定发展期。

（二）入职前3天的目标任务

有效的新员工培训（岗前引导培训）应当完成4个主要任务：①新员工应当感到受欢迎和自在；②新员工应当对组织有一个宏观的认识，并且了解政策和程序一类的关键事项；③新员工应当清楚在工作和行为方面组织对他们的期望；④新员工应当开始进入按企业期望的表现方式和做事方式行事的社会化过程。

这4项任务的完成，仅仅通过入职的前3天是远远不够的，但入职的前3天，可以通过完成以下5个目标任务，为前面4个主要任务的完成奠定良好的基础。

1. 熟悉企业的状况

熟悉企业所在行业状况、行业地位、发展历程、组织结构、发展方向、竞争对手等方面的信息。

2. 积极融入企业文化

吸收企业文化里面积极、正面的信息，感受企业文化的精神核心，感受归属感和荣誉感。

3. 熟悉企业的规章制度

熟悉管理流程、岗位职责、绩效评估系统、福利薪酬政策、职业发展信息、安全操作规程，甚至差旅费的报销、公司识别卡的获取、制作名片、着装要求等非常细致的内容。

4. 初步建立职业适应期的人际关系

学会与领导相处、学会与同事相处、学会与客户相处。

5. 保持正常的心理状态

新人在进入工作角色前难免会有忐忑不安的感觉,可能存在预期与现实的落差感,务必及时化解不安、紧张、焦虑的情绪,保持正常的心理状态。

四、职业适应

与角色转变同样重要的是职业适应。职场新人要尽快掌握影响职业适应的因素以及职业适应的策略。

(一)职业适应中常见的问题

1. 定位问题

中国就业市场曾经爆出两条特别引人注目的新闻:南方某高校毕业生号召成立"薪资联盟",抵制用人单位压低薪资标准,拒签低于每月2 500元的就业协议;与此同时,东北某高校毕业生为了挤进自己向往的单位,主动提出"零工资就业",即在见习期不要钱,经过考验认可后再建立劳资关系。这是两个截然相反的现象,但却同时反映了现今大学毕业生就业择业时在工作定位上的问题。前者体现了一些大学生不切实际的一厢情愿,对社会现实缺乏基本的判断力,没能根据现实情况的变化及时调整自己的心理定位。因此即使之后进入了职场,也会因为期望值过高、优势心理作祟而影响其职业适应力。另外,零工资就业显得过于被动消极,同样是职业定位的偏差,无底线的低姿态不一定就能换来工作上的好结果。

2. 心态问题

据一项对1万多名学生的调查显示,50%左右的学生认为,35岁前将达到自己职业生涯的顶峰。事实上,对于很多在职场上打拼多年的经验人士或成功人士来说,这样的想法不切实际。大多数大学生从未经历过社会的磨砺,心态容易浮躁:一方面总是考虑自己能从社会从工作中得到什么,而很少思考自己为他人和集体所做的贡献;另一方面,很多大学生在就业时抱着"骑驴找马"的心态,总是想着先随便找到一个工作,随时都考虑是否能够跳槽或有更佳的选择,因此在工作的过程中不免会受到这种不安定心态的影响,不能脚踏实地地工作。

3. 经验问题

造成大学毕业生就业坎坷的另一个关键因素就是大学生缺乏实际工作经验。从现今许多单位招聘启事中不难看出,"具有相关工作经验"是单位非常看中的一个条件。某省高校曾经对即将毕业的近千名大学生做了问卷调查,结果发现,60.09%的大学生认为在择业中最缺乏的是实践工作经验,这也是在参加招聘中最令人尴尬的"短处"之一。调查还发现,约有27%的人力资源主管认为应聘者的工作经验越实用就越容易被录用,超过七成的跨国企业会根据具体职位的要求选择应聘者。对于没有任何经验的学生职员群体来说,单位需要花费很多人力、物力、财力进行培养,同时还会担心培养后人才的流失问题。有时候培养的资本远远高于短时间内毕业生能够为单位所提供的价值。正是因为这些考虑因素,单位在招聘上的要求和大学生本身普遍缺乏工作经验之间出现矛盾,这也是导致大学生就业形势不乐观的一个根本问题。

(二)职业适应的标志

职业适应的标志是指对自己有信心,形成了被人承认的职业定位,建立了新的良好的生活状态,并由此开始积极的职业生涯。

1. 自信快乐,形成良好的工作心态

工作的情绪决定了工作的满意程度,快乐地工作其实是一种精神。当我们每天用积极愉快的态度走向工作岗位时,就能用富有创造性和建设性的方法去对待一切疑难和不顺利。职场的自信心来自两个方面:一方面来自内在的知识、理想和人生体验积累;另一方面来自外在的得体、自如的表现。真正的自信心是一种坚定必胜的信念,也是一种完美无缺的形象再现。

2. 热爱工作,培养进取工作作风

即使做的是一份自己不太喜欢的工作,也要心甘情愿去做,凭借对工作的热爱去发掘自己身上蕴藏着的潜力、热情和巨大的创造力。有可能你的热情能给予工作以生命和活力,使工作更具有挑战性和趣味性。热爱工作会使你的整个身心充满活力,使你不断地提高自己的能力和工作兴趣,使你精力充沛不知疲倦。

职业素养"四图"

职业素养是人们在社会活动中需要遵守的行为规范。本文所指的职业素养包含四个方面:工作境界、职场逻辑、职场行为、"职业四度"。职业素养,是职业发展的基石。理解职业素养,以此为行动指南,你必将成为上级欣赏、同级信任、下级依赖的职场达人。

有人说,态度决定一切,这太绝对!但我们可以说,态度可以决定事业和人生的高度。有人把工作看成谋生手段,庸庸碌碌,他是用力在工作;有人把工作看成职业选择,忙忙碌碌,他是用心在工作;有人把工作看成事业追求,兢兢业业,他

是用情在工作。用力、用心、用情,就是3个不同的境界,如图9-1所示。境界不同,高度自然不同。有正确态度的人,永远是赢家!

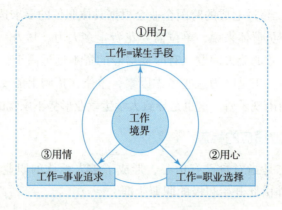

图9-1 工作境界

职场逻辑包括四种,如图9-2所示。

第一种,价值逻辑,基本主张:价值观,不动摇。对个人来说,价值观稳定,工作、学习、生活,才有秩序。不然,就会陷入混乱之中。价值观摇摆不定的人,尽管态度积极,到处寻找学习机会,也终将无法形成正确的知识体系,白白浪费了时间。

图9-2 职场逻辑

第二种,情感逻辑,基本主张:重理性,控情绪。对外界的刺激,我们不能做应激式反应,应该冷静思考。他人的言行伤害不了我们,唯一伤害我们的,是我们对他人言行选择的回应方式。

第三种,工作逻辑,基本主张:先工作,后生活。享乐在先,与任何企业的价值取向都是背道而驰的。先把本职工作做好,才可能有物质待遇的提升。努力通过出色的工作体现自己的价值,前途才会光明。

第四种,管理逻辑,基本主张:法在前,情在后。通常,西方人处理问题的逻辑是:法、理、情;中国人处理问题的逻辑是:情、理、法。企业发展初期,可以靠人治，但企业要想良性发展，必须靠法治。制度在先，适度考虑人情，毕竟，中国是人情社会。

职场行为是指规范、负责、合作。如图9-3所示。

图9-3 职场行为

规范，包含流程、程序、制度、标准，对规范的遵守有3个境界：被迫、认同、自觉。因此，规范的最高境界是自觉遵守。

负责有3个境界：承担责任，采取行动；采取行动，效果良好；思考对策，做好预防。所以，负责的最高境界是有预防意识。

合作，就是与他人配合、为他人提供帮助，以利于工作完成。与规范、负责一样，合作也有3个境界：做好本职、主动协助、熟悉对方并主动支持。

态度、高度、精度、速度，构成了"职业四度"，共同决定了职场人的未来。如图9-4所示，"职业四度"的形成是一个循序渐进的过程。

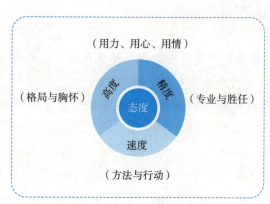

图9-4 "职业四度"

态度（用力、用心、用情），即工作的境界，本文开篇已经说明。

高度（格局与胸怀）。有了正确态度，或者当我们把工作当成事业的时候，或者当我们用情工作的时候，格局就已经形成了。格局，在一定程度上就是对未来的期许，是人生的规划。胸怀决定了格局的大小，容人容事，才能心宽路宽。

精度（专业与胜任）。每个岗位都有专业性，找对领路人，专心做事，用心体会，专业度就会不断提升。能够胜任工作，是职业发展的起点。先把事情做对，然后再把事情做好，就有了职业发展的精度。

速度（方法与行动）。把态度、高度、精度落实到具体的行动之中。方法决定速度，不断优化工作方法，就会提升做事的效率。先把事情做对、做好（精度），再把事情做快（速度）。

 活动与训练

信任之旅

一、目的

通过助人与受助的体验，增加对他人的信任与接纳。

二、规则与程序

1. 团体成员两人一组。一位做盲人，一位做帮助盲人的人。盲人蒙上眼睛，原地转3圈，暂时失去方向感。助人者搀扶"盲人"，沿着指导者选定的路线，带领"盲人"绕室内外活动。其间助人者不能讲话，只能用手势、动作帮助"盲人"体验各种感觉。

2. 活动结束后两人坐下交流当"盲人"的感觉与帮助别人的感觉，并在团体内交流。

3. 互换角色，再来一遍，再互相交流。

建议时间：20分钟

三、讨论

作为"盲人"，你看不见后是什么感觉？使你想起什么？你对你的伙伴的帮助是否满意，为什么？你对自己或他人有什么新发现？

作为助人者，你怎样理解你的伙伴？你是怎样想方设法帮助他的？这使你想起什么？

 探索与思考

> 1. 你认为自己的职业化程度如何？今后如何改进？
> 2. 有同学问：大学期间人际关系好，是否日后进入职场人际关系也差不到哪里去？你是怎么考虑的？

模块九 职场适应与职业发展

9.2 职业素养提升

名人名言

一个人要实现自己的梦想，最重要的是要具备以下两个条件：勇气和行动。

——俞敏洪

学习目标

1. 了解职业素养的内涵。
2. 掌握职场的基本礼仪。
3. 掌握职场基本管理技能。

细小的举动，可以改变你的一生

小李是广东某高职的资产评估专业即将毕业的学生。两周前，校园招聘正如火如荼在他们学校开展，小李也认真准备，带着他的个人简历去应聘。校园招聘会的现场真的是人山人海，小李选中了一家国内知名的资产评估事务所，准备投简历的时候，发现前面排队求职心切的同学们争先恐后把自己的简历硬塞给用人单位。小李因从入学开始就是班长，对于这种情况实在是看不下去，于是就说："前面的同学，请你耐心排队好吗？"这一声惊动了资产评估事务所招聘的人事经理，人事经理走到他面前，说："同学，请问你也是资产评估专业毕业的吗？看一下你的简历可以吗？"小李顿时愣了下来，把简历递给他，人事经理看了简历说："孩子，欢迎你这样的热心孩子加入我们的团队，不知道你是否愿意呢？"小李受宠若惊，一定是他刚才的举动打动了人事经理的心。

分析： 具备职业素质的人与他人的差别往往就在于无意识的举动。现在用人单位除了看重专业背景，更看重这个人的职业能力，即为人处世、团队合作、沟通等能力，在用人单位看来，这些能力的体现就是职业化的体现。

265

良好的职业素养来自良好的职业习惯、得体的职业礼仪以及团队合作、时间管理、目标管理等娴熟的管理技能。

一、职业素养与终身学习

人的素养，体现在职场上就是职业素养，它包括专业能力（职业能力）、敬业（职业态度）和道德（职业道德）、职业意识、职业行为、职业技能等方面的内容。在表现形式上，职业素养分为内化素养和外化素养。内化素养是职业素养中最根本的部分，包含个人的世界观、价值观、人生观等范畴；外化素养指计算机、英语等属于技能范畴的素养，通过学习、培训可以获得，在实践运用中会日渐成熟。

（一）不容忽视的职场基本功

职场中每年都有新鲜血液注入其中，为职场带来了更多的活力和生气。职场新人如何在职场中占有自己的一席之地，取得职业发展中的成功？调查显示，在众多因素中，多数职场人认为扎实的基本功排在首位。

1. 专业技能

专业技能主要是指从事某一职业的专业能力。现今社会分工越来越细，已经发展为一个专业化的年代，专业人才越来越受到企业的青睐，专业能力是高级人才不可或缺的能力，它构成了高级人才的核心竞争优势。

2. 沟通能力

沟通能力包含语言文字表达能力、争辩能力、倾听能力和设计能力。一般说来，沟通能力指沟通者所具备的能胜任沟通工作的优良主观条件。简言之，人际沟通的能力指一个人与他人有效地进行沟通信息的能力，包括外在技巧和内在动因。语言文字表达能力就其作用而言，是其他能力能否正常实现、充分展示的基础。

3. 情绪控制能力

情绪往往是人对事物一种肤浅、直观的情感反应，它往往只从维护情感主体的自尊和利益出发，不对事物做复杂、深远的考量。

情绪控制对人生有非常大的帮助。一个想有所成就的人，就要有情绪调控的能力。成功者控制自己的情绪，失败者被自己的情绪所控制。

4. 解决问题的能力

在我们的职业生涯发展过程当中，除了应用专业能力进行专业活动外，还会碰到各种各样的困难和挑战需要我们去应对和解决。培养解决问题的能力也是我们职业生涯发展所不可缺少的一个重要方面。一个人工作的过程就是不断地发现问题、解决问题的过程。工作的好坏在一定程度上取决于个人解决问题能力的高低。一个员工的持续竞争优势只有通过不断解决问题的价值创造过程才能获得。

5. 自学与创新能力

自学与创新能力也就是获取新知识的能力。现代社会是一个竞争日益激烈的社会，为了能适应现代社会的需要，要求从业者必须具备自学与创新能力。

（二）崇尚终身学习，用职业素养托起人生的高度

人生的高度，不仅仅是靠金钱来衡量的。对成功的定义有很多种，职场新人如果仅盯着赚大钱这一个目标，那么对成功的定义是很狭隘的。很多成功人士都是从懵懂的职场菜鸟成长起来的，他们用自己的亲身经历告诉我们：不要只是赚钱，而要想着如何为自己未来的事业打基础，学会用学识和能力托起人生的高度。罗曼·罗兰曾说："财富是靠不住的。今日的富翁，说不定是明日的乞丐。唯有本身的学问、才干，才是真实的本钱。"

我们生活在一个崇尚知识的年代、一个在工作中以靠扎实的学识和娴熟的技能取胜的时代。每天都在变的社会，需要我们不断提高自己来适应这个社会和自己所在的行业、领域，一旦滞后，就可能被淘汰出局。想要跟上时代的步伐，一条有效的捷径就是读书。

一个有学问的职场年轻人，远远比不思进取、懒惰懈怠的人更受大家欢迎。刚刚工作的大学生，眼光一定要放长远，不要把全副精神都放在追求金钱、头衔和地位等上面，而是要多学习，多积累一些对自己切实有帮助的知识和经验，只有这些是永远属于自己的，谁也拿不走。要相信"好好学习，天天向上"这句话，什么时候都不会过时。

二、职场礼仪

职场礼仪是指人们在职业场所中应当遵循的一系列礼仪规范。学会这些礼仪规范，将使一个人的职业形象大为提高。了解、掌握并恰当地应用职场礼仪有助于完善和维护职场人的职业形象，会使你在工作中左右逢源，事业蒸蒸日上，成为一名成功职业人。

（一）个人礼仪

个人礼仪是社会个体的生活行为规范与待人处世的准则，是个人仪容、仪表、言谈、举止、待人、接物等方面的个体规定，是个人道德品质、文化素养、教养良知等精神内涵的外在表现。其核心是尊重他人，与人友善，表里如一，内外一致。

良好的个人礼仪、得体的处事行为并非与生俱来,也非一日之功,是要靠后天用心学习、不懈努力才能逐渐地形成。

1. 仪容仪表

着装要得体。办公场合衣饰宜简洁、庄重。男性一般以西装为主。女性衣着忌过于短小或透明,尺寸也不宜过于短小和紧身。发型要合适。男性头发前不盖眉,侧不掩耳,后不及领;女性的头发要根据年龄、职业、场合的不同,梳理得当。面部要清爽。男性宜每日剃须修面;女性宜淡妆修饰。保持口腔清洁。表情要自然,目光要温和,宜常带微笑。手部要清洁。定期修剪指甲并保持手部洁净。女性在正式场合不宜涂抹浓艳的指甲油。

2. 行为举止

坐如钟,站如松。行得稳站得正,是基本要求。站的时候要两眼平视前方,两肩自然放平,两臂自然下垂,挺胸收腹提臀,切忌站的时候东倒西歪,弯腰驼背。坐的时候要轻稳,保持上身直立,双腿自然并拢,切忌抖动腿脚。走的时候要抬头挺胸收腹,双臂自然摆动,脚步轻盈稳健,切忌摇头晃脑,歪肩晃膀,鞋子亦不可摩擦地面,发出声响。

(二)办公室礼仪

在紧张忙碌的工作当中,我们不可避免地要与同事或陌生人频繁接触,一个人除了注意自己的个人礼仪之外,还应注意工作场合之中的文明礼仪。

1. 办公用品礼仪

公司里的物品要爱惜使用,不能挪为私用;借用他人或公司的物品,使用完以后,要及时归还或放回原处;工作台上尽量干净整洁,不能摆放与工作无关的物品;节约用水用电用纸,自觉节约公司开支;严格遵守公司相关规章制度,爱惜公司财物,不能有意污损刻画。

2. 手机礼仪

工作场合不要大声打电话;如有电话呼入,尽量不要接,或起身到人少处接听;重要会议时尽量关闭手机或调为振动;不能一边和人讲话,一边编辑手机短信;不编辑或是转发思想内容不健康的短信;不使用的时候,手机尽量放在包中或是上衣内袋,不要总是拿在手中。

(三)商务礼仪

在商务活动中,为了体现相互尊重,需要通过一些行为准则去约束人们在商务活动中的方方面面，其中包括各种言谈举止、书信来往、电话沟通等技巧。

1. 名片使用礼仪

名片的交换是名片礼仪中的核心内容。在社交场合如何交换名片，往往是个人修养的一种反映，也是对交往对象尊重与否的直接体现。因此交换名片务必要遵守一定之规。我们在参加正式的交际活动之前，都应随身携带自己的名片，数量充足以备交往之用。交换或发送名片时应注意观察对方意愿，把握时机，讲究顺序。给别人的名片，应事先准备好，放在易取的地方，不要现从包或者名片夹里取；递名片的时候，应站立，双手递送，名片上端对着递名片者，让自己的名字冲着对方；拿到名片后，应仔细阅读对方的姓名、职务、机构，再注视一下对方，以示尊重；收名片时，应将其小心放入上衣口袋，切忌放入裤兜。

2. 接打电话礼仪

在职场当中，用电话沟通和交流工作是必不可少的，以下几点是你在接电话时可以参考和借鉴的技巧：

（1）来电铃声不可超过3次才接。

（2）接打电话时，声音洪亮清脆，吐字清晰，表达准确，语言从容得体，自然恰当，态度热情大方，不卑不亢。

（3）与客户通电话要坚持后挂电话的原则。

3. 握手的礼仪

（1）握手的方式。

①首先，起立。在商务环境中，这条标准对男女通用。如果因为身体嵌在餐桌下不方便起身，你应该立即稍稍起身，然后说："原谅我不能站起来，很高兴见到你。"

②迎向对方。如果两人距离较远，那需要马上迎向对方，在距其1米左右伸出右手，握住对方的右手手掌。

③神态专注、认真、友好，用眼神交会。眼神交会表明你的注意力完全集中在且只集中在对方身上。

④微笑、致意。微笑传达出温暖、率真，同时也传达出你对对方的兴趣。重复对方的名字不仅仅是一种恭维，也帮你记住对方的名字。

⑤时间和方式。握手的恰当时间应为2~3秒钟，上下抖2~3次，然后松开。握手应该是手掌对手掌，而不是指尖对指尖。

⑥握力。握力含义很深，不可过轻或者过重。轻握代表犹豫与胆怯，握得太用力表示过于热情或专横，中等握力传达出信心和权威。

（2）伸手顺序。

一般情况下，讲究"尊者居前"，即由身份较高者首先伸手。

①女士同男士握手时，应由女士首先伸手。如女方不伸手，没有握手的意愿，男方可点头致意或鞠躬致意。

②长辈同晚辈握手时，应由长辈首先伸手。当年龄与性别冲突时，一般仍以女性先伸手为主，同性老年的先伸手，年轻的应立即回握。

③上司同下级握手时，应由上司首先伸手。

④宾主之间握手：客人抵达时，应由主人首先伸手以示欢迎。如接待来宾，不论男女，女主人都要主动伸手表示欢迎，男主人也可以先伸手对女宾表示欢迎。客人告辞时，应由客人首先伸手，以示主人可以就此留步。

⑤一人与多人握手时，既可按照由尊而卑的顺序，也可按照由近而远的顺序。

⑥异性间的握手，女方伸出手后，男方应视双方的熟悉程度回握，但不可太用力，一般只象征性地轻轻一握即可。

（3）握手禁忌。

与人握手时，如果不遵守约定俗成的礼仪规范，会被认为失礼。以下情况是不礼貌的：

①用左手与人握手。

②伸脏手、病手与人握手。

③用双手与人握手。熟人之间例外。

④握手时目光左顾右盼。

⑤戴墨镜与人握手。

⑥戴手套与人握手。社交场合中女士戴薄纱手套与人握手例外。

⑦交叉握手，即越过其他人正在相握的手同另外一个人相握。

⑧长久地握着异性的手不放。

三、职业习惯

（一）习惯的定义

习惯是一定时期内较为固定的行为模式。你要改变自己，首先就要改变你的习惯，因为习惯是固执的、难以改变的。习惯包括以下三个要素：一是欲望——想做；二是知识——做什么，为何做；三是技巧——如何做。

（二）职业人必备的习惯

The Seven Habits of Highly Effective People（中文译名《与成功有约》）列出了成功人士必须具备的7个习惯。

1. 主动——操之在我

原文是 proactive，可直译为"主动"，在这里，我们给它一个全新的解释：操之在我。所谓"操之在我"，其实就是"把握命运"的意思。从依赖阶段过渡到独立阶段，每个人都要为自己的人生负责。

2. 以始为终——从一开始就制定客户满意的目标

从一开始就制定目标并使行动贴近目标。客户满意是职业人的使命，要使客户满意，首先要了解客户的期望值，据此确立目标和行动方案。行动之前要制订计划。在计划实施过程中，还要评估这个计划能够实现多大的客户满意度。

3. 要事为先——分清轻重

在制订计划之前，首先要认清楚：最重要的事情是什么。这是成功人士最基本的素质。重要的事情具有非常的意义，要把它们放在首要位置上。根据"80、20 原则"可知，20%最重要的事情，产生80%的总效益。

4. 人际关系成功——从客户的角度考虑

对于职业经理人来说，成功的人际关系意味着与客户产生共鸣。要获得客户满意，必须做到：从客户的角度考虑事情。

5. 利人利己——双赢战略，获得最大的共同利益

所谓利人利己，就是一种双赢战略，它的宗旨是共同利益的最大化双赢。

6. 集思广益——不断学习，不断超越自己

集思广益，在这里指学别人所长，补自己所短。提倡"不断学习"的理念，其内涵在于不断地超越自己。

7. 均衡发展——家庭事业双丰收

职业人所追求的是全面发展，而全面发展的前提就是均衡发展。真正的成功人士就要实现家庭和事业的双丰收。

四、时间管理

（一）时间和时间管理

时间是物质存在的一种客观形式，是没有弹性、无法储存、不可替代，而且无

法逆转的稀缺资源。

人类在生产活动中渐渐形成时间观念后，便开始或自觉或不自觉地对时间进行管理。20世纪初，科学管理的始祖——泰罗，第一次把时间管理应用在体力劳动的测定上，这标志着时间管理取得了突破性进展。20世纪60年代起，人们开始重视脑力劳动的时间管理，把时间视为一种宝贵的资源。时间管理已成为现代管理的重要内容。

（二）时间管理的内涵

所谓时间管理，就是指在同样的时间消耗下，为提高时间的利用率和有效性而进行的一系列控制工作。或者说，时间管理就是克服时间浪费，为时间的消耗而设计的一种系统程序，并选择一切可以利用的科学方法及手段，以使结果向预期目标尽量靠拢。它包括以下几项内容：

（1）做某事之前，确定使用多少时间。
（2）利用分割与集中的方法增加自由时间，进行合理利用。
（3）总结时间的利用情况，找出浪费时间的缘由并予以克服。
（4）用定时定量的方法控制时间。要想弄清时间管理的价值，首先必须弄清时间的价值，因为前者取决于后者。

（三）四象限法则

著名的管理学家科维提出了一个时间管理的理论，他把工作按照重要和紧急两个不同的维度进行划分，基本可以分为四个"象限"：既紧急又重要、紧急但不重要、重要但不紧急、既不紧急也不重要，如图9-5所示。根据这一原则，可以把事情分为以下四类进行区分，并按如下排序：

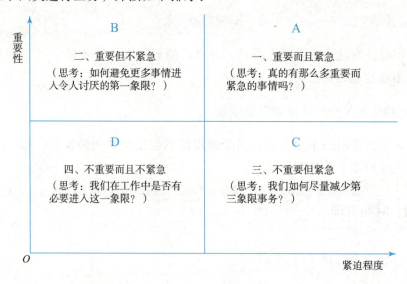

图9-5 紧急-重要矩阵

五、团队合作

(一) 团队精神

团队精神反映一个人的素质、一个人的能力,一个人与别人合作的精神和能力。一个团队是个有机的整体,作为个人,只有完全融入这个有机整体之中,才能最大限度地体现自己的价值。团队精神的核心在于协同合作,也只有合作才将团队的作用发挥到最大。

(二) 如何融入一个工作团队

(1) 低——放低姿态。牢记自己在工作资历方面基本是一无所有,要尊重每一个老同事,不要对别人的行为评头论足,明白别人怎么做那是别人的事,重要的是自己的工作做得如何,要认识到存在即是合理!

(2) 忍——小不忍则乱大谋。面对周围人的冷言冷语甚至小动作,不公开、不回应、不传播、不介入,兢兢业业做好自己的工作,让你的工作成绩能看得到,任凭风浪起,稳坐钓鱼台。

(3) 和——与团队融合。加快融于团队的进程,迅速变成"自己人"。尽快找一两个可以很好交流的新朋友,扎下根基,逐步获得整个团队的认可。

(三) 怎样培养团队合作精神

1. 尊重,无论新人或老人

尊重没有高低之分、地位之差和资历之别,平等待人,有礼有节,既尊重他人,又尽量保持自我个性,这是团队合作能力之一——尊重的最高境界。尊重能为一个团队营造出和谐融洽的气氛,使团队资源形成最大限度的共享。

2. 欣赏,学会欣赏、懂得欣赏

团队的效率在于每个成员配合的默契,而这种默契来自团队成员的互相欣赏和熟悉——欣赏长处、熟悉短处,最主要的是扬长避短。

3. 宽容,让心胸更宽广

雨果曾经说过:"世界上最宽阔的是海洋,比海洋更宽阔的是天空,而比天空更宽阔的则是人的心灵。"宽容是团队合作中最好的润滑剂,它能消除分歧,使团队成员互敬互重、彼此包容、和谐相处,从而安心工作,体会到合作的快乐。

4. 信任，成功协作的基石

团队是一个相互协作的群体，它需要团队成员之间建立相互信任的关系。信任是合作的基石，没有信任，就没有合作。信任是一种激励，信任更是一种力量。

5. 沟通，敢于沟通、勤于沟通、善于沟通

让所有人都了解你、欣赏你、喜欢你。一个人身在团队之中，良好的沟通是一种必备的能力。作为团队，成员间的沟通能力是保持团队有效沟通和旺盛生命力的必要条件；作为个体，要想在团队中获得成功，沟通是最基本的要求。

6. 负责，认真地面对一切

负责，不仅意味着对错误负责，对自己负责，更意味着对团队负责、对团队成员负责，并将这种负责精神落实到每一个工作的细节之中。

7. 诚信，不容置疑

古人说："人无信则不立。"诚信，是做人的基本准则，也是作为一名团队成员所应具备的基本价值理念——它是高于一切的。

8. 热心，帮助身边每一块"短木板"

只有一个完全发挥作用的团队，才是一个最具竞争力的团队；而只有身处一个最具竞争力的团队之中，个体的价值才能最大限度地得到体现！

9. 团队利益，至高无上

"皮之不存，毛将附焉？"团队精神不反对个性张扬，但个性必须与团队的行动一致，要有整体意识、全局观念，要考虑到整个团队的需要，并不遗余力地为整个团队的目标而共同努力。

10. 超越自我的团队意识

成功的团队提供给我们的是尝试积极开展合作的机会，而我们所要做的是，在其中寻找到我们生活中真正重要的东西——乐趣——工作的乐趣、合作的乐趣。

"绿叶行动"的倡议书

某天，上海师范大学的全体女教师收到了一封名为"绿叶行动"的倡议书，其主要内容是三条非常普通的要求：衣着端庄，准时上课，劝阻上课打瞌睡的学生。

短短几天内,两百多名女教师积极响应倡议书。根据倡议,教师的衣着打扮无疑成为女教师们承诺的重点:杜绝穿背心、超短裙、拖鞋进课堂。"教师毕竟是教书育人的,衣着问题不得不引起足够重视。"在此次倡议发起人之一的上海师范大学妇委会常务副主任钱建萍看来,讲台上的女教师们要维护教师尊严,首先要从得体的衣着打扮开始。钱建萍说,除了拖鞋、超短裙外,吊带衫、无袖上衣等"局部暴露"的服饰也都被列入女教师"禁穿"的行列。上海师范大学法政学院青年女教师吴文艳表示,最近学校推出的"绿叶行动"其实并未引起轩然大波,因为传统教师的职业形象早已深入每位教师心中,"得体"和"端庄"作为教师的着装标准,一直以来都未随着时代的变迁而改变。

分析:作为教师,日常的职业形象对学生的影响很大。教师穿着得体,不仅是对课堂的尊重,也是对学生的尊重。规范女教师的衣着,也有助于形成教师自身良好的职业形象。

活动与训练

珍惜生命(时间管理)

一、目标

认识到时间没有弹性、无法储存、不可替代,而且是无法逆转的稀缺资源。

二、规则和程序

1. 准备一张长条纸用笔将它划分成10份(每份代表生命中的10年,分别写上10、20 的字样,最左边的空余部分写上"生"字,最右边空余部分写上"死"字,假设每个人的生命均处于0~100岁)。

2. 教师给按以下顺序提出六个问题,学生按要求作答。

(1)请问你现在的年龄是多少?(把相应的部分从前面撕去),过去的生命再也不会回来了,请撕得干净些!

(2)请问你想活到多少岁?(假如你不想活到 100 的话,就把后面的撕掉)

(3)请问你想多少岁退休?(请把相应的退休以后的部分从后面撕下来,不要撕碎,放在桌子上),就剩下这么长了,这是你可以用来工作的时间。

(4)请问一天24小时你会如何分配?

一般人通常是睡觉8个小时,占了1/3,吃饭、休息、聊天、看电视、游戏又占了1/3,其实真正工作有生产力的约8个小时,占1/3。

所以请把剩下的折成3等份,并把2/3撕下来,放在桌子上。

(5)比比看。

请用左手拿下剩下的1/3,用右手把退休那一段和刚才撕下的2/3加在一起,并

请思考一下，你要用左手中剩下的 1/3 时间工作赚钱，提供自己右手上的吃喝玩乐及退休后的生活。

（6）想一想，你要赚多少钱，存多少钱才能养活自己上述的日子，这不包括给子女和配偶的。

三、讨论

教师引导学员讨论：请问你会如何看待你的未来？

四、评价

请学员按照表 9-2 中的项目进行评价。评价要围绕本主题，用词要积极向上，对事不对人，不能进行人身攻击。

表 9-2 活动评价表

内容	个人评价	学员互评	教师点评
你能否区分生活中各类事情的主次？			
你生活中是否有计划？			
你能否合理分配时间？			
自我肯定（强、中等、弱）			

建议时间：10 分钟。

一站到底（团队合作）

一、目标

帮助同学体会团队合作的重要性。

二、规则和程序

1. 将学员分组，6~8 人一组。

2. 在地上铺两张全开的报纸，请两组学员都站到各自小组的报纸上，要求无论用任何方式都可以，就是不可以把脚踏在报纸之外的地上。

3. 两组都完成后，把报纸对折，请各组学员再进入报纸上。各组若有成员被挤出报纸外，则该组员将被淘汰不得再参加下一回合。

4. 通过把报纸对折，缩小面积，不断将被挤出的成员淘汰，直到最后看哪组剩余的人多。

5. 最后，每组派代表谈感想（1 分钟）：你在游戏中学到什么？在日后的工作中，你打算如何和你身边的人进行团队合作呢？

活动时间：15 分钟。

 探索与思考

1. 什么是职业素养？职业人为何要具备职业素养？职业素养主要包括哪些内容？
2. 你如何看待办公室恋情？这对职业生涯的发展有何利弊？

模块十　把握创业机会

模块导读

　　创业不仅是一种生活态度，也是一种生活方式。因此，创业不是一件"少数人的独门绝技"，创业是人人都需要了解的。也正因如此，"大众创业、万众创新"成为一种风潮。为什么对于大学生来讲，即便不创业，也要了解创业呢？

　　习近平在越南APEC会上指出：当今世界面临增长动能、全球发展模式、经济全球化、经济治理体系四方面的深刻转变，……增强、培养人适应创新、变革的能力，才能让人人拥有机遇，享有成果！

　　创业能力是当今世界最为稀缺的社会资源，在知识经济和信息化时代的21世纪，改变我们命运的只有我们自己。从现在开始，学习、改变、创业是21世纪的唯一道路，但创业是一个复杂、艰辛的过程，它需要超越自身拥有资源的限制，运用社会资本、市场机会、领导才能和大胆创新，来实现资源在更大范围内的整合和价值创造，因此我们需要培养和提高创业能力。

　　良好的开端是成功的一半，适合某个人的企业构思可以让创业者在今后创办企业的过程中事半功倍，降低创业风险。许多富有创业激情的大学生常常在各种名目繁多、种类复杂的市场机会间犹豫徘徊，为应该选择什么样的项目而烦恼。有关机构研究发现：发现市场机会并合理地选择创业项目是大学生创业成功最关键的因素之一。

　　本模块主要介绍创业意识和创业潜质培养的内容以及创业潜质和创业模式、创业机会的发现和评估，目的是使职业院校的学生具有创业意识，能将创业作为自己职业生涯发展的一个选项。

创业与创业精神

知识经济发展与创业

创业机会识别与评价

10.1 创业意识与创业潜质

名人名言

创业,既不是科学,也不是艺术,而是实践。

——[美]彼得·德鲁克

学习目标

1. 了解创业对于职业生涯的意义。
2. 了解创业类型和特征。
3. 了解创业者的品质特征和大学生创业者的能力特征。

导入案例

等待就是浪费青春

张婷,××职业学院动漫设计与制作专业毕业,随后在大连安博实习期间学习Web 2.0网页设计。在大二的时候,她开始对创业产生兴趣,凭着强烈的爱好,她要挑战自己的能力,实现自我价值。2013年,她一个人转战北京,在北京市海淀区一家互联网公司谋得第一份工作,当时的公司比邻百度、联想等知名公司,给了她极大的激励。尽管从实习生开始做起,天天加班,又苦又累,但是,每天不管多么晚下班,她都会羡慕地看一眼百度灯火阑珊的办公大楼,暗暗为自己加油。由于她工作出色,一个月后被公司转正。通过向他人学习以及自己的钻研,她用三个月时间便熟练掌握了商业性的网站制作、网站开发等业务。同年4月,她选择离职,步入医疗行业,工资从实习生的2 500元增加到4 500元。在医疗行业,她掌握了百度竞价PHP程序等多方面的知识,负责集团上百个网站建设。

随着移动端的大爆炸,在飞速发展的互联网+时代,不断地创新创业是永恒的主题。张婷再次辞职,成立了自己的互联网公司。她不断地在更新旧知识并学习新的知识,包括营销学、管理学知识。在这一过程中,App开发列入了公司的主营项目，包括微信第三方、微商。张婷坚持以诚待人，坚持将最好的服务给予客户，功夫不负有心人，在后来几年中快速发展。

2022年，张婷的公司服务于部分政府网站、北京的国企、个体户等上百家企业，并逐步扩展到海外，包括美国、英国以及我国香港地区的客户，得到客户的认可。

分析：我们要把创业作为职业生涯的一种选择。高职学生创业需要具备强烈的挑战精神、出色的沟通能力、较好的专业知识、优秀的领导艺术、良好的社会关系、敏锐的市场认知等多方面综合素质，必须了解一些国家的创业政策。由于每一个创业者的背景和所拥有的资源差异性都很大，所以不是每一个人都适合创业。但如果创业的机会眷顾你的时候，你应该能准确地判断并抓住它！

一、创业是人生的一种选择

《现代汉语词典》对"创业"的解释是：创办事业。而"事业"是指人所从事的，具有一定目标、规模和系统并对社会发展有影响的经济活动。

大学生创业，是指大学生在学习期间创办事业，毕业后不选择就业而直接成立公司创业。大学生创业是一些有胆识、有理想的大学生为自己开辟的一条择业新路，是大学生主动参与社会竞争的一种尝试。大学生创业主要表现为，大学生利用自己的知识和技能，以自筹资金、技术入股、寻求合作等方式创办企业，面向市场，面向社会，为社会创造价值的同时，使自己的价值得到充分体现。

选择就业与选择创业，主要有以下四个方面的差别：

（1）担当角色的差异。二者在企业中的地位、所肩负的责任和使命均有较大差异。创业者通常处于新创企业的高层，在企业实体的创建过程中，创业者始终是负责人，始终参与其中；而就业者通常处于中低层，到达高层需要一个过程，也不需要对企业的成长负责，只需要做好本职工作就可以了。

（2）要求技能的差异。创业者通常身兼多职，要有战略眼光，也要有具体的经营技能，从而要求其具备相当全面的知识和技能；就业者通常具备一项专业技能即可开展自己的工作。

（3）收益与风险的差异。就业的主要投入是数年的教育成本，而创业除了教育成本外，还包括前期准备中投入的人力、物力和资金成本。一旦失败，就业者并不会丧失教育成本但创业者会损失在创业前期投入的几乎一切成本；而一旦成功，就业者只能获得约定的工资、奖金及少量的利润，创业者则会获得大多经营利润，其数额理论上没有上限。

（4）成功依赖因素的差异。就业很大程度上可以依靠企业实体，但创业更多的还要考虑自身的经验、学识与财力，以及各种需求和各种资源占有等条件。

二、创业的类型

1. 根据创业动机分类

（1）机会型创业，是指创业的出发点并非谋生而是为了抓住、利用市场机遇。它以市场机会为目标，能创造出新的需要，或满足潜在的需求。因而会带动新的产业发展，而且也不是加剧市场竞争。

（2）就业型创业，指为了谋生而走上创业之路。这类创业是在现有的市场上寻找创业机会，并没有创造新需求，大多属于尾随型和模仿型，因而往往小富即安，极难做大做强。

2. 根据创业者数量分类

（1）独立创业，指创业者独立创办自己的企业。其特点在于产权是创业者个人独有人的，企业由创业者自由掌控，决策迅速。但它需要创业者独自承担风险，创业资源准备也比较困难，还受个人才能的限制。

（2）合伙创业是指与他人共同创办企业。其优劣势与独立创业相反，优势在于资源准备相对容易，风险均摊，决策制衡，可以发挥集体智慧。但缺点在于权力多头，决策层级多，响应速度慢。

3. 根据创业项目性质分类

（1）传统技能型创业，指使用传统技术、工艺的创业项目，它具有永恒的生命力。尤其是在酿酒、饮料、中药、工艺美术品、服装与食品加工、修理等与人们日常生活紧密相关的行业中，独特的传统技能项目表现出了经久不衰的竞争力，许多现代技术都无法与之竞争。国内外均是如此。

（2）高新技术型创业，指知识密集度高，带有前沿性研究开发性质的新技术、新产品项目。

（3）知识服务型创业，指为人们提供知识、信息的创业项目。当今社会，信息量越来越大，知识更新越来越快，各类知识型咨询服务的机构将会不断细化和增加，如律师事务所、会计师事务所、管理咨询公司、广告公司等。这类项目投资少、见效快。如北京有人创办剪报公司，为企业客户提供独享的商业情报服务把每天主要媒体上与该企业有关的信息全部收集、复印、装订起来，有的能年收入达100万元，且市场十分稳定。

4. 根据创业方向或风险分类

（1）依附型创业，可分为两种情况：一是依附于大企业或产业链而生存，为大企业提供配套服务。如专门为某个或某类企业生产零配件，或生产、印刷包装材料。

二是特许经营权的使用。如利用麦当劳、肯德基等的品牌效应和成熟的经营管理模式，减少经营风险。

（2）尾随型创业，即模仿他人创业，学着别人做具有以下特点：一是短期内只求能维持下去，随着学习的成熟，再逐步进入强者行列；二是在市场上拾遗补缺，不求独家承揽全部业务，只求在市场上分得一杯羹。

（3）独创型创业，指提供的产品或服务能够填补市场空白。大到商品独创性，小到商品的某种技术的独创性。如改革开放后首家搬家服务公司、婚介公司等。但其也有一定的风险性，因为消费者对新事物有一个接受的过程。独创型创业也可以是旧内容新形式，比如，产品销售送货上门，经营的商品并无变化，但在服务方式上扩大了，从而更具竞争力。

（4）对抗型创业，指进入其他企业业已形成垄断地位的某个市场，与之对抗较量。这类创业风险最高，必须在知己知彼、科学决策的前提下，抓住市场机遇，乘势而上，把自己的优势发挥得淋漓尽致。

三、创业者的特质

对于创业者，可以用这样一句话来概括："任何想体验充满各种不确定性和模糊性的战场的人都可能成为创业者，任何想跨越诸多高峰的人都可以成为创业者。"不管面对何种情景，有意愿持续前行的人，都可以称之为"创业者"。

创业者往往具有执着的精神、敏锐独特的洞察力、失败中吸取教训的能力、追求成功的意志力、良好的合作精神。约翰·霍纳迪（John Hornaday）总结出了创业者的42项特征（Hornaday，1982），见表10-1。

表10-1 创业者的42项特征

特征	特征
1. 自信	11. 有影响力
2. 有毅力、坚定	12. 善于与人相处
3. 精力充沛、勤奋	13. 积极主动
4. 机智多谋	14. 灵活
5. 风险承担能力强	15. 聪明
6. 有领导力	16. 目标明确
7. 乐观	17. 勇于迎接挑战
8. 追求成功	18. 独立
9. 知识丰富	19. 开放的心态
10. 创新、创造力	20. 追求效率

续表

特征	特征
21. 决策果断	32. 有想象力
22. 有责任心	33. 有洞察力
23. 有远见	34. 能够容忍不确定性
24. 执行认真	35. 有进取心
25. 团队、合作精神	36. 懂得享受
26. 利润导向	37. 追求效果
27. 从失败中快速学习	38. 全力以赴
28. 有权力感	39. 信任下属
29. 性格开朗	40. 敏感
30. 个人主义	41. 诚实
31. 有勇气	42. 成熟、考虑周全

(一) 企业家的六大要素

美国学者杰弗里·蒂蒙斯教授是公认的创业学领域的学术权威。他通过跟踪研究进入百森商学院杰出创业者学会的学员，总结出成功企业家作为创业者的"六大要素"，如图 10 – 1 所示。

(二) 大学生创业者的能力要求

1. 创新能力

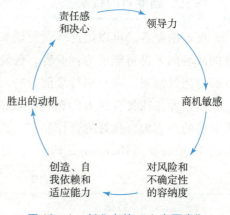

图 10 – 1　创业者的"六大要素"

创新能力是创业人才的核心能力。在创业者的创业过程中，无论是发现新的创意、捕捉新的机遇、寻找新的市场，还是撰写一份有潜质的创业计划，以至于创业融资、创办公司和企业运作、管理和控制，都包含着创新的内容。所以，作为一个创业者或创业团队，必须具备市场、技术、管理和控制的创新能力。创新能力又来源于创造性思维，一个成功的创业者一定具有独立性、求异性、想象性、新颖性、灵感性、敏锐性等人格特质。创业能力是直接影响创业实践活动效率的主要因素，因此是创业基本素质的重要组成部分之一。

2. 策划能力

根据外部环境和掌握的创业机会，进行富有创意的策划，对创建企业是至关重要的。因此，创业者发挥策划能力必须注意几方面的问题：第一，创业者必须弄清策划项目的价值所在、所涉及的范围和有关的限制因素，创建企业市场服务的定位；第二，确定由谁担任该项目的策划负责人以及确定策划团队；第三，创业者必须考虑策划的时机。创业者要充分认识自己、了解自己、完善自己，从而发展壮大自己，才能知道自己在这个世界的竞争实力有多强，才能充分衡量自己掌握的"新武器"在市场竞争时的真正威力，才能不断地去补充和完善自己，才能真正地为企业进行量体裁衣的策划方案制定。创业者决策能力的大小，直接决定着创业活动的绩效，它是衡量创业者水平的一个重要标志。

3. 组织能力

组织能力是创业者不可缺少的重要能力之一，在创建新的企业中组织显得十分重要，组织是创造价值的源泉。组织能力是指领导者为了组织的利益和实现组织制定的目标，运用一定的方法和技巧，把来自不同地区、不同系统、不同职业、不同文化背景以及民族、性别、年龄等均不相同的人组织在一个团结向上的集体之中，使大家朝着一个共同方向和目标去努力、去奋斗。组织能力包括合理选择和激励下属的能力、黏合能力、架构能力、沟通能力、协调能力、授权能力、应变能力和合理分配资源（人力、财力、物力）的能力等。组织能力包括三个层级：个人能力、项目/团队能力、组织能力。组织能力是公司竞争力的综合体现，主要包括：核心流程能力、战略管理能力、组织文化能力。任何组织必须建立基于能力的管理，不断增强个人、团队、组织的能力，通过实现组织目标的能力管理，形成公司独特的核心竞争优势，才能从众多的竞争者中脱颖而出。

4. 领导能力

领导能力是指领导者的个体素质、思维方式、实践经验以及领导方法等个性心理特征和行为的总和，领导能力是领导者素质的核心。领导力意味着我们总能从宏观和大局出发分析问题，在从事具体工作时保持自己的既定目标和使命不变；领导力也意味着我们可以更容易地跳出一人一事的层面，用一种整体化的、均衡的思路应对更加复杂、多变的世界；领导力还意味着我们可以在关心自我需求的同时，也对自己与他人的关系给予更多的重视，并总是试图在不断的沟通中寻求一种更加平等、更加坦诚也更加有效率的解决方案。

5. 管理能力

管理能力是每一个创业者必备的重要能力，要在工作中不断地培养、积累自己的组织管理能力。管理能力与组织能力有密不可分的联系。管理能力主要包括激励的能力、控制情绪的能力、幽默的能力、演讲的能力、倾听的能力等。创业者不仅

要善于激励团队，还要善于自我激励。要让团队充分地发挥自己的才能努力去工作，就要把员工的"要我去做"变成"我要去做"，实现这种转变的最佳方法就是对员工进行激励。创业从来都不是一帆风顺的。一个创业领导者情绪的好坏，甚至可以影响整个创业团队的气氛。

6. 公关能力

创业面临的是高度竞争的压力，成功与否的条件之一在于自身的公关能力。也就是说，本身的知识结构与公关能力是否符合社会的需求，而且是否有能力发现自身知识结构的优势与社会需求的结合点是关键因素。正是由于在自身力量的积累方面并不具有优势，对于决心创业的人来说，如何获得广泛的社会支持，并在这种支持下充分利用各种有利于事业发展的因素，就成为取得成功的最重要的能力之一。从这个意义上讲，个人公关交际能力对于创业成功非常重要，这种能力实际上是善于获得和利用社会支持的能力，有时候这种支持的重要性甚至超过经济上的支持。

我国的创业发展与"大众创业、万众创新"

1978年改革开放以后，创业企业如雨后春笋般不断涌现，海尔、联想、新希望等许多民营企业发展起来。在创业家的领导下，许多小企业一步一步发展成为中国著名企业。

从1984年我国正式接入国际互联网开始，创业又进入了一个飞速发展的阶段。1997年，丁磊创办网易；1998年，王志东成立新浪网。

早上起床之后，打开新闻客户端看新闻；上午通过打车软件打车，让我们等车时不再望眼欲穿；工作时通过邮件传递信息，或者通过视频会议实现远程交流；中午通过手机叫外卖省时省力；晚上下班之后通过微信、微博浏览当天发生的"国家大事"，不时地参与其中讨论，或者通过远程教育为自己充电。找工作、租房子、买卖二手车和二手房等个人生活的所有活动都能在58同城、智联、赶集网这些网站上完成，甚至个人的终身大事也可以通过互联网牵线搭桥。互联网改变着我们的生活，互联网时代背景下的创业同样在改变我们的生活。

在北上广这些大都市，创客的数目很多，为创客提供服务和支持的创客空间、孵化器等也很成熟。"大众创业、万众创新"会激发全社会的创新潜能，让整个社会焕发创业活力。国家与地方也密集推出了推动"创新、创业"的系列举措，将创客们带入一个"黄金时代"。

分析：随着我国经济的进一步发展，资源竞争日益激烈，环境约束日益强化，经济发展步入新常态,原来的要素驱动、投资驱动向需要驱动、创新驱动转变,所以国家鼓励支持各类市场主体不断开发新产品、开拓新市场,培育新兴产业,形成小企业"铺天盖地"、大企业"顶天立地"的发展格局,实现创新驱动发展,打造新引擎,形成新动力。

活动与训练

创业经验分享会

一、目标

获得创业者的经验、体会、教训的感性认识。

二、规则与程序

进行一次创业人物访谈,其内容包括访谈时间、地点、被访问者姓名、年龄、性别、创业的动机、经历、如何发现商机、成功的关键因素、如何寻找合伙人、如何融资、在初期生存阶段所经受的压力和危机有哪些、获得的外部帮助有哪些,重点是创业者的经验、体会、教训等,并将访谈结果记录下来。访谈可参考以下提纲:

1. 你的创业点子、创业想法是如何产生的?
2. 你是如何确定创业项目的?
3. 创业前期需要进行哪些筹备工作?
4. 如何进行创业资金的筹集?
5. 你是单独创业还是建立了一个团队?团队是如何建立的?
6. 创业的过程中如何抓住机遇,充分利用资源?
7. 创业中可能遇到什么样的困难和风险?作为创业者该如何应付不可控的因素?在遭遇困难时,你是如何重树信心的?
8. 你对自己的创业前景有何展望?接下来有何打算?
9. 你认为作为一个创业者应该具备哪些素质?
10. 哪些素质是创业者需要自己有意识地锻炼培养的?
11. 大学生创业者应该做好怎样的心理准备?

选择你最想了解的1~2位创业者和企业,可以是你心目中的典范或仰慕的榜样,也可以是你所知甚少但非常想了解的,撰写一篇访问的专题报告。

"你具备创业素质吗"问卷调查

请回答下列问题,以便更深入地了解自己是否具备一名创业者应该具备的素质,选出你认为符合自身实际情况的选项。

1. 在一个聚会上,你的朋友告诉你,那个衣着奢华的人最近投资了另一个朋友的企业。你会怎么做?

  a. 快速走向他,向他介绍自己,告诉他关于你的商业构想的所有细节,同时询问他是否对你的构想感兴趣并准备投资。

  b. 请你的朋友把你介绍给他,你给潜在的投资者递上你的名片,并且礼貌地询问你能否在某个时间给他打电话并向他展示你的创业计划。

  c. 你认为在聚会上打扰这个人可能不是一个好办法,毕竟,他来这里是休闲的,你可能在其他地方还会遇到他。

2. 你的老板决定由你负责寻找办公用品的供应商,并选择一家你认为最好的企业作为公司的供应商,你会有什么反应?

  a. 你觉得自己终于有机会向老板展示你的能力了,此外,你还可以让少数供应商为自己的公司服务。

  b. 你感到恐惧,这对你而言责任太重。如果因你的失误,让公司受到损失怎么办?你不希望表现不好。

  c. 你很兴奋,这是给老板留下好印象的一个好机会,而且你可以学会怎么比较供应商以及与供应商谈判(这都是你自己做企业时所需要的)。

3. 当你得到一份兼职工作时,你已经开始在学校上全日制学习班了,这个兼职工作与你明年毕业后准备创立的企业正好在一个行业里。你会怎么做?

  a. 在你与学习导师讨论如何更好平衡学习和工作计划之后,选择工作。因为你相信你即将获得的经验和关系在你创业时是无价的。

  b. 选择工作。实际上,这只会占用你额外的时间,却可以赚取一些外快,即使少睡点觉又有什么关系呢?

  c. 放弃工作。你不希望你的成绩太糟糕,工作和学习很难兼顾。

4. 你获得了一个市场营销公司调查员的工作,这份工作的薪水很好,但是,需要你与很多人谈话。你会怎么做?

  a. 选择工作。你喜欢与人交往,而且这份工作是训练你了解消费者需求的一个很好的机会。

  b. 放弃工作。你只要一想到与陌生人接触就不自在。

  c. 选择工作。这样你可以进行一些自己的市场调查,向被你调查者询问一些有关你创业计划的想法。

5. 你将获得的一份工作薪水很好,也很有趣,但是你需要投入更长的工作时间,有时周末也不能休息。你会有什么反应?

  a. 你毫无怨言地投入你额外的时间,但是你这样做主要是因为你觉得获得的奖励值得这样做。

  b. 你近乎狂热地工作并让自己精疲力竭,因为慢节奏并不适合你。

  c. 你辞职了。你是一个严格遵守朝九晚五工作的人。工作不是你生活的全部。

6. 你是一个出色的吉他弹奏者,你的朋友总是要求付费请你上课。你会有什反应？

　　a. 你花了一些钱在本地报纸上登了6周的广告，宣布：你现在可以授课了，费用与本地教师的价格一样。

　　b. 你开始教少数朋友看方向如何。你询问他们准备如何付费，他们希望学些什么。

　　c. 你教了少数朋友一些课程，但是拒绝收费。

7. 你最好的朋友创建了一家网站设计公司。他需要帮助，因为公司在不断成长。他承诺你可以成为公司的合作伙伴，尽管你对电脑一窍不通。你会有什么反应？

　　a. 你立即加入了公司，你认为可以很快学会相应的知识。

　　b. 你让朋友为你保留合作伙伴的位置，但是要求首先为你推荐一个可以让你提高自身技能以符合公司发展要求的课程。

　　c. 你同意了。由于你对公司一无所知，你并不知道如何开展工作。

每题答案分值：

1. a=2，b=1，c=0；2. a=2，b=0，c=1；3. a=1，b=2，c=0；4. a=1，b=0，c=2；5. a=1，b=2，c=0；6. a=2，b=1，c=0；7. a=2，b=1，c=0；

三、问卷分析

12分及以上：你是一位天生的风险承担者，而且可以承受巨大的压力。这些都是一位成功创业者所应具备的重要特征。你愿意努力工作，但是存在着将警告当耳边风的倾向。通过使用成本/收益分析法仔细评价你的企业（以及个人）决策，来避免这种倾向。在做任何决策前都不要忘记考虑机会成本。

6~12分：你在风险承担与仔细评价之间取得了出色的平衡。这两方面的素质创业者都需要。你没有受到急于赚钱的欲望的驱动。你知道成功的企业在收获回报之前需要艰苦的工作和牺牲。你应确保将自己的本能和品质用于最可能的商业机会，使用成本/收益分析法评价你有意创建的不同企业。

6分或者6分以下：你对成为一名创业者过于谨慎，但是在你了解更多企业经营知识后，可能会有所改变。你关心财务安全，而且可能不会热衷于投入更多的时间启动你的事业。这并不意味着你不会成为一名成功的创造者。只要确信你决定创建的企业正是你梦想的企业，你就会受到激励并取得成功。使用成本/收益法评价你的商业机会，选择一个财务安全和有效激励两方面结合得最好的企业。

 探索与思考

1. 当代大学生创业的现实意义是什么？
2. 大学生创业的特征和优劣势都有哪些，请用SWOT法进行分析。

10.2 创业模式和创业机会

 **名人名言**

人类需要的不是一个没有挑战的世界,而是一个值得他去奋斗的世界。
——[美]维克多·埃米尔·弗兰克尔

 学习目标

1. 了解创业的基本要素。
2. 了解创业的过程和大学生创业的主要模式。
3. 能把握和评估创业机会。

 **导入案例**

杨建军:"丑小鸭"变成白天鹅

25岁的杨建军坐在他小小的办公室里,看起来一点也不像"老板"。没有穿光鲜笔挺的西服,只是简单的T恤,言谈间却又给人以踏实干练的感觉。"大学生毕业创业当老板,没有外人想的那么潇洒,每天一大堆事情要亲力亲为,不过这也是创业的乐趣吧。"杨建军说。

大学毕业后,杨建军起先按父母意愿到公司上班,但8个月后,他辞职了。

"趁还没结婚、有冲劲时,一定得干点事情。"杨建军说。在高中、大学期间,杨建军曾在学校做过小生意,积累了不少创业经验。

在国内大学生创业搞的几乎是清一色的食品行业时,杨建军发现,专业的家电清洗在市区存在着市场空白,一般的清洗工人都是"打游击"的个体户,且不注重服务质量。在口袋里只有800元的情况下,杨建军找亲朋好友凑足5 000元,创立漳州市丑小鸭网络科技有限公司,专门提供清洗空调、抽油烟机等家电保养服务,并建立自己的网站、微信公众号,让客户可以在网上下单。很快,"丑小鸭"在市区的家电保养服务行业占据了一席之地,高峰期一天能清洗50台家电。

分析： 如同"世界并不缺少美丽，而是缺少发现美丽的眼睛"一样，市场并不缺少创业机会，而是缺少识别和发现创业机会的敏锐眼光和嗅觉。机会是一种稀缺的创业资源。好的创业项目，就是创业成功的开始。

一、创业的基本要素

由创业的概念可知，创业的要素包括创业者、商业机会、技术、资源、人力资本、组织、产品服务等几个方面，如图 10-2 所示。

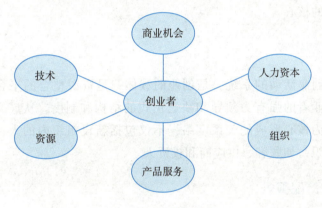

图 10-2 创业要素

（一）创业者

创业者是创业过程中处于核心地位的个人或团队，是创业的主体。创业者在创业过程中起着关键的推动和领导作用，包括识别商业机会、创建企业组织、融资、开发新产品、获取和有效配置资源、开拓新市场等。因而创业者的素质和能力是创业成功的第一要素。

（二）商业机会

商业机会是创业过程中的核心，创业者从发现和识别商业机会开始。创业商业机会指没有被满足的市场需求，它是市场中现有企业留下的市场空缺。商业机会就是创业机会，它意味着顾客能得到比当前更好的产品和服务的潜力。

（三）技术

技术是一定产品或服务的重要基础。产品与服务当中的技术含量及其所占比例，是企业满足社会和市场需求的支持保障，是企业的核心竞争力。

（四）资源

资源是组织中的各种投入，包括各种人、财、物。资源不仅指有形资产，如厂房、机器设备，也包括无形资产，如专利、品牌；不仅包括个人资源，如个人技能、经营才能，也包括社会网络资源，如信息、权力影响、情感支持、金融资本。

（五）人力资本

人力资本是创业的重要资源投入。成功的关键在于创业者识人、留人、用人形成创业的核心团队，制定有利的政策制度和有效的组织结构，建立良好的企业文化是建立人力资本的核心。

（六）组织

组织是协调创业活动的系统，是创业的载体，是资源整合的平台。创业型组织的显著特征是创业者的强有力领导和缺乏正式的结构和制度。从广义来说，创业型组织是以创业者为核心形成的关系网络，不仅包括新设组织内的人，还包括这个组织之外的人或组织，如顾客、供应商和投资人。

（七）产品服务

产品服务是创业者为社会创造的价值，它既是创业者成功的必要条件，也是创业者对社会的贡献。正是通过为社会提供更多更好的产品服务，人类社会的财富日益增多，人们的生活才变得丰富多彩。

总之，创业是具有创业精神的创业者、商业机会组织与技术、资金、人力资本等资源相互作用、相互配置，以创造产品和服务的动态过程。

二、创业过程模型

杰弗里·蒂蒙斯提出了创业过程模型，认为3个要素影响了创业整个历程：商机、资源以及团队。三者随着企业发展而保持动态平衡。

如果仅仅谈到3个要素的重要性，那么创业过程模型只能算一个传统管理学的理论。蒂蒙斯创造性地将3个要素从时间维度上理解为一个动态平衡的变化过程。如图10-3所示，团队位于三角形底部，始终保持顶部（商机和资源）的平衡。创始人就像是马戏团的杂技演员，一边脚踩跷板，另一边保持手中的"杂耍球"（商机、资源和团队）不落地。

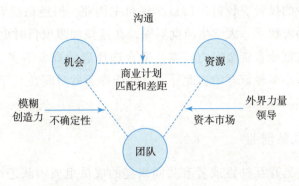

图 10-3 蒂蒙斯创业过程模型

三、大学生创业的主要模式

大学生尽管资金、能力、经验有限，但在知识结构、IT 技能、创意策划等方面具有优势，因而在创业的方向上，可以根据自己的特点找好切入点。以下几个方向可以看作大学生创业的优势领域。

（一）科技创业

大学是高科技研究的前沿阵地，大学生在高科技方面具有天然的优势。一般来说，技术功底深厚、学科成绩优秀的大学生在科技创业方面具有更大的成功把握。有意在这一领域创业的大学生，可积极参加各类创业大赛，获得脱颖而出的机会，同时吸引风险投资。

（二）网络创业

全球面临网络经济的新一轮浪潮，大学生创业可以利用现成的网络资源进行创业，主要有网上开店、网上加盟、网上智力服务、网络销售四种形式。

（三）概念创业

概念创业即凭借创意、点子、想法开创的创业活动。概念创业适合本身没有很多资源的创业者，他们需要通过独特的创意来获得各种资源，包括资金、人才等。这些创业概念必须足够新颖，至少在打算进入的行业或领域是个创举，只有这样，才能抢占市场先机、吸引风险投资商的眼球。同时，这些超常规的想法还必须具有可操作性。

（四）连锁加盟

对创业资源十分有限的大学生来说，借助连锁加盟项目的品牌、技术、营销、设备优势可以较少的投资、较低的门槛实现自主创业。但连锁加盟并非"零风险",在市场鱼龙混杂的现状下,大学生涉世不深,在选择加盟项目时更应注意规避风险。一般来说,大学生创业者资金实力较弱,适合选择启动资金不多、人手配备要求不高的加盟项目,从小本经营开始;此外,最好选择运营时间在 5 年以上、拥有 10 家以上加盟店的成熟品牌。

(五) 团队创业

团队创业就是具有互补性或者有共同兴趣的成员组成团队进行创业。如今,创业已非纯粹追求个人英雄主义的行为,团队创业成功的概率远远高于个人独自创业。一个由研发、技术、市场、融资等各方面组成的互补优势的创业团队,是创业成功的法宝,对高科技创业企业来说更是如此。据中国大学生创业网总裁赵长生介绍,就现状而言,大学生由于资历、经验、社会关系等各种原因,很难得到社会的认可,如果能够充分发挥合力,团队创业对于大学生创业者来说也是一个不错的选择。

(六) 大赛创业

大赛创业即利用各种商业创业大赛,获得资金提供平台,然后进行创业的活动。创业大赛也被形象地称为创业"孵化器"。创业设计大赛借用风险投资的运作模式,要求参赛者组成优势互补的竞赛小组,提出一项具有市场前景的技术产品或者服务,并围绕这一产品或服务,以获得风险投资为目的,完成一份完整、具体、深入的创业计划。参加创业设计大赛的项目大多具有技术上的创新性、经济上的合理性、操作上的可行性,因此吸引了众多企业和风险投资者的关注。

(七) 内部创业

内部创业是指一些有创业意向的员工在企业的支持下,承担企业内部某些业务或项目,并与企业分享成果的创业模式。创业者无须投资就可获得丰富的创业资源,内部创业由于具有"大树底下好乘凉"的优势,受到越来越多创业者的关注。现在许多大学建立了鼓励学生兼职创业的创业园,大学生在创业园中开展创业尝试,也属于内部创业。

四、识别创业机会

对创业过程来说,真正的创业过程开始于商业机会的发现。如何从繁杂多变的市场环境中找到富有潜在价值的商业机会,进而开发并最终转化为新创企业,是创业研究的重要内容。

（一）创业机会的含义

"机会"一词，在《辞海》中的解释是"行事的际遇机会、时机"。针对创业活动来说，创业机会是创业活动中的机遇。

创业机会存在于社会和经济的变革过程中。环境的变化，会给各行各业带来良机，透过变化，就会发现新的前景。

创业机会有四个本质特征：有吸引力、持久性、及时性、能够创造或增加价值。

创业机会是通过把资源创造性地结合起来，迎合市场需求（或兴趣、愿望）并传递价值的可能性。因此创业机会实际上是一个动态发展的概念。随着市场需求被创业者精确定义出来，未得到利用或充分利用的资源也被更精确地定义为潜在的用途，创业机会就从其最基本的形式中发展起来，形成了一个商业概念。

（二）创业机会的类型

创业机会一般分为技术机会、市场机会和政策机会。

（1）技术机会。技术变化带来的创业机会，是最为常见的创业机会。具体表现形式主要有三类：新技术替代旧技术；实现新功能、创造新产品的新技术的出现；新技术带来的新问题。

（2）市场机会。市场变化产生的创业机会，主要有四类：市场上出现了与经济发展阶段有关的新需求；当期由于市场供给缺陷产生的新商业机会；先进国家（或地区）产业转移带来的市场机会；从比较中寻找差距，差距中隐含着商机。

（3）政策机会。政府政策变化所赐予创业者的商业机会，主要有两类：政策变化可能带来新的商业机会；政府可能的政策变化所蕴含的商业机会。

（三）创业机会的特征

（1）客观性和偶然性。创业机会是在特定条件下产生的，它是客观存在的。但是，机会的识别具有一定偶然性。

（2）时效性和不稳定性。创业机会的持续时间受众多因素影响，如专利保护、先占优势、学习曲线等都会增加持续时间。

（3）均等性和差异化。市场机会在特定范围内对某一类人或企业是均等的；但是，不同个人和企业对同一市场机会的认识会产生差异；创业主体素质和能力不同，利用机会的可能性和程度也会产生差异。

（四）创业机会的来源

1. 问题

创业的根本目的是满足顾客需求，而顾客需求在没有满足前就是问题。寻找创业市场机会的一个重要途径是善于去发现和体会自己和他人在需求方面的问题或生活中的难处。

2. 变化

创业的市场机会大都产生于不断变化的市场环境。环境变化了，市场需求、市场结构必然发生变化。这种变化主要来自产业结构的变动、消费结构升级、城市化加速、人们思想观念的变化、政府政策的变化、人口结构的变化、居民收入水平提高、全球化趋势等诸方面。例如居民收入水平提高，私人轿车的拥有量将不断增加，这就会派生出汽车销售、修理、配件、清洁、装潢、二手车交易、陪驾等诸多创业机会。

3. 创造发明

创造发明提供了新产品、新服务，更好地满足了顾客需求，同时也带来了创业机会。例如，随着电脑的诞生，电脑维修、软件开发、电脑操作的培训、图文制作、信息服务、网上开店等市场机会随之而来。即使不发明新的东西，很多人也能成为销售和推广新产品的人，从而给他们带来商机。

4. 竞争

如果能弥补竞争对手的缺陷和不足，这也将成为企业的创业机会。市场经济中，竞争无处不在。企业必须通过培育自身资源和能力，综合利用外部资源，为顾客创造价值，提升自身综合能力，才能赢得声望和市场。

5. 新知识、新技术的产生

当今社会是科技高速发展的时代，知识更新速度越来越快。新知识、新技术如果能够转化为生产力，必然会刺激人们的需求，促进社会的进步。例如，随着健康知识的普及和技术的进步，围绕"水"就有许多创业机会。

（五）创业机会的评估

评估创业机会的目的是在众多的机会中，通过分析、判断和筛选，发现利己的、可以利用的创业的商业机会。曾有人言："机会之中蕴含着商业利润，发现具有吸引力的商业机会是创业成功的基石。"一些创业者的经验表明，抓不住机会固然无法创业，但抓错了机会则有害于创业。

即使某个商业机会是较好的机会，但对于特定的创业者而言，仍需要进一步分析其现实性，判断"这一机会是否是自己可以利用的机会""自己是否值得利用这一机会"。对特定的创业者而言，为了做出理性的判断，他必须回答以下一些问题：

1. 自己是否拥有利用该机会所需的关键资源

诸如相应的企业运作能力、技术设计与制造能力、营销渠道、公共关系等。面对某个商业机会，企图利用这一机会的创业者不一定必须拥有所需的全部资源，但他必须拥有利用这一机会的关键资源。否则，要么创业无法起步，要么在创业中会受制于人。

2. 自己是否能够"架桥"跨越"资源缺口"

在特定的商业机会面前，多数情况下，创业者不可能拥有所需的全部资源，但他必须有能力在资源的拥有者与自身之间架起桥梁，以弥补相应的资源缺口。在市场经济中，创业者只有勇于和善于架桥跨越资源缺口，组合利用市场资源，才可能取得创业的成功。

3. 遇到竞争力量，自己是否有能力与之抗衡

现实中，一旦某个商业机会逐渐显露，就会有不少的创业者、竞争者蜂拥而上，这是十分平常的现象。但是，假若某个创业者想利用特定机会并获得创业的成功，他就必须具备与其他创业者、竞争者进行竞争的能力。典型的例子，如四川成都彩虹电器集团发展电热毯产品，在集团二次创业之初，国内同期有上百家企业参与了电热毯市场的商业机会竞争。但是由于"彩虹"有强于他人的创业精神和创新能力，结果在几轮竞争之后，"彩虹"成了这一产品制造业的龙头企业。

4. 是否存在可以创造的新增市场以及可以占有的远景市场

理性地看，某个商业机会是否值得创业者利用，除了要有足够大的原始市场规模之外，其市场也应是可创造、可扩展的，具有足够的成长性，存在远景市场。创业者真正可把握的是"可创造的市场部分"，而不是"顺其自然成长的市场部分"。例如，目前一些创业者热衷于"网络增值服务"创业，其原因就在于网络增值服务市场是可创造的。只要创业者巧妙地提供"鼠标加水泥"的增值服务产品，就可能培育起博大的网络增值服务前景市场。

5. 利用特定机会的风险是否可以承受

显然，创业者要想利用某个商业机会，他就必须具备利用该机会的风险承受能力。这包括承受相应的技术风险、财务风险、市场风险、政策风险、法律风险和宏观环境风险的能力。就特定的创业者而言，如果利用特定机会的风险是该创业者不可承受的，而他硬要"甘冒风险、知难而进"，那在创业之初就可能自取灭亡。总体上看，面对特定的商业机会，创业者只有拥有利用该机会所需的关键资源，能够架

桥跨越资源缺口，有能力与可能遇到的竞争力量抗衡，可以创造新的市场并有能力占有前景市场份额，同时，能承受利用该机会的风险，这一机会才是该创业者可资利用的商业机会。

一个好的商业机会的特征

即便某个商业机会有着较大的原始市场规模，存在着较大的时间跨度，其市场规模也会随时间以较高的速度成长，创业者也需要进一步分析判断该机会是不是较好的商业机会较好的商业机会有以下几个特征：

（1）在前景市场中，前5年的市场需求稳步且快速增长。不难设想，如果某个商业机会的市场需求不能稳步而快速增长，新创企业将不可能驻足于足够大的盈利空间之中，也就不可能迅速成长起来。在激烈的市场竞争中，新创企业无疑会纷纷落马，这对创业者是极为不利的。

（2）创业者能够获得利用特定商业机会所需的关键资源。这里所称的资源，包括利用特定商业机会所需的技术资源、资本资源、财力资源、资讯资源、公共关系资源等。理性地看，某个商业机会再好，即便存在巨大的盈利空间，若创业者缺少利用该机会所需的关键资源，那他也无法利用这一机会。

（3）创业者不会被锁定在"刚性的创业路径"上，而是可以中途校正自己的创业路径。原因在于，市场千变万化，科技日新月异，政府政策不断调整，创业者需要根据这些变化不断调整自己的"创业路径"。这里所说的创业路径即创业的战略思路、组织结构、运营策略、市场技巧、技术路线等。如果创业者利用特定商业机会的创业路径是不可调整的，无论是因为主观的原因，还是客观的原因，创业者都不可能真正抓住和利用相应的商业机会。

（4）创业者可以通过创造市场需求来创造新的利润空间，谋取额外的企业利润。创新经济学告诉我们，市场是可创造的；企业要占领市场、获取利润，往往需要靠自己去创造新的市场需求。典型的例证，四川成都彩虹电器集团发展微型电热器具之初，北京四通集团创业伊始发展电脑打字机，都是通过创造市场需求来创造和扩大利空，占领市场，获得额外的企业利润的。尽管当时存在着对电热器具、打字机有需求的市场，但若这些企业不去创造市场对于微型电热器具、电脑打字机的特定需求，或者这些需求是不可创造的，或者这些企业创造市场需求的努力得不到潜在用户的响应，那么这些新创企业的创业努力就不可能获得市场的利润回报，这些企业也不可能获得较大、较快的发展。

（5）特定商业机会的风险是明朗的，至少有部分创业者能够承受该机会的风险。

在风险面前无所作为，是企业经营的大忌之一。然而，如果某一商业机会的风险不明朗，无法搞清风险的具体来源及其结构，那么创业者就无法把握风险、规避风险或抑制风险，就无法降低风险损失、提高风险收益。

因此，一个好的商业机会，其风险必须是明朗的且有一定数量的创业能够承受相应的风险，否则，该商业机会就无所谓"机会"了。

（资料来源：李家华，郑旭红. 创业有道 [M]. 北京：高等教育出版社，2011.）

活动与训练

蒂蒙斯的商业机会评价框架

一、目标

能使用蒂蒙斯的商业机会评价框架工具。

二、规则与程序

利用蒂蒙斯的商业机会评价框架（见表10－2）对提出某个商业机会进行评价。

表10－2　蒂蒙斯的商业机会评价框架

项目	评价观察点
行业与市场	1. 市场容易识别，可以带来持续性收入； 2. 顾客可以接受产品或服务，愿意为此付费； 3. 产品的附加价值高； 4. 产品对市场的影响力高； 5. 将要开发的产品生命长久； 6. 项目所在的行业是新兴行业，竞争不完善； 7. 市场规模大，销售潜力达到1 000万～10亿元； 8. 市场成长率在30%～50%，甚至更高； 9. 现有厂商的生产能力几乎完全饱和； 10. 在五年内能占据市场的领导地位，达到20%以上； 11. 拥有低成本的供货商，具有成本优势
经济因素	1. 达到盈亏平衡点所需要的时间在1.5～2年以下； 2. 盈亏平衡点不会逐渐提高； 3. 投资回报率在25%以上； 4. 项目对资金的要求不是很大，能够获得融资； 5. 销售额的年增长率高于15%； 6. 有良好的现金流量，能占到销售额的20%～30%； 7. 能获得持久的毛利，毛利率要达到40%以上； 8. 能获得持久的税后利润，税后利润率要超过10%； 9. 资产集中程度低； 10. 运营资金不多，需求量是逐渐增加的； 11. 研究开发工作对资金的要求不高

续表

项目	评价观察点
收获条件	1. 项目带来附加价值具有较高的战略意义； 2. 存在现有的或可预料的退出方式； 3. 资本市场环境有利，可以实现资本的流动
竞争优势	1. 固定成本和可变成本低； 2. 对成本、价格和销售的控制较高； 3. 已经获得或可以获得对专利所有权的保护； 4. 竞争对手尚未觉醒，竞争较弱； 5. 拥有专利或具有某种独占性； 6. 拥有发展良好的网络关系，容易获得合同； 7. 拥有杰出的关键人员和管理团队
管理团队	1. 创业者团队是一个优秀管理者的组合； 2. 行业和技术经验达到了本行业内的最高水平； 3. 管理团队的正直廉洁程度能达到最高水平； 4. 管理团队知道自己缺乏哪方面的知识
致命缺陷	不存在任何致命缺陷
创业者的个人标准	1. 个人目标与创业活动相符合； 2. 创业者可以做到在有限的风险下实现成功； 3. 创业者能接受薪水减少等损失； 4. 创业者渴望进行创业这种生活方式，而不只是为了大钱； 5. 创业者可以承受适当的风险； 6. 创业者在压力下状态依然良好
理想与现实的战略性差异	1. 理想与现实情况相吻合； 2. 管理团队已经是最好的； 3. 在客户服务管理方面有很好的服务理念； 4. 所创办的事业顺应时代潮流； 5. 所采取的技术具有突破性，不存在许多替代品或竞争对手； 6. 具备灵活的适应能力，能快速地进行取舍； 7. 始终在寻找新的机会； 8. 定价与市场领先者几乎持平； 9. 能够获得销售渠道，或已经拥有现成的网络； 10. 能够允许失败

探索与思考

1. 大学生应如何培养创业者的品质特征？
2. 大学生创业的主要模式有哪些？
3. 阐述蒂蒙斯的创业过程模型理论。

主要参考文献

［1］张景春，余克敏．大学生职业生涯规划与就业指导［M］．北京：北京理工大学出版社，2018．

［2］张子睿，侯远滨．大学生就业与创业指导［M］．北京：北京理工大学出版社，2018．

［3］王丽，武海燕．职业生涯规划训练手册［M］．北京：北京理工大学出版社，2017．

［4］瞿立新，孙爱武．职业生涯规划［M］．北京：高等教育出版社，2016．

［5］寇宝明．大学生职业生涯规划．就业指导与创新创业教育篇［M］．北京：北京理工大学出版社，2016．

［6］黄海荣．大学生创新创业教育指导［M］．上海：上海交通大学出版社，2016．

［7］人力资源和社会保障部职业能力建设司，中国就业培训技术指导中心．创新职业指导——新操作（职业指导员　助理职业指导师）［M］．2版．北京：中国劳动社会保障出版社，2016．

［8］人力资源和社会保障部职业能力建设司，中国就业培训技术指导中心．创新职业指导——新实践（职业指导师　高级职业指导师）［M］．2版．北京：中国劳动社会保障出版社，2016．

［9］人力资源和社会保障部职业能力建设司，中国就业培训技术指导中心．创新职业指导——新理念（基础知识）［M］．2版．北京：中国劳动社会保障出版社，2016．

［10］张彦忠．大学生职业生涯发展与规划［M］．北京：中国人民大学出版社，2015．

［11］林壬璇．大学生就业与创业指导［M］．北京：中国人民大学出版社，2015．

［12］国家职业分类大典修订工作委员会．中华人民共和国职业分类大典（2015年版）［M］．北京：中国劳动社会保障出版社，2015．

［13］杨克林．大学生职业生涯规划［M］．北京：北京理工大学出版社，2015．

［14］陈宇，姚臻．就业与创业指导［M］．北京：外语教学与研究出版社，2014．

[15] 李怀康，瞿立新，李天雨．职业生涯规划［M］．北京：外语教学与研究出版社，2014．

[16] 冉军，万玺．职业生涯管理［M］．北京：科学出版社，2012．

[17] 孙宗虎．人力资源管理职位工作手册［M］．北京：人民邮电出版社，2009．

[18] 安群，李成森．职业生涯规划原理与实务［M］．大连：东北财经大学出版社，2009．

[19] 柳君芳，姚裕群．职业生涯规划［M］．北京：中国人民大学出版社，2009．

[20] 金树人．生涯咨询与辅导［M］．北京：高等教育出版社，2007．

[21] 蒋乃平，杜爱玲．职业生涯设计［M］．北京：高等教育出版社，2006．

[22] 埃德加·施恩．职业锚［M］．北森测评网，译．北京：中国财政经济出版社，2004．